PUYI YU WEI MANZHOUGUO

溥仪与伪满洲国

王庆祥 著

人民出版社

写在前面

　　溥仪是中国近代史上的一个重要人物。他固然已在辛亥革命中退位，却并没有完全离开中国政治和历史的舞台。企图利用其逊帝身份和中国旧军阀的势力复辟帝制未遂后，已成年的溥仪又想利用对中国怀有各种政治企图的帝国主义国家势力，特别是日本军国主义势力，来恢复在他手上失去的皇权。而其最终结果是被日本法西斯军国主义所利用，出卖了中国东北的大好河山，沦为日本侵略中国的帮凶，在抗日战争中成为国人的革命对象。本书所涉及的便是溥仪与伪满洲国的这一段屈辱的历史。

　　随着这场战争的伟大胜利，溥仪作为中国人民的罪人，又经历了伪满垮台后的逃亡、被俘、囚苏和引渡，在抚顺战犯管理所被关押10年。在中国共产党领导的新国家里，溥仪经历了一场成功的改造，最终成为合格的新中国公民，完成了他从皇帝到公民的历史性转变。

　　谨以本书纪念中国人民抗日战争胜利七十周年。

目　　录

第一章
九一八事变与
溥仪离津出关

九一八事变后,溥仪在日本军阀劝诱下出关,于 1932 年就任伪满"执政"。两年后,溥仪第三次"登极",是为"康德皇帝"。1945 年溥仪随着日本无条件投降而第三次颁发"退位诏书"。对溥仪来说,这是当假皇帝、伪皇帝不堪回首的年代。

1. 历史之辩、国内外争夺与溥仪的选择

1961 年 9 月 18 日,《人民日报》发表了溥仪的长篇文章《从我的经历揭露日本军国主义的罪行》。在纪念九一八事变 30 周年的日子里,溥仪回首往事,百感交集,他感谢政府和人民把他引上新生的道路,同时又因历史上背叛祖国的行为而痛心和羞愧。他以亲身经历揭露了日本军国主义分子蓄谋、策划、制造九一八事变的真相。溥仪的现身说法,对于提醒中国人民勿忘国耻、居安思危、振兴中华,是有教育意义的。

历史证明,九一八事变绝不是偶然的,在发生事变的半

年以前,溥仪在天津"行在"里,至少有四次已经感受到作为日军武装占领中国东北地区这一历史事件的先声,静园则是一处最能印证九一八事变久有蓄谋的历史风貌建筑。

1931年9月18日,日本关东军按照事先阴谋策划,袭击中国军队驻地沈阳北大营

第一次是在1931年2月21日,日本国会议员高山山本前来洽谈委托调查农垦及筹建亚细亚洲教会事宜,溥仪方面领衔谈判的就是陈宝琛。所谓"农垦调查",实为特务活动;所谓拟以溥仪为"盟主"的"亚细亚洲教会",实为傀儡演习。

第二次即1931年7月23日,溥杰从日本回国度假,把当时在鹿儿岛某联队任大队长、后来成为"康德皇帝""帝室御用挂"的吉冈安直透露的日本军方的消息传递给溥仪,大意是日本对张学良的统治不满,或许将在中国的满洲采取行动并迎立溥仪,因此"宣统皇帝有希望接管满洲统治权"。

第三次是在1931年7月29日,日本华族水野胜帮子爵访问天津的时候,向溥仪赠送了寓意明显的扇面,上写"天莫空勾践,时非无范蠡",谓溥仪"卧薪尝胆",必有以报。

第四次则是溥仪派往日本东京打探信息人员回报的,这人便是陈宝琛的外甥刘骧业,他赴日时还带去若干书画以为掩护,于1931年8月18日返回天津。

溥仪对九一八事变不但有所预知,且有一种积极的态度,它直接导致这位"宣统皇帝"迈出叛国的一步。

九一八事变发生不久,即在9月下旬,溥仪就派陈宝琛的外甥刘骧业密赴东北,会见满铁总裁内田康哉和关东军司令官本庄繁摸底;派佟济煦联络东北遗老;派商衍瀛游说东北将领。

溥仪也为"驾幸东北"做了种种准备。

1931 年 10 月 11 日,溥仪派遣家庭教师远山猛雄,带御笔黄绢信赴日会见日本陆相南次郎和日本黑龙会首领、大国民议会议长头山满,请他们协助完成复辟大清的事业。他在给陆相南次郎的信中写道:"今者欲谋东亚之强固,有赖于中日两国提携,否则无以完成。如不彻底解决前途之障碍,则殷忧四伏,永无宁日,必有赤党横行灾难无穷矣。"

给黑龙会首领头山满的信中写道:"溯自辛亥禅政,瞬已廿载,水深火热,民不聊生。必如何奠安东亚,拯苏民生?深望阁下加以指导。兹遣家庭教授远山猛雄往见,诸当面详。此致头山满先生阁下。"

两封密信上面均有"宣统帝"玉玺和郑孝胥的签名副署。溥仪想直接摸摸日本人的底细,想利用九一八事变之后的政治形势复建大清帝国,并把希望寄托在日本军阀身上,这也能证明溥仪出关并不完全是被动的。

与此同时,在静园里"主拒"派陈宝琛和"主迎"派郑孝胥之间,围绕九一八事变之后、溥仪如何借用事变实现复辟大清理想,是否应该出关,而展开了一场历史之辩,这场辩论就发生在静园主楼一层议事厅内。朱益藩、陈曾寿和胡嗣瑗等参加了辩论。静园成为"主拒"派与"主迎"派历史之辩的殿堂。

老臣陈宝琛历来稳健,不相信能够借助外力而实现复辟清朝的政治理想。他认为当前时局未稳,前景未明,皇帝出关的时机并不成熟,仍须继续观察。他力劝溥仪"不可贸然轻信,要慎重从事,恐其中有诈,局势混沌不分,贸然从事,只怕去时容易回时难!"

溥仪与陈宝琛(右)和朱益藩(左)

"行在"管家胡嗣瑗

郑孝胥则极力主张"要想复辟成功一定要借助外力",只有依靠列强的帮助,才能实现。他还认为:九一八事变后日本人一定会迎请皇帝去东北主政,则复辟大业就可以实现。因此主张溥仪应该立即前往东北主持大计。

胡嗣瑗主张暂时不要有所行动,要"静观变化",等待时机成熟相机筹之。他认为天津日本驻屯军司令部与日本驻津领事馆尚不一致,不可靠一个,背一个。东北的局势变化、国际列强的真正态度,以及"民心"趋向等等,目前还未见分晓,轻举妄动有损无益。

各派互不相让,争论不休。日本军界要员和蒋介石的代表也在争夺溥仪。

1931 年 9 月 30 日,溥仪前往海光寺日本天津驻屯军司令官香椎浩平住宅中会见关东军参谋部陆军大佐板垣征四郎的代表上角利一和带着东北保安副总司令张作相的参谋长、远支宗室熙洽亲笔信的罗振玉以后,就已经倾向于凭借日军支持,先据有祖宗发祥地——满洲"主持大计","再图关内"了。

11 月 2 日,溥仪接见郑孝胥、郑垂、夏瑞符、商衍瀛、何海生、吉田忠太郎通译官、土肥原。1930 年曾任天津特务机关长,次年又调任沈阳特务机关长,能说一口流利北京话和几种中国方言的土肥原贤二来到静园"晋见溥仪"。溥仪原本是想利用九一八事变之后的政治形势复建大清帝国,并把希望寄托在日本军阀身上,但不是要去当傀儡。土肥原为了让溥仪上钩,甜言蜜语,施展骗术,"代表日本关东军司令官本庄繁"表示,"关东军对满洲绝无领土野心,而是诚心诚意地帮助满洲人民建立自己的新国家",希望他"到东北去主持一切"。当溥仪问:"这个新国家是什么样的国家"时,土肥原说:"是独立自主的,是由宣统皇帝完全做主的国家"。溥仪又问:"是共和,还是帝制"时,土肥原又肯定是"宣统皇帝一切都可以自主"的"帝制"。这些甜言蜜语征服了溥仪,他决定出关,结果上当了。

嗣后蒋介石也派员秘见溥仪,说明只要溥仪答应不迁往东北或日本定居,可以恢复清室优待条件,可以随意住在北平或南京,溥仪予以拒绝。这其

土肥原贤二

中的深层原因不能不归咎到发生于1928年8月的孙殿英盗陵事件：国民党第四十一军军长孙殿英率部盗掘河北遵化马兰峪乾隆和慈禧的陵寝后，溥仪又气愤，又悲伤，在张园内摆设乾隆和慈禧的灵位和香案祭席，每天举行三次祭奠，发誓"报此大仇，以慰祖先在天之灵"。蒋介石虽曾派出阎锡山查办此事，最终却"决定不予追究"，这无疑更让溥仪"咬牙切齿地痛恨着蒋介石"了。

1931年11月10日深夜，小汽船"比治山丸"在"天津事变"的烟幕和夜幕下离开了码头，强行闯过白河上中国军队检查站，半夜时分，小汽船平安到达大沽口外。溥仪由郑孝胥父子等辅弼，登上大沽口外的日本商轮"淡路丸"号，秘密离津出关，踏上险途，留下在津最后的足迹。

1931年冬天溥仪亲书一段话，此即在旅顺"明志"的御笔："诚敬为本，无人我之见；为而不恃，功成而不居；荣辱不惊，生死不易，志存极物，不使一夫失所。辛未仲冬书，宣统御笔。"上面钤有"宣统御笔"印，还有郑孝胥刻的"滹沱麦饭"印，借用刘秀在滹沱河吃麦饭的历史故事，表示宣统皇帝要在困境中完成"中兴圣业"。这是他当年对七年天津生活和思考的总结，也是他选择了离津出关最根本的主观因素。

溥仪在天津七年的历史教训是什么？

清东陵被盗案曝光

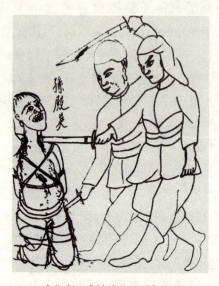

溥仪所画《刺杀孙殿英》的漫画

《新天津报》1931 年 11 月 8 日

溥仪登上日本商轮"淡路丸"号秘密离津出关

　　一、从溥仪本人的角度来说，主观理念上的复辟目标必然导致政治现实中的叛国投敌。溥仪在天津的七年，初衷或许只有头脑中的"复辟"二字，结局却完成了从复辟到叛国的过渡全程。根本原因在于日本的政治诱惑与溥仪的复辟目标一致。溥仪从复辟到叛国的过渡是逐渐完成的。

二、从政府的角度来说,可以对比一下民国政府怂恿盗掘慈禧陵墓与新中国政府把溥仪改造成为新人的政策。天津和改造两个过渡时期,不同的政策,成就叛国者和公民两种不同的结果。前者结怨成仇,表现了民国的失误,后者以公民为荣,表现了改造的成功。

历史证明:溥仪选择了离津出关,就是选择了永远的屈辱。

2. 婉容受骗出关

一个漆黑的夜晚,溥仪瞒着妻子婉容,也瞒着父亲载沣,乘日本商轮"淡路丸"号离津出关,踏上险途。

溥仪决策大谬,实属自投罗网。不久,"皇后"婉容也在日本关东军派遣之拥有"王府名媛"身份的日本女谍川岛芳子诱骗下来到旅顺。这又是怎么一回事呢?

婉容是溥仪出走后第二天最先知情的,她自然明白丈夫这次出动事关重大,却猜不透前程是吉是凶。她很担心,又感到自己也失去了依靠。其实,溥仪并不曾丢下婉容和静园不管,行前给胡嗣瑗和陈曾寿留下一道谕旨,两天之后溥仪已在营口登陆,那道谕旨才公布出来:"辛未年十月初四日(按:公历1931年11月13日)奉谕:园内一切事宜归陈曾寿全权办理,所有当差人等禀承咨训可也。"还有两张溥仪亲笔字条,一命"胡嗣瑗、夏瑞符随后即往"东北,一命"陈曾寿照料园中善后事宜,与日本人接洽,随后护送皇后前往"东北。

过了一些日子,胡嗣瑗和佟济煦拿着一封信郑重其事地找到李国雄,对他说:"这是皇上的亲笔信,你把它交给皇后,并通报一声,持信的两人已经到园,要面谒皇后。"李国雄还想问问来者何人?是男是女?姓甚名谁?答称"不许过问",继而又说"皇后一见信就明白了"。通报后,一位头戴礼帽、西装革履、细皮粉面的翩翩少年,由另一日本人陪同,上楼直奔婉容房间。来者缘何能如此大胆地升堂入室?因为她也是一位皇家女儿——肃亲王第十四女爱新觉罗·显玗,又名金璧辉。作为川岛浪速的养女,而以"川岛芳子"这个名字显赫一时,当年几乎无人不晓有这样一位"男装丽人"。

在日本人已经侵占东北大部地区的关键时刻,溥仪因一时难决进退而显

把婉容从天津接到大连的川岛芳子

得坐立不安,婉容这时却有一个拒绝离开天津的坚定态度。溥仪的一些近臣也利用皇后这种意想不到的倔脾气,阻止溥仪接受日本人的出关诱惑,却未能成功。当土肥原先设计劝诱溥仪离津出关以后,身负日本军方重责的土肥原贤二大佐深知又有一项新任务摆在面前:就是要让曾经强烈反对溥仪离津出关的婉容改变初衷,也同意离开天津到旅顺,而令溥仪能够心安情顺地给日本人当傀儡。

待溥仪住进旅顺肃王府以后,川岛芳子因有该王府格格的身份,又有与日本军政界的广泛联系,遂主动向溥仪要求,希望允许她出面前往天津"晋见皇后",把婉容、韫和(溥仪的二妹)和韫颖(溥仪的三妹)一起接到旅顺来。溥仪答应了,并写了一封亲笔信交芳子带到天津。其实溥仪已经看出,芳子请求做这件事情本来就是负有使命的,这是日本关东军司令部的决策,为了稳住溥仪必须把婉容接来,由不得溥仪不答应。

婉容早就听说过川岛芳子的风流韵事,对她没有好印象,从戒心出发,不愿跟她同行,但很快就被说服了。这一内幕是后来从日本方面传出的,当时除了芳子确实还有一位日本人士在场。著名川岛芳子研究家渡边龙策这样描述了川岛芳子与婉容见面的情形:

溥仪离开天津的计划对秋鸿(按:应为慕鸿)也一直保守秘密。当秋鸿得知溥仪去满洲以后,急切地等待着渡海去满洲。就在秋鸿等得急不可耐的时候,川岛芳子秘密地访问了这位皇后。可是在开始时,秋鸿皇后却表示讨厌去满洲。

关于这件事,工藤铁三郎曾经说过:"芳子这个人嘛,是一位'谎言病患者',或者叫她是'天才的说谎家'。只同她接触一次,也会受她的骗……"

关于川岛芳子的为人,秋鸿皇后大概也有耳闻,所以,她无论如何也不愿意跟随川岛芳子去满洲。

川岛芳子并不介意别人对她的闲言恶语。她依然待在天津，以她那独特的撒谎艺术，向秋鸿苦苦地进行劝说。

"皇后陛下，您与其在这个地方过孤独清苦的生活，不如到满洲痛痛快快地享受一阵子清福。"

"不过，听说满洲是个土匪窝。"

"您害怕了吗？您要不去，谁能照顾皇帝陛下。至于治安嘛，很快就会好起来的。"

川岛芳子用尽种种手法，经过反复劝说，终于说服了秋鸿皇后。大约是在溥仪去满洲后半个月左右，秋鸿皇后身穿粗布男衫，同样是男装打扮的川岛芳子伴随左右。她们在天津日本驻军翻译官吉田夫人陪同下，与吉田一起由白河上船，经大沽，从海路去大连。川岛芳子退出后约半小时，婉容便遣太监传见李国雄。

"老爷子传奴才有事吗？"

"那个穿西服的就是十四格格，她捎了皇上的信来，让我去呢！今儿晚上就走，这事还要保密，皇上怎么走的我也怎么走。你把车准备好，到时候开到吉田翻译官家，别的不用管。"

1931年12月，溥仪住进肃王（肃亲王善耆）府

"什么时候走?"

"晚上8点整。"

那是一个寂静的夜晚,李国雄开着十多天前送过溥仪的那台赛车,把婉容藏在后厢盖子底下,一直送到日本驻屯军司令部翻译官吉田忠太郎的家里,因为事先已有约定,川岛芳子与吉田的女儿正等在门口迎接呢。

当天,婉容还派出另一名随侍吴长明,前往求志里陈曾寿家说明了离津的具体安排。继而陈、吴两人又同往吉田家,说明他们必须随婉容同行。起初,吉田并不把婉容的这位汉文师傅放在眼里,一脸颇不满意的神色。陈曾寿毫不示弱,面对吉田忠太郎正颜厉色道:"我奉旨护送皇后,有重大责任。我若不护送,皇后也不能走。"吉田的眼珠上下翻动着,无可奈何。

据周君适说,那天晚上,婉容即由川岛芳子以及吉田的妻子等陪同登上了长山丸。静园方面参与护送的,除周的岳父陈曾寿外,还有婉容的哥哥润良、随侍吴长明、太监赵德甫、侍女春英等。东北日军还派了个大佐专程迎驾,也同船而归。在船上,婉容与吉田之妻同居一室,陈曾寿能够直接与婉容联系,严密地执行护送任务。

很明显,从芳子的劝驾、吉田的安排以至长山丸的航海全过程,都是由日本关东军司令部精心策划的。拿芳子来说,早在土肥原贤二赴津劝诱溥仪的时候,她就已经受命为劝诱婉容而"在满洲等待时机"了。选中她是因为她的日本上司考虑到,"按照中国的习惯,只有女性才能接近皇帝后妃"。

然而,在关东厅警务局高等警务课的报告中,叙述婉容离津过程时却精心炮制了这样一段文字:"……尚留在天津的溥仪妃鸿秋,于11月26日偕其兄润良及芳子等逃离天津,一行十人于28日经海路抵大连。其后,在郑孝胥、罗振玉等近臣陪同下隐居于旅顺。鉴于当时的种种情况,关于宣统废帝及其妃的行踪,除关东厅发表的事项外,禁止一切新闻通讯进行报道,对其下落保密,予以保护。"在这里,婉容离津成了"逃离",几乎与日本没有任何关系了。更加离奇的是,婉容离津反而成了溥仪"前往满洲"的"另一动机"。当年的日本"学者"认为,溥仪出关投敌,是因为有一颗"忧国忧民之心",此外,他还"希望通过生活环境的改变,使皇后秋鸿戒掉吸鸦片的恶癖。溥仪与秋鸿的关系是融洽的,他对皇后的这种恶癖也很伤脑筋。他一直想让秋鸿戒掉鸦片。但是,经过种种努力,并未收到效果"。制造谬论固然可以掩盖真相于一时,却不可能改变历史。

1931 年 11 月 28 日,婉容一行在大连登陆。川岛芳子也可以笑逐颜开地向日本关东军司令部交差了。如果说溥仪的出关是他政治堕落的开始;那么,婉容的离开天津便是她走向自我毁灭的起步。

婉容等一行 10 人乘坐的"长山丸"抵大连码头之际,受到罗振玉之子罗福葆的迎接,随后安排在清朝遗臣王季烈的家中暂住。王季烈,字君九,家住大连文化台,与陈曾寿为同科进士,婉容下榻于其宅当然是与这种渊源有关的。

婉容住下后即要求前往旅顺晋见溥仪,但几度要求都碰了钉子。当时,溥仪正处在板垣征四郎的严密控制之中,形同软禁,不允许随便见人,见自己的妻子也不许可。于是,婉容起了疑心。据当时可以往来于旅顺大连之间极少数人中的一个、给溥仪当侍卫多年并深受其信任的唯一日籍人士工藤忠说:"当时有一种谣传,说是皇帝已经被日本军队杀害了。也有人说是遭到了监禁。所以皇后就歇斯底里般地闹了起来,并嚷着说:'我为什么见不到圣上!'"婉容自然是向当时仍陪住在一起的川岛芳子闹,因为是芳子去天津劝驾的,并信誓旦旦地表示要把婉容送到溥仪身边,现在却搁浅在大连了。芳子被婉容闹得难以应付,就跑到旅顺找到工藤忠,连这位神通广大的女士似乎也没有办法了。

"我为难极了,你能不能和军部联络一下?"芳子摊开两手无可奈何地问。

"好吧,等我去谈谈。"工藤忠回答说。

结果怎样呢? 军部起初还是"不肯点头"。后来,"也许是由于板垣之辈表示了'让步'的关系吧",溥仪在 50 年代回忆这件事时写道,"这帮围绕在我的周围的日本浪人特务,如上角利一和甘粕正彦等便出来作转圜。结果算是在日本帝国主义者派来的宪兵'佯作不闻不见'的'网开一面'的默许下,许可我的爱人到旅顺来见我一面,并且还限定只能暂住一宿,下不为例。"工藤忠同样讲这件事时,却抛开了板垣的"让步",以及上角和甘粕的"转圜",他只说是"好不容易买通了宪兵",在旅顺肃王府大门前值班站岗的日本宪兵承诺说:"如果只是一个晚上的话,我们就可以装作没有看见的样子。"于是,溥仪和婉容才在旅顺见了面。实际这是不可思议的,宪兵长几个脑袋敢在这等关节上卖钱?

日本军部的要人们为何如此不近人情，甚至不允许人家夫妻同居呢？原来此时板垣与溥仪正就"满洲新国家"的"建国事项"进行谈判，并且溥仪颇不驯服，甚至扬言若不能接续清朝当皇帝，就返回天津！在这样的时刻里，板垣反对他所不信任的人接近溥仪，为溥仪出谋划策。对于婉容，板垣既想利用她稳住溥仪，又担心她"思想不纯"影响溥仪，所以虽然把她从天津接来了，却不愿让她在关键时候与溥仪住在一起。婉容在天津那几年一直抱着随溥仪东渡的希望，并深受任萨姆等人影响，对日本的印象本来是不错的。后来逐渐看出问题，开始憎恨日本人，不料这回看到日本军人的狰狞，更深深受到了刺激。

3. 婉容在旅顺

婉容第一次赴旅顺是在1931年12月9日。原打算12月5日就去，那天溥仪派了郑孝胥与郑垂父子来接，只有一辆汽车，还跟着个日本宪兵，仅余一个空位。婉容被告知必须在1小时内动身，不许带人，连侍女也不许带。这是婉容不能容忍的条件，遂以病为由告改期再来接。这回溥仪又派了一名日本人来接，婉容乃带侍女一名、随侍一名，赴旅顺见溥仪去了。

工藤忠只在其回忆录中描述了这个旅顺的"良宵"："皇帝和皇后都很高兴，不过，皇后似乎对于'一晚上'的约定有些不满的样子。就连对于皇帝的说服，也费了我不少的苦心。也不知道为了什么缘故，当皇后在回去的时候，对我说：'对不起，暂时就让我们一块儿吃饭吧！'因为和皇后在一起吃饭太感到不安，遂辞谢了。可是，我若是不吃饭，她也不吃。真不知什么缘故，我觉得就像和我闹笑话似的。尔后才明白：这乃是由于芳子的谗言。"

关于芳子的谗言还有一段故事呢！在工藤忠看来，川岛芳子是怀有野心的，这位恨不生为男子的女人，一心想利用自由出入宫廷的身份，将来成为皇帝最宠爱的妻子，因此极力要接近皇帝和皇后。但是，她在皇族中间几乎没有市场。提到她时人们甚至感到讨厌，都认为如果让这个水性杨花的女人出入后宫，一定招致不良后果。于是，公推贤惠而博学的三格格——也是肃亲王的女儿、川岛芳子的姐姐，去伴随皇后。但是三格格来到皇后身边的第三天就被撵走了,这是因为芳子无中生有地诽谤说:"三格格打算毒死皇后!"婉容正是受到这种影响,才决定效法历代皇帝的"尝膳"制度,让工藤忠先动筷子的。

就在这个白天和夜晚之间,婉容跟溥仪说了许多话,有些是在大连王季烈宅听到的。婉容告诉溥仪说,胡嗣瑗已经来到大连,很想前来面圣,但受到日本军方的限制。于是溥仪便让郑孝胥去交涉,郑与上角、甘粕几经磋商,才同意胡嗣瑗来旅顺,条件是不许留住皇上身边,见面后即返大连。胡嗣瑗来后在溥仪面前痛哭失声,满腹怨气,愤愤不平。可见,从打破日本军部垄断溥仪的角度说,婉容还是做了工作的。

这以后或许是为了平息婉容的不满,日本人一度把她送到汤岗子温泉胜地旅游疗养。又过了大约半个多月,溥仪不得已而在谈判中向板垣明确表示,愿意"留在满洲与日本合作",婉容这才获准在旅顺肃王府与溥仪一块儿生活。肃王府是一座花园式院落,颇为优雅。院墙依山而砌,院内一栋二层中式楼房便是溥仪的临时"行宫",二楼左侧是溥仪的寝宫,右侧就是婉容的寝宫。一楼是随侍和护军的宿舍及前来觐见者的临时客房,还在院内新盖了一间茶膳房。大门口上的日本宪兵荷枪实弹,名义上说是保卫溥仪,实际是监视皇家的每一个人。溥仪的胞妹韫和、韫颖这时也来到了旅顺。

在旅顺期间婉容最高兴的日子是跟溥仪上"星个浦"(今大连星海公园)旅游。那天,溥仪雇了两辆小卧车,带着李国雄等贴身随侍和几名护军,直奔位于大连市郊的海滨。当然,后边仍然跟着日本宪兵的汽车,隔着明亮的车窗,荷枪者不错眼珠地盯着溥仪和婉容。

据李国雄回忆,婉容在海边上非常快活,她东问西问跟溥仪说个不停,叽叽嘎嘎地笑个不停,她在沙滩上捡石子、拾贝壳,她胆子小还跃跃欲试想蹚着海边露出水面的礁石向深处去,她不时地跟丈夫撒娇……

在肃王府内前后两三个月的生活中,等级观念、"男女大防",似乎松弛了许多,这或许与溥仪的心情有关吧。

1932年2月5日是除夕,溥仪在北京和天津时,这天照例守岁,给下人撒"吉祥钱"。在旅顺不搞这一套了,他把随侍李国雄、护军霍殿阁等召到寝宫推牌九玩。大家正高兴,婉容推门进来了,见别人要退去还很谦虚地说:"你们接着玩吧,没关系!"还有的时候婉容与格格们玩纸牌,每逢三缺一,溥仪总是随便从几名贴身随侍中间叫一个去凑数。于是乎祁继忠、李体玉、李国雄等人都有了许多接触婉容的机会。婉容对待下人颇为关心,溥仪也很信任那几个贴身随侍,同时溥仪对婉容也保持着某种警觉。

李国雄在其回忆录中以实例生动地述说了男主、女主与随侍间错综复杂的关系:"有一次,婉容陪溥仪进餐,赶巧我值日上菜,当我端着一碗日本酱汤经过溥仪身后刚摆到桌上时,溥仪急了:'你怎么不言语一声? 我若回身用胳膊碰洒了酱汤,岂不要把衣服弄脏了么?'一句话问得我张口结舌,我真没想到这种事儿。这时,婉容搭茬了:'不要紧呀,怕什么的呢! 他一个小孩子懂得什么? 倘真把衣服弄脏,换一件穿穿也无妨,又何必生气!'真是好心办坏事,婉容完全帮倒忙。在溥仪看来,皇后护着一个下人说话,更是他绝对不能容忍的。遂不问青红皂白,起身给了我一通嘴巴子。由于跟随溥仪多年我深知其人,那天婉容不搭茬我就不至于挨打,顶多让我认个错,说句'今后注意'也就算了。"

婉容在天津时对未来还是抱有希望的,现在只剩下失望了。1932 年 2 月18 日,按旧历是壬申年正月十三日,溥仪在旅顺渡过了又一个"万寿圣节"。溥仪往年过生日,遗老云集,受礼受贺,十分隆重。这次在日本人的软禁之中,只有十来个人敢于冒险前来拜寿,景况之萧条冷落,婉容看在眼里,寒在心上。然而此时此刻,连溥仪也已成为日本人的俎上肉了,婉容还有什么办法! 精神上的苦闷与感情上的空虚交织在一起,猛烈地袭向婉容,她不甘于这种难堪的处境,却又无可奈何!

4. 从旅顺到长春

1932 年 2 月 16 日,由日本关东军司令官本庄繁操控的所谓"东北行政委员会"在沈阳召开"建国会议",张景惠(代表哈尔滨特别区)、臧式毅(代表奉天省)、熙洽(代表吉林省)和马占山(代表黑龙江省)等"东北四巨头",以及赵欣伯出席,决定在东北建立"共和制新国家"。

2 月 19 日,溥仪听到消息,非常气愤,随即写下"复位正统系"的八条理由,主要内容有"实行王道,首重伦常纲纪","中国遭民主制度之害已二十余

由日本侵略者导演的"建国会议"在奉天(沈阳)召开。"东
北四巨头":东省特区行政公署长官张景惠(右三)、奉天省省长
臧式毅(左二)、吉林省长官公署长官熙洽(左三)和代理黑龙江
省省主席马占山(右二)出席。袁金凯(左一)和赵欣伯(右一)
也出席了会议。

年,除少数自私自利者,其多数人民厌恶共和,思念本朝"等。

2月21日,溥仪派郑孝胥、罗振玉参加沈阳"建国会议",指令他们要坚持"复位"的理由,但郑孝胥并没有按照溥仪的"指令"做,反而向关东军参谋板垣征四郎保证"皇上的事儿我全可以包下来","皇上如同一张白纸,你们军部怎么画都行"。

2月23日,板垣征四郎在旅顺正式向溥仪提出即将在东北成立的"新国家"可以定名为"满洲国",由溥仪出任国家元首,称为"执政",然而溥仪坚持要当皇帝,不同意就任"执政"。双方争论不休,板垣最后说:"请阁下再考虑考虑,明天再说"。

2月24日,板垣征四郎向郑孝胥、罗振玉等说:"这一次东省的局势非皇上出来不可……军部要求再不能有所更改,否则只能被看作是敌对态度……这是军部最后的话。"这等于是发出了最后通牒!郑孝胥向溥仪转达后希望他接受日本人的要求。罗振玉也说:"事已至此,悔之不及,只有暂定一年为期,如逾期仍不实行帝制,即行退位。"溥仪同意,答应"暂定一年为期",出任伪满执政。

　　看来，起作用的东西还是土肥原在两年前就用过的东西。当年他用"王道论"和"满洲皇帝"勾引张学良未能成功，现在又用它们诱惑溥仪，总算有了回响。在九一八事变的历史上，如果说张学良写下了痛心疾首的悲愤的一页，那么溥仪写下的则是屈辱的可耻的一页。好在溥仪接受了改造，30年后他对九一八事变已经有了全新的认识。

　　1932年3月1日，所谓"东北三省的代表"组成团队并赴旅顺，"劝进"这场戏就此开演了。原来，经历在旅顺的几度磋商，溥仪到底还是屈从了板垣征四郎的威胁和利诱，以"一年之内成立宪法，实行帝制"为条件，答应出任伪满执政。当时，以"代表国人"自任的所谓"东北行政委员会"也发表文告，表示尊重溥仪提出的条件。继而，在日本关东军指使下，"东北行政委员会"发表《建国宣言》，宣布"满洲国"成立，定国号为"满洲国"，年号自1932年3月1日起改为"大同元年"，国旗定为红、蓝、白、黑、黄"五色旗"。

张景惠以伪东北行政委员会委员长名义发表所谓《建国宣言》

　　《盛京时报》报道了"劝进"代表团组成并赴旅顺的消息：

　　　　东北行政委员会曩曾宣言独立，组织满洲国，连日开会讨论建国事宜。项国家重要纲领、人事及其他诸般准备业已整齐，乃决公推溥仪为执政（新国家元首），派代表往谒溥仪，传达民众公意，怂恿出庐。奉天省实业厅长冯涵清、省政府秘书李毅、吉林交涉署长谢介石、马占山的代表赵仲仁、张景惠的代表宋文林及蒙古齐王的代表凌升等，奉该委员会之命于2月29日夜8时半由南满站乘车南行，即往溥仪行辕敦请出山，闻该代表团当于3月2日或3日回奉云。

所谓"东北三省的代表"来到旅顺后，求见溥仪，背诵一遍早就预备了的台词："日本友军"已将东三省万恶的军阀驱逐扫除，并郑重声明绝不白占土地。因此，我们代表三千万民众请求宣统皇帝出来维持地方，就任"满洲国"执政。对此，溥仪"严行拒绝"，出示了给各省代表的"手谕"一通，以"才微德鲜"为词拒绝，"望别举贤能，造福桑梓"。

于是，三省代表又增加了若干人，并带了一份《推戴书》二次谒见溥仪，以表示"劝进的更为强烈的愿望"。《推戴书》写道：

> 伏维有清圣贤递作，垂三百年，深仁厚泽，浃于民心，辛亥逊位，以不忍涂炭生灵而争一家一姓之私，遽以政权公诸天下，让德光昭，尤为中外国人同所顶仰。诓自共和成立以来，纪纲日堕，争战频仍，军阀党徒，迭为消长，祸国殃民，于今弥烈，而我满蒙各地，既为残暴所凭，更受论胥之苦，水深火热，呼吁无门。今幸一旦廓清，丞丞与民更始，爰建新国，名曰满洲，惟是天生烝民，必立之长，讴歌狱讼，民意是归，事经行政委员博征征论，密察群情，研虑再三，久而后定。佥以前清宣统皇帝冲令逊政，功德在民，念载潜居，声闻益懋，谨以我三千万民众一致之推戴，恳请权领满洲新国执政。想当年救民为志，不惜敝屣尊荣，今者所以救国为怀，纡尊屈任，正无悖夫初心。况辽沈为丰镐旧帮，谊同桑梓，痌瘝在念，何能恝然，伏乞俯徇民意，即日就任，以慰来苏之望。谨答词吁请，派遣代表凌升等赍呈渊鉴，不胜迫切待命之至。

由凌升领衔呈上这份《推戴书》以后，溥仪才应允下来，挑了些好听的言词说："东三省是我自己的家乡，我若是能救得起我家乡三千万人民，我就牺牲一己也可以出来。我并不受尊荣，也不受人逼迫。"凌升等人马上献媚说："此举实出于三千万民众之至诚，舍此实无图存的办法，务望俯顺舆情，出来救民于水火。"于是，溥仪又发表了下面这篇《文告》：

　　前表愚衷,未蒙矜谅,更辱推戴感惕交深,慨自三省变兴,久失统治,承以大义相责,岂敢以暇逸自宽,审度再三,重违群望,今本宪法尚未成立,国体尚待决定,窃以为天下无弊之法,所当两权其重轻,才力有不及之时,要贵自知其长短,固不敢强人而从己,亦未敢违道以趋时,今与国人预约,勉竭愚昧,暂任执政一年,一年之后,为多隄越,敬避贤路。倘一年之内,宪法成立,国体决定,若与素老相合,再当审慎,度德量力,以定去就。若其未合,即当辞退,此约必得国人公认,然后敢承,期有出言可践之实,庶免为德不卒之讥。盖天下有明知其法之善,尽心而为之,或有不如初老者矣;未有明知其法之不善,违心而为之,而或收善果者也。覆辙未可重迹,徇人必至失己,愿得一言,以为息垠,此心皦日,幸垂谅焉。

　　溥仪虽表应允,却在书面《文告》中提出了一年之内成立宪法决定国体的条件,也就是要实行帝制,否则辞退"执政"之职。这原是溥仪入了关东军虎口,以致身不由己又无可奈何的情况下,罗振玉给他出的"高招",并成了后来"康德皇帝"出世的因由。

汤岗子温泉"对翠阁"旅馆

　　伪满"新国家"正在积极拼凑中,1932年3月6日溥仪先派出内务府大臣、随侍、护军、厨师、勤杂人员、勤务兵和女佣人组成的"先遣队"一行43人径赴长春,溥仪和婉容也在第二天先后乘专列离开旅顺,到汤岗子驻跸。对婉容来说,日本人第一次给了她"国家最高级"的礼遇,然而她的心情是不会痛快的。

1932年3月7日上午7时30分,溥仪在郑孝胥、罗振玉等七名近臣、随侍的陪同下,从旅顺启程,当天午后1时30分抵汤岗子,下榻于3个月前从天津刚到东北时曾经住过的对翠阁宾馆。在那里,以地方实力派的身份当上汉奸的张景惠和赵欣伯等又代表赝造的所谓"民意"出现了,他们说是特意前来"欢迎"溥仪的。当天傍晚6时10分,"皇后"婉容也带着两名女官从大连来到汤岗子,溥仪和婉容在对翠阁住了一宿。

周君适在《伪满宫廷杂忆》一书中谈到婉容离开旅顺时的细节。他说:"我和陈曾寿到肃王府,溥仪已经走了。楼下空无一人,陈曾寿引我在楼梯口等了一会,婉容下楼来,二格格韫和、三格格韫颖跟在身后。我为婉容抄写课本已有半年多,这才第一次见着她,高高的身材,细长的眉眼,年龄虽然不过二十几岁,举止已不像一个少女那样活泼了。身旁随侍递一只小保险匣给我,陈曾寿叮嘱:'小心携带,这是皇后的珠宝箱。'随行人还有万绳栻、润良、工藤忠,由沙河口乘火车。这一列车是普通客车,但我们乘坐的车厢空无旅客,婉容、韫和、韫颖的座位用绒幔挡起,随从人员都隔在幔外。车厢另一头坐着十几个穿便服的人,大概是警宪。车经金州、盖县、海城,晚七时到汤岗子对翠阁温泉旅馆,门首悬'满洲国国旗',周围警宪林立。溥仪住楼上,这就是他几个月前住过的地方。"

张景惠、臧式毅、赵欣伯、谢介石、冯涵清等前往汤岗子对翠阁第二次"请驾",并呈进《推戴书》,即所谓以"代表国人"自任的"东北行政委员会文告",表示尊重溥仪提出的条件:"前以群情推戴,合词吁请俯徇民意,暂领满洲新国执政事务,伏承温渝,益见冲怀。此次皇帝矜念满蒙黎庶,屈志救民,盛德谦光,同深感戴,至日后政体或有违忤不适之处,去就自当敬尊圣意,绝不敢丝毫相强,特再陈明,仍愚星言夙驾,以慰三千万民众喁喁之望。"

溥仪在答词中说:"今者宪法尚未成立,国体尚待决定……今与国人预约,勉竭愚昧,暂任执政一年。一年之后,如多隙越,敬避贤路。"

3月8日上午7时30分,溥仪偕婉容步出对翠阁宾馆正厅前门,将要前往长春之际,溥仪向新闻界发表一篇简短讲话,自称"承蒙满洲国三千万民众之热切希望","从此地出发前往新首都长春"。溥仪与婉容在对翠阁门前的照片随即登上东北各报的头版:溥仪戴着礼帽,身披呢子斗篷,脚穿一双锃亮的高筒皮靴,婉容则在她平时喜爱的旗袍之上,加了一件狐皮领的呢子大衣。溥仪站在台阶下的一块脚踏垫板上,婉容站在垫板的旁边。他们能够并排站在一起,对婉容来说已嫌逾格。溥仪讲话结束后即偕婉容在众扈从的簇拥之中,由日本便衣宪兵先导前往当地车站。在贵宾候车室稍事休息后,于上午8时登上专列,随溥仪走上叛国之路的还有郑孝胥、罗振玉等老臣30余人、地方实力派即东北各省区"代表"张景惠等30余人。

1932年3月8日上午8时溥仪和婉容在对翠阁门前

　　在挂起了伪满五色旗的专列的后部,有一节高级车厢,溥仪、婉容,还有溥仪的几位老臣、几个身边警卫就在这里。当然也要有负监督重任的日本人,那就是关东厅森本警务课长和长尾宪兵中佐。

　　戴着黑色宽边眼镜的溥仪,从脸上的表情看似乎怡然自得,谁知他心中又怎么想呢?列车经过沈阳市区的时候,溥仪恭恭敬敬地站了起来,面向北陵——祖坟的方向,致遥拜之礼。他不能不感到遗憾:这次北上并非为继承祖业,而是替日本人去当那不知名目的"执政"。

　　下午3时,溥仪的专列开进长春车站。一走下车厢,溥仪就被热烈的欢迎场面"感动"了,对于那些整列相迎的日本人和伪满新贵,以及礼炮、仪仗队之类,溥仪并不觉得怎样。只见站台一侧扯起一面大旗,上面写着"吉林八旗旧

1932年3月8日下午3时溥仪和婉容抵长春火车站

臣迎大清宣统陛下"几个大字,旗下跪了黑压压一大片穿着长袍马褂的人,他们中间竟然有许多口喊"皇上万岁"的人几乎是泪流满面。这场面真把溥仪感动了,他哭了。后来,溥仪回忆当时的心情时说:

> 我在当时,并不是不知道日寇在垄断着当时的所有一切,更不是已经满足于执政(没能当上皇帝)的当时处境,同时也清清楚楚地知道这帮鬼子和汉奸都是各怀鬼胎的。可是为什么我却对这种制造出来的"欢迎",竟会被感动得流出了泪?如果我当时不是被"领袖欲"、"皇帝迷"冲昏了头脑,又怎能够发生出这种"悲喜交集"的丑态来呢?特别是当我一眼看到那帮封建余孽——"满洲旗人"手里拿着前清的"黄龙旗"向我欢呼的时候,更是使我生出了"不图重见汉官仪"的感情,觉得自己仿佛又重新回到老家一样。足见这种封建统治阶级的反动本质,真是除了只看见自己当前的一些"鼠目寸光"的所谓私利之外,连最起码的一般理智和最小限度的民族良心都没有了。这也就是和"鱼只见饵而不见钩"的原理是一样的。

这便是溥仪第一脚踩在长春土地上的情景和感觉。历史仍然证明:溥仪选择了离津出关,就是选择了永远的屈辱。

第二章
屈就"执政"

5. 在长春原道尹衙门就任伪满执政

　　20 世纪 30 年代的某个早春时节,海内外的亲日报纸上突然出现了大体一律的论调:当 20 年前的辛亥革命兴起之际,清政府中若有洞察全局的大政治家,理应提示如下方案:将山海关以内的"中国本部"交给革命党,奉戴宣统皇帝返回辽东故土,以维系统治满洲的"偏安之清国"。然而,清政府错过了尚有实力可令革命党人接受的历史契机,交出全部主权,只剩下"优待条件"一纸空文。后来,民国政府连"优待条件"也不兑现,还把宣统皇帝撵出皇宫。在这种情况下,溥仪答应满洲人民的恳请,复归先人故土,接受元首地位,这实在是正当举措。开台锣鼓响过之后溥仪登场了。

　　1932 年 3 月 9 日下午 3 时,伪满执政就任仪式在长春原清朝吉长道尹衙门旧址内的一间大厅里举行。

　　乐声中走在前头的是赞礼官、招待员等服务人员,接着,有"参列者"资格的人士顺序入场:"东北行政委员会"的委员,各省区的文武官员和"民众"代表等。关东军司令官本庄繁、参谋长三宅光治和参谋板垣征四郎,还有满铁总裁内田康哉等几个日本人是仅有的"外宾",他们实际是"主宾",是拥有绝对权威的伪满傀儡戏的导演者。

溥仪入场的格局是这样的:正前方有一名赞礼官导引,穿西装、戴礼帽的溥仪走在中央,他的右侧为四名武侍从,而左侧为四名文侍从。

溥仪就位后,全场人员向他行三鞠躬大礼,他以一鞠躬答礼。礼毕,"东北行政委员会"的两名代表恭恭敬敬地来到"执政"面前,溥仪一看,原来是臧式毅和张景惠。他们每人手捧一个黄绫包,一包为"国玺",一包为"执政印"。献上这两件东西表明已将统治满洲的全权交付溥仪,而他接过的不过是替日本殖民主义者画"可"的傀儡之权。

继而,臧式毅代表"满洲民众"向溥仪致颂词,溥仪则命郑孝胥代表自己致答词,并宣读《执政宣言》:"人类必重道德,然有种族之见,则抑人扬己,而道德薄矣。人类必重仁爱,然有国际之争,则损人利己,而仁爱薄矣。今立吾国,以道德仁爱为主,除去种族之见,国际之争,王道乐土,当可见诸实事。凡我国人,望其勉之。"随后,"外宾"内田康哉满面笑容地走上前去,鞠躬,握手,致祝词,溥仪则命罗振玉代读《执政答词》,至此礼成。

当乐声再起的时候,溥仪按预定计划着西装大礼服与全场人员合摄纪念相。但他觉得不够味儿,这能算是大清复辟吗?于是,正式的纪念摄影结束之后,他又命追随而来的王公皇族遗老遗少,一律换穿长袍短褂,又合摄一张非正式纪念相。所以是"非正式"的,因为日本不承认。

在溥仪就任执政仪式上
由郑孝胥代读《执政宣言》

照相后溥仪在酒会上接受了一片"万岁"的狂呼,并在这故意制造的高潮中走出大厅,命人把伪满的五色旗升上旗杆,这就是在道台衙门后院举行的伪满国旗升旗仪式。随着又起的乐声溥仪退场。同日,溥仪还签发了伪满执政"特任状"和伪满"执政府内设机构及任命令"等,强加于历史和我国东北地区的"大同

溥仪在就任"执政"仪式上

年代"开始了。

　　1932年3月10日上午9时,伪满中央各院、部长在参议府举行就任仪式。

　　同日,溥仪致函日本关东军司令官本庄繁。信中有"敝国关于日后之国防及维持治安委诸贵国,而其所需经费均由敝国负担","敝国承认贵国军队凡为国防上所必要,将已修铁路、港湾、水路、航空等之管理并新路之布设,均委诸贵国或贵国指定之机关"。这正是后来被史学界称之为"卖国密约"的那封信。

　　1932年3月11日,溥仪颁布《大赦教书》、《急赈教书》。当夜,溥仪召见陈曾寿,在卧室谈话。溥仪说:"我现在有三个誓愿:第一,我要改掉过去的一切毛病。陈宝琛在十多年前就说过我懒惰轻佻,我发誓从今永不再犯;第二,我将忍耐一切困苦,兢兢业业,发誓恢复祖业,百折不挠,不达目的誓不罢休;第三,求上天降一皇子,以继承大清基业。此三愿实现,我死亦瞑目。"

　　溥仪把"执政府"暂时安置在前吉长道尹公署,这里本是破旧的大宅院,经过一番布置,倒有了光怪陆离的感觉。溥仪在这里住了20多天,直到旧盐仓修缮工作渐次完成。

6. 伪名"新京"的出笼经过

日本关东军首脑筹建伪满时就在"定都"问题上伤了不少脑筋,起初想在沈阳,嫌离关内太近,遇事没有回旋余地;而哈尔滨虽距内地很远,但多年属于苏俄势力范围,怕不牢靠;吉林市当时为吉省首府,有相当数量的满族人,又距爱新觉罗氏发源地长白山最近,熙洽力主以它为"首都"。但该市市区太小,又不处在交通冲要之地,也被关东军否定了。最后确定在长春。

全世界的人都知道这是一个由日本枪杆子支撑的伪国家,日本有识之士也都明白这一点。但是,伪国家也有个伪政权,伪政权也要有驻地,所以还要有个伪首都。因此,长春就有了一个伪名称"新京"。虽然这个伪名早为世人所熟知,但它是如何拟议的?怎么出笼的?大概知者就比较少了。20世纪30年代日本作家钝田研写过历史小说《满洲建国记》,其第三卷《新京》中有详细记述。

1932年3月10日,刚刚成立的伪满洲国国务院召开第一次会议。伪国务总理郑孝胥和各部伪总长、伪参议府参议出席会议,伪国务院总务厅长、日本关东军特务部(原名统制部,系日本关东军为管理已经沦陷的我国东北地区所设的机构)部长驹井德三主持会议。驹井在会上提出要把长春建设成为"新国家"的"新首都",他还向在座的伪国务会议成员征求长春更名的意见:"有没有什么好名字呢?"

伪外交总长谢介石摇晃着又小又圆的脑袋第一个提议:"叫'新京'怎么样啊?"驹井很欣赏,当即表示:"好名字啊!"

"叫'复京'也不错嘛!"提出这个意见的,是伪财政总长兼吉林省省长熙洽。此人不仅投靠日本卖国求荣,且一心向往恢复大清帝国,偏爱"复"字。

此事当天未定。4天以后,即1932年3月14日下午,又在仍由驹井主持的第四次伪国务会议上讨论这个问题。也是这次会议一开始就通过决议,把伪总务厅长改称伪总务长官。

驹井说:"首都怎样更名,还是4天前留下的悬案,今天一定要解决。"

这时又有人提出第三个意见:"叫'盛京'怎么样?"

伪国务院总务厅长、日本
关东军特务部部长驹井德三

郑孝胥则抬出溥仪来,以求达到"一言九鼎"的效果:"如果叫'新京',据我所知'执政'阁下也不会有异议。"

就此决定把长春更名为"新京",次日发出布告。以伪总务长官、各部伪总长为委员,以伪民政总长臧式毅为"委员长"的"国都建设委员会"也同时宣告成立。

其实,在"新京"、"复京"、"盛京"三者之间,可供日本人选择的只有"第一名字"。因为九一八事变后不久,日本军方早已为"未来的新国家"定位:它不是大清帝国的复辟,也不是清朝的延续,因此绝不能使用"复京"之名。至于"盛京"一名早已有之,即清兵入关前的满族故都沈阳,入关后称为"陪都",当然不可以移植这样的地名。

溥仪在抚顺战犯管理所时,把改换了名堂的长春,称作"百鬼昼行的所谓'新京'",他回忆说:

> 自从长春被污染上了"新京"这个臭名街以来,果然它真不愧是个鬼子和汉奸荟萃之处,立即出现了"新殖民地"首府千奇百怪的景象。在街头巷尾到处都可以看到扬眉吐气、横冲直撞的日本帝国主义侵略军的兵士,耀武扬威地腰挎日本军刀、足穿长筒皮靴的关东军军官;乘坐着插着关东军小旗的汽车的不可一世的日寇法西斯将领;抱着"鸡犬皆仙"的优越感而"狐假虎威"、挺胸迭肚的日本人;满身"东洋气息"、咀留"仁丹胡"、满口日本名词的鬼子特务和日本翻译;志得意满、官僚架子十足的傀儡政权中卖国"新贵";鸭步鹅行、满口诗云子曰,好像是"惊蛰出土"的昆虫似的封建残余古董;随便开口骂人、解开腰间皮带打人、扛着轻机枪"逛窑子"的伪军兵士;见了日本人就点头哈腰、满脸堆笑,见了自己同胞便横眉立目、盛气凌人的伪警察;斜挎皮盒子"六轮手枪"、臂缠特务符号、昂头阔步、虎视眈眈的日寇宪兵等等,在当时的长春,从表面上看,真可以说是已经到了"有人皆魑魅,无处不肮脏"的幻灭地步。

"新京"一名自1932年3月15日始,作为长春的伪名一直使用到1945年

8月15日日本帝国主义投降,历时13年5个月。

已换用"新京"牌匾的长春街景——繁华的商业区吉野街,又称"新京银座"。

7. 会见李顿调查团

九一八事变后,蒋介石寄希望于国际联盟的干预,日本也想通过国际联盟争取舆论支持,由此引起国际联盟讲坛上的辩论。国际联盟理事会决定派遣以英国枢密顾问官李顿为委员长,由英、法、美、德、意五国代表作为委员而组成的调查团,在中日两国也派代表参加的情况下,前往中国东北和中日两国首都实地调查。

李顿调查团的成员中,有将军,有第一流的外交官,有海外殖民地的总督,还有东洋通。他们要查明伪满政权的性质,以便决定国际联盟的态度。

伪满政府一边成立了以外交总长谢介石为首的"欢迎委员会",一边对国民党的代表顾维钧表示拒绝。

谢介石先于1932年4月9日向国民政府发出通牒公文,"拒绝顾维钧随同国联调查团来满";继于4月14日,以同样内容致电正在北平的国联调查团委员长李顿。

有消息说，"拒顾"一举，曾"惹起各方异常冲动，使调查团之入满一时似有陷于中止之概"。后经国联调查团书记长阿斯向伪满外交部总务司长大桥忠一反复交涉，伪满方面才以附加若干条件而承认了顾维钧的代表资格。条件是苛刻的：不得作政治运动，削减顾的随员，由"满洲国"特派员监督顾及其随员的行动，对顾的人身安全给予保护但难以做到绝对保障，顾在满期间不得与国民党政府通信等等。原来还要求顾本人声明"谢罪"，后让步，只需顾氏"陈谢誓意"即可。调查团与伪满的谈判在4月18日晚上达成协议。

李顿调查团全体成员于4月19日夜从北平出发，沿北宁路抵秦皇岛，继而分成两队：美国的麦考益将军、意大利的麦莱斯高蒂和他们的随员为一队，经奉山线赴沈阳；英国的李顿、法国的克劳特尔将军、德国的叔尼博士和他们的随员为另一队，搭乘日本驱逐舰经水路直奔大连。顾维钧本来属于海路队，但他和他的随员是不许登日舰的，只好单乘"海圻号"中国军舰径赴大连。计划结束沈阳和大连两地的调查后再合队北上。

就在顾维钧停留大连期间，发生了宣统皇后婉容派人送信，请求顾氏协助她逃出满洲的故事。当时，顾拒绝了。他在如前所述那种严格的限制和严密的监视下，完全没有向她提供帮助的能力。婉容如果了解内情，是应该谅解他的。

溥仪会见李顿（溥仪左第一人）调查团，驹井德三（李顿身后者）在旁觊觎，溥仪不敢说出真相。

调查团成员到达长春后下榻于指定的大和旅馆。在第一次记者招待会上，李顿就特意问起“为啥没有看见普尔德尔”？普尔德尔是德国驻满记者，曾署名发表不利于日本和伪满的报道。伪满外交部总长谢介石答复说：“因为他和另外几个人反对满洲国的政策，我们讨厌他们，已经驱逐了。”李顿又提出让溥仪自己到旅馆来，回答调查团的询问。尽管这是调查工作中的正当要求，且“大和旅馆”也是日本人的天下，仍然遭到谢介石的拒绝：“调查团只能由满洲国政府接待，调查委员们必须身穿礼服，到执政府拜谒执政。”而且还规定了当溥仪会见调查团时只宣读书面声明，并有郑孝胥等在两旁侍立。至此李顿已经明白：不但在满洲的记者没有言论自由，连满洲的“执政”也没有言论自由。

1932 年 5 月 4 日，溥仪在伪满执政府内会见了李顿调查团。

溥仪会见调查团的过程，曾被大肆宣传，但假的东西总要露出马脚。下面引述的一段文字让人们看清了溥仪的处境。十分有趣的是，也能看到溥仪应付特殊环境的政治手腕：

　　第二天，李顿等 5 名调查委员，身穿大礼服或燕尾服前往执政府，正式拜谒满洲国元首。他们遵照总务长官驹井德三的事先规定，在庄严的谒见仪式上宣读了一篇文书。执政虽然只有 28 岁，但是他在幼年时期身为清朝皇帝时就接见过很多外国使臣，特别是经历了波澜起伏的艰苦年月，识见和胆力都得到锻炼而更加成熟。尽管受到世界强国代表的种种威逼，并不为之所动，表现出一国元首的堂堂威严。这使调查团成员们感到威慑，在执政面前十分恭谨。

　　他们谒见执政的仪式结束后，又一起进入谒见厅旁边的一间屋子，在那儿举行茶话会。并允许随便交谈一下，当然也有一条规定的：不许涉及政治问题。急于要从各方面获得调查材料的李顿，当然不会放弃这个能够从元首口中直接得到重要证据的机会。

　　“满洲国的独立，为什么不借助日本的力量就不行呢？”李顿这样提出了问题。

　　执政在他的座位上含着微笑反问道：“当美国独立的时候，为什么要借助法国的力量？”

　　列席茶话会的驹井长官用斜眼偷看李顿,想听听他怎样回答。只见他脸色逐渐苍白起来,直到茶会结束始终沉默着。他想从元首口中轻松获得调查材料的企图被彻底粉碎了。

　　这次溥仪会见李顿调查团之后,调查团成员克鲁德尔和马克伊暗地议论说:"这个元首天生就是帝王的材料"。他们的话传了出来。

　　有伪国务总理郑孝胥陪席,有伪总务厅长官驹井德三觊觎,虽然溥仪就在眼前,李顿也不再发问了。不久,调查团在哈尔滨收到抗日将领马占山转递的密信,信中专门谈到溥仪被挟持、被操纵的种种情况。当然,事情比马占山所说的更复杂些。

　　1946年8月溥仪在东京法庭上,为审判日本战犯作证时谈到当年会见李顿调查团的处境和思想,这回他说了真话:"在我的身边和周围,总有许多日本军官和宪兵,借保护为名监视我。本来我是尊敬李顿先生的,对于'满洲'的许多问题也与他同感,我很想找个机会单独与他谈话,可事实上办不到,这实在令人恼恨。我当时应该把满洲的实际情况告诉他,但是我怕向他说了,日本人将杀害我。"

　　历史再度证明:溥仪选择了离津出关,就是选择了永远的屈辱。

8. 出席伪满协和会创立式典并发布《训词》

　　1932年7月25日,伪满协和会正式成立,"执政"溥仪被推为"名誉总裁","国务总理"郑孝胥被推为"名誉会长","产业部长"张燕卿被推为"理事长","外交部长"谢介石被推为"中央事务局长",日本关东军司令官本庄繁则当上"名誉顾问"。当天,伪满协和会"名誉总裁"溥仪老老实实坐在他的卤簿(汽车仪仗)车队中间,而在当年的大同大街上当一把"形象大使",出席伪满协和会(原址今为"御香苑"酒店)"创立式典"并发布《训词》:

　　　　积民成国,民为国本,众志齐一者强,人各其心者乱,历史俱在,取鉴不远。我满洲国,地大物博,凤称天府。创业之始,缔造艰难,建国精神,期行王道。尤鉴于政党政治,不适宜于现今时代。兹会之设,谋民族之协和,图百业之振兴,予甚嘉之。所望无党无偏,以诚以信,思想趋于一致,生业相为扶持,国家前途,胥利赖焉。

从此,这个罪行累累的"协和会"每年度的年会或一些较大活动,溥仪都要"御临幸"。1934年3月1日溥仪当上伪皇帝之后,不再兼任"协和会名誉总裁","国务总理大臣"张景惠也取代郑孝胥而当上伪满协和会"会长",然而这以后溥仪还是照例"御临幸""协和会""中央本部"的活动,为日本人张目。

1932年7月25日,溥仪出席"协和会"成立典礼

1942年10月1日至10日,溥仪和日本关东军司令官梅津
美治郎出席伪满协和会"康德"九年度全国联合协议会

溥仪后来在抚顺战犯管理所关押期间,曾回忆并在交代材料中写过关于伪满协和会的情况。他写道:当年伪"协和会"有个"纲领",提出显扬"建国精神"、实现"民族协和"、彻底"宣德达情"、使国民"生活向上"、达成"国民动员"等五条。其实,"协和会"的基本任务,就是协助日本侵略者,专门从事所谓"宣抚"、"绥靖"一类迷惑人民视听的反动欺骗宣传工作,例如散发传单、印小册子,以及施舍诊病或药品等小恩小惠。其真正目的,就是要"把日本帝国主义殖民统治任意吃人肉、喝人血的黑暗世界建立起来"。为此,伪协和会会员并不采取入会的制度,而把它变成为进一步的"绑架"方式,规定了凡是在伪满统治势力下的20岁以上全体男子,都得吸收为"会员"。

"协和会",东北老百姓称呼它为"蝎虎会"。

9. 溥仪、伪满洲国、"协和会"

根据可靠的第一手历史资料,溥仪当上伪皇帝不再兼任"协和会名誉总裁"以后,又多次"御临幸"过"协和会""中央本部"活动,例如:

伪满"协和会"活动

1937年9月11日下午1时,"协和会""中央本部"长于静远率领各地"协和会"本部代表225人入宫觐见溥仪。

1938年7月26日,伪满协和会外务局分会,向"首都"联合协议会提出

"宫廷府御营造极速完成要望案"。要求"协和会"勤劳俸仕自本年度起,用8年时间完成耗资1500万元的宫廷营造援助计划,会议一致通过此案。

1938年9月26日上午9时,伪满协和会"全国联合协议会"开幕,溥仪派宫内府大臣熙洽前往"中央本部"礼堂,代为宣读敕语:"方今国际情势益趋重大,内外国据所亟期待振作者,举国上下强忍奋励,协和奉公,以济时局之艰难,以期国运之进展,以酬盟邦之情谊,而维持东亚之和平。尔协和会全国联合协议会代表,其克尽职责,以举宣德达情之实,互相策勉,是乃朕所厚望焉。"

同日上午11时40分,伪满"协和会全国联合协议会""中央本部"长桥本虎之助率领全体代表195人入宫觐见溥仪。

1940年2月14日,"协和会中央本部"制定"修建建国神庙和宫廷府的勤劳俸仕要纲"。根据该要纲设置"建国神庙和宫廷府御造勤劳俸仕联络协议会",组织作业队,编成"中央本部"长监督指导下的"协和勤劳俸仕队"及总务、辅导、救护、弘报各班。以"协和会"分会会员、义勇奉公队队员、青少年团员、国防妇人会会员、男女中学生等人员组成,总共约15万人。在伪满全境动员,分"首都"、地方特殊救护各队,从4月15日至10月末为勤劳俸仕的时间。

1940年3月1日,伪满举行"庆祝建国典礼"。协和会"首都"本部也举行祝贺典礼,向"国旗"敬礼、唱"国歌"、拜御容、读诏书、三呼万岁。

1940年5月3日,伪满开始"宫廷府营造俸仕"活动。上午10时伪满协和会在南岭举行"锹始"式典,"协和会"会长张景惠、"中央本部"长桥本虎之助、"协和勤劳俸仕队"直木总司令、各副总司令及全体队员参加。先向"国旗"敬礼、遥拜宫廷,唱"国歌"、"俸纳仕员名簿"、朗读信条、三呼"满帝国协和会万岁",挥锹开始。自此,"宫廷府营造俸仕"活动在全伪满展开。

1940年6月15日,"协和会"为溥仪出访做准备,预备演习,在关东军司令部门前广场建"奉祝塔"、在火车站广场建"奉送门"等。溥仪在6月22日启程第二次访日。

1941年10月10日,溥仪亲临当日开幕的伪满协和会全国联合协议会。上午9时20分,溥仪在熙洽、吉兴等宫内府官员扈从下出宫,9时30分抵达全国联合协议会会场。张景惠以下各部大臣及重要官员在门前奉迎。溥仪先入便殿,会见梅津美治郎。再至会场台上正中坐定,接受协议员最敬礼。

协和会中央本部长三宅光治及全体肃立。再由张景惠、三宅光治奏报会议概况。9时40分奏陈毕，溥仪在全体协议员奉送中退场还宫。这次会议的议题是协和会要"体现建国精神，共渡时局难关，内谋国务之巩固，外谋大东亚共荣圈的建立与发展"。

1942年2月8日，溥仪出席伪满协和会临时全国联合协议会。9时30分开会，向两国"国旗"敬礼，唱两国"国歌"，祈祷"圣战必胜，武运长久"。向侵华死亡的日军默祷一分钟，然后由协和会会长张景惠和协和会中央本部长三宅光治分别用汉语和日语宣读《时局诏书》，10时10分关东军司令官梅津美治郎到会，10时25分溥仪在伪满国歌吹奏声中前往"协和会"会馆，随即会见梅津美治郎、召见张景惠、三宅光治及"协和会中央本部"副长阮振铎，并接受张景惠等奏报。

从"协和会"这些活动中就可以知道，这个日本殖民政权下的"政党"到底是什么货色了。

10."砰"的一声，"蝎虎会"上吓蒙溥仪

有一次，溥仪"御临幸"伪满协和会某年度的年会，会址就在今长春市人民广场南侧的"御香苑"大酒店，于是又在当年的大同大街上当了一把"形象大使"。那次，溥仪特命亲信随侍李国雄率领几名护军随行保卫。会场设在一个大院里，临时搭起很高的大棚，溥仪的卤簿车队一直开进棚中主席台前，下车即登台进入后面的贵宾室。李国雄等随行护军则守候在棚外大门口处。待了不大工夫，忽听棚内"砰"的一响，显然是爆炸的声音。护军们不由分说拔出腰间短枪，三步并作两步闯进大棚，直奔主席台。只见一人被好几个人架着往外走，这人一手捂住眼睛，另一只手拿着崩坏的闪光灯。一直跟在溥仪身边的警卫处长佟济煦知道护军们急了，赶紧过来告诉说："没事！没事！"他又用手指着被架出去的那个人说："这位摄影记者把镁粉装多了，闪光时爆炸，伤了自己的眼睛。"啊，原是一场虚惊！

回宫以后李国雄曾向溥仪询问事情经过，他说也听见"砰"的一声，当时吓蒙了，别的什么都没看见。溥仪那时也是可怜人，出门即有杀身之虞，不得

不严加防范。溥仪在长春的日子其实一直都过得很惨,被闭锁在长春东南一隅高高的围墙之内,生活在一座范围不大的"豪华监狱"里,是个真正的"笼中天子",却已经没有退路了。

伪满"协和会"(即今人民广场南侧的"御香苑"大酒店)

经过那次由闪光灯引发的"爆炸事件",溥仪一直担惊受怕。他在"御临幸"活动中使用的卤簿,原来由日本关东军一手包揽,让这位"笼中天子"坐在一辆红色汽车里,两侧有四辆配色摩托护卫。现在溥仪可不放心了,他希望能有自己亲信的人混在卤簿行列中,行进期间时时跟在身边,能壮壮胆。遂故意当着日本顾问官的面问亲信随侍李国雄道:"你不也有一辆摩托吗?"伪满建国之初,溥仪买了四辆摩托,其中一辆交给李国雄使用,这事溥仪当然知道。

"是呀!奴才有一辆。"

"那你也骑摩托跟着吧!"

对日本侵略者来说,这或许是个难题,但又说不出反对的理由。当然,从形式看也有点儿妨碍观瞻,李国雄骑的摩托很普通,和那四辆护卫摩托跑在一起颜色不协调,显得不伦不类。然而,日本顾问官并没有提出这类问题,却让卤簿管车人向李国雄问道:

"行车时你若在队列内乱闯乱碰怎么办?"

"怎么会呢?还不至于吧!"

溥仪的卤簿车队

　　李国雄一边回答一边发动摩托表演了一回,他一会儿全速前进,一会儿又开得很慢,一会儿向左偏,一会儿又向右偏,简直就像耍杂技似的。慢开时能查出辐条有多少根,管车人万万没想到溥仪的一名身边奴才竟有如此高超的开车技术,也没有理由阻止他跟随卤簿车队了。

　　"你能跟随万岁爷外出太好了!要时时当心,如果发现坏人,就开足马力撞他!"颇了解内情的警卫处长佟济煦对李国雄说。

　　"那当然了!"李国雄也很明白:溥仪"御临幸"时一定要把他带在身边,既是为了防范反满抗日的强人,也是为了对付居心叵测的日本关东军鬼子。

11. 伪满"建国周年"庆祝活动

　　1933年3月1日被定为伪满的"建国周年纪念日"。或因为世界上除了日本尚无第二个国家承认,伪满偏要在"周年"之际大肆庆祝,也算聊以自慰吧!

　　当天,溥仪除发布《建国周年纪念教书》外,还广播了一篇演讲词。溥仪说:"我就职时曾经表示,希望在一年之内把宪法办成,就把国体也决定。我满洲本是旧国,现在重新建设,宪法怎样才能与满洲旧有的国情相合,是要出于民众大家的意思。但是,一年里头,因为有军队叛变、土匪骚扰,又有很大的水灾,政府与地方急于平乱办赈,就顾不到这件宪法的事。但是宪法是立国根本,虽说一年里没有办到,我哪能推诿不管!现在第二年开始,赶紧要筹备办宪法的事,这是最要紧、最重大的。"

报道这篇演讲的文章写道:"执政初次之无线电放送,系于1日午前10时开始,前后历时40分钟。此日放送局慎重试验再三,置机于执政居室楼下候见室。届时执政身着礼服,威仪凛严,从容不迫演讲。由中岛咨议任通译。这便是执政的值得纪念的初次放送。据当事者谈,播音时的执政姿态优美,声音洪亮。相信全满及善邻此时此刻都在洗耳恭听……"

10时30分,够级别的伪官吏共200余人在勤民楼前列队,等候向伪执政溥仪行礼。在那里壮声势的还有军乐队、翊卫团等。15分钟以后溥仪步出承光门,站在门前的扇面形台阶上南面受礼。伪官吏每人鞠三个躬、喊三声"满洲国万岁"就算礼成。11时20分,溥仪又转身走进承光门去了。

因为10分钟之后将有一批更高级的人物前来,这中间有关东军司令官武藤信义、参谋长小矶国昭和副参谋长冈村宁次等人。按规格当然不能让他们在楼前行礼,溥仪才返回谒见厅等待去了。宾主相见,武藤致祝辞,溥仪致答词;武藤喊一声"满洲国万岁",溥仪也喊一声"日本帝国万岁",就像表演对口词。最后在勤民楼前摄影留念,实为一张狼狈为奸的丑图。

为了表彰溥仪的忠顺,武藤投其所好进献了名画和良马。所谓名画是日本画坛巨匠川合玉堂的作品——富士山匾额;所谓良马是从日本陆军骑兵学校调出的"神照"(栗毛,13岁)和"尊高"(栗毛,12岁)。

1933年3月,伪满成立一周年,溥仪在勤民楼前受贺。当时,除了日本世界上还没有第二个国家承认这个"满洲国"。

伪满各地都在同一天举行"庆祝"活动,形式雷同。以长春来说,上午9时在伪民政部门前举行庆祝大会,其程序如下:官民入场,军乐队吹奏"国歌",升旗并三鞠躬,伪市长金璧东致开会辞、伪执政府的代表"敬读执政教书",伪总理郑孝胥训示、伪大会干事长丁鉴修致祝辞,关东军司令官武藤信义致祝辞,最后高呼"万岁"闭幕。

　　下午一时,"新京神社"举行"建国"祭。同时,各团体前往伪执政府承礼处,献呈言不由衷又千篇一律的"贺表"。

　　晚上有文艺演出,"新京"高女讲堂举办的"建国周年纪念独唱会",其主角是闻名于国际音坛的日本声乐家佐藤美子。这位东京音乐学校声乐科和研究科的高才生曾三度欧游,二月上旬在大连演示,下旬来长春,先为溥仪作"御前演唱",接着便来替伪满的"周年纪念"捧场了。

第三章
老臣新篇

12. 陈宝琛拒绝接受"府中令"伪职

陈宝琛（1848—1935），字伯潜，号弢庵，福建闽县（今闽侯县）人。出身"世代簪缨"的官宦家庭。21 岁登进士第,35 岁获授内阁学士兼礼部侍郎衔。

陈宝琛在青壮年时代面临沙俄、日本和法国对我国的侵略,屡以上疏方式坚决主战,请诛丧权辱国的崇厚,并毁其所擅定的有辱国家主权的条约,他还曾奉旨驰赴抗法前线,以实现自己的主张。他敢言敢谏,"好弹劾,间言朝政得失",与张之洞、张佩纶、宝廷等同为中国近代史上声名显赫的"清流党"领袖人物,他更以敢在慈禧太后面前犯颜直谏而闻名。1885 年被慈禧罢官后,在家乡办学校、修铁路,直到宣统登极后才被重新起用,官至御前进讲的"帝师",其间又以为戊戌六君子昭雪的提案而震动朝野。对于晚清年代的陈宝琛,作为曾影响过近代中国的杰出人物,依据其历史贡献而给予客观公正的评价是毫无问题的。

陈宝琛 64 岁时碰上辛亥革命,他从"忠君报国"这一儒家人生价值观出发,誓作"不事二主"的忠臣,甘当遗老,继续作为清废帝溥仪的师傅,除了谆谆教导"小皇帝"并受命撰修《德宗实录》、《德宗本记》外,还不遗余力地为复辟清朝奔走效劳。对于这一时期的陈宝琛,我们联系他的出身和个人经历,虽然不必过于苛求,但既然其思想和行为已经背离了社会前进的方向,当然是不能给予肯定的。

帝师陈宝琛

陈宝琛84岁时听到了九一八事变的隆隆炮声,那么,陈宝琛从84岁至88岁去世期间即1931年至1935年这生平最后几年,面对日本帝国主义的侵略,面对在我国东北山河上拼凑起来的伪满洲国,面对扮演傀儡角色的清朝末代皇帝溥仪,他就必须接受民族立场这个尖锐的政治问题的严峻考验。

1931年11月10日夜,溥仪不顾陈宝琛的坚决反对,背着这位"忠心可嘉"的师傅潜赴东北。长期以来作为溥仪最倚重的"智囊",陈宝琛对此虽然气愤,却不愿抛弃君臣之义而置溥仪于不顾。

1932年1月24日,陈宝琛以85岁高龄,在北方最严寒的季节动身离津,出关北上。当时溥仪在旅顺,由郑孝胥和罗振玉随扈,正与日本关东军代表板垣征四郎商谈伪满"建国"问题。婉容的汉文师傅陈曾寿(字苍虬)之弟陈曾植据陈宝琛自述将其赴旅顺谒见溥仪经过载入日记(括号内文字系笔者所加):

　　弢老(陈宝琛)十八日(农历辛未年十二月十八即公历1932年1月25日)到连(大连),暂憩大和旅馆,约苏厂(郑孝胥)来见。苏老怪弢老未先电告,言仓促赴旅(旅顺),恐难入见。欲先通一电话至旅。弢老辞之。言此来只尽己之心,若不得见,亦无可如何。遂行。到行在,门卫日人闻弢老来颇表敬意,立为传达召见。是夜宿旅顺之大和旅馆。次日,又入见。第三日,苏厂父子(郑孝胥之子为郑垂)来,言日欲在大和旅馆开会,旅客均不能容留,催弢老行。弢老言本拟即行,已命几士(陈宝琛之子陈懋复)、午园(陈宝琛之甥刘骧业)赴连换金票,俟其返即动身也。遂见上陛辞,上嘱至连后稍缓归津。返旅顺,则苏厂父子不待几士、午园归,已代将行李上车矣。弢老至连,适与几士、午园错过。及二人由旅复返连,乃知非日人开会,实板垣将到,恐弢老参预,故立促行也。逾日,上派人召弢老复入见。知板垣见上,言拟建满蒙共和国,请上为总统。上未允。弢老痛陈其不可,请上坚持。临辞言,臣风烛余年,恐未能再来;即来,亦恐未必能见。愿上珍重。凄然而行。至连,苏厂来,神气不似前此之高兴。言此事是罗叔言(罗振玉)办坏,将从此不管。弢老责灾之,言汝随上来,不离左右,此事岂罗一人之责! 此时乃言不管,何以对上? 渠默然无辞。弢老遂归。

1932年2月4日陈宝琛返抵天津,短暂的旅大之行没有达到预期目的,一个月后溥仪就以"暂任执政一年"为条件,当上了伪满洲国的"元首",到底还是钻进了日本人的圈套。起初溥仪跃跃欲试,要"恢复祖宗疆土社稷",还在伪满执政府开张之际,拟设"府中令"为管理执政府的最高行政长官,"上谕弢老任之",陈宝琛却坚决不就。[①] 陈宝琛固然反对伪满,反对溥仪当"执政",而且自己绝不参预伪满的政务和事务,但他还是不愿抛弃君臣之义而置溥仪于不顾,并不拒绝为复辟清朝的"中兴事业"服务,继续为溥仪"入主中原"的复辟事业奔走联络。

这一时期陈宝琛为溥仪服务的主要方式,是保持与在溥仪身边管事的伪满执政府秘书长胡嗣瑗频繁通信,借以沟通两地信息,了解伪满政局的变化,而为大清朝的"中兴",定方略,资长策。[②]

由于不得不面对日本武力控制下的伪满洲国这一特定政治环境,陈宝琛这时所向往的,首先是改变溥仪的处境,使之摆脱"政非己出,事由人断"的傀儡地位。

在1932年12月23日的信中,陈宝琛引述国际社会对伪满"极为轩豁呈露"的评论之后说:"无人对此虚构之独立国加以承认,即日本亦无此要求,然

---

① 见陈曾寿、陈曾植:《局外局中人记》。

② 见辽宁省档案馆编:《溥仪私藏伪满秘档》,档案出版社1990年版。以下引用陈宝琛致胡嗣瑗书札,凡出自本书不再一一注明。

则有举莫废,亦视此后之能否勉副独立二字,以求为可承认已耳!""有举莫废"实在是无可奈何,只有退而求"勉副独立"了。在这种心境下,陈宝琛也不能不关注着伪满政局,遂在信中又问到关东军司令官武藤信义(虚谷)和伪满总理郑孝胥(夜起)的情况:"虚谷受事后,旬必一见,于建国规模,有无裨赞?夜起所聘顾问,能否得人?实为系怀。"溥仪与武藤的定例会见,郑孝胥和日本顾问的关系,这当然都涉及到主权问题。

在1933年1月27日的信中,陈宝琛写道:"彼(指日本)果能赞成我之实现独立,使我可洗傀儡之诟,彼亦世有统监之嫌,不亦餍人心而息众议乎?是在秉钧者之开诚晓辞也。"在陈宝琛看来,"但视同蒙藏",即得到如蒙藏地区的自治权,"已非我所甘受",还要争独立权。当然他也知道,"此则固非虚谷所能主",须经日本政府决策。

溥仪出任伪满执政前与日方约定:一年为期,实行帝制。将届期满,陈宝琛乃在1933年2月1日的信中提醒郑孝胥和胡嗣瑗说:"所急之者,一年之期已近,不能不预筹表示,夜起有无计划,公意如何?"他希望利用这个机会,争回几分自主之权。在2月16日的信中陈宝琛更具体地阐述了这个问题,他希望日本对伪满起码能像英国对爱尔兰、加拿大那样给予充分自治的权力。他写道:

> 约期瞬届,而西风忽转,邻(指日本)之势成骑虎,虽强支门面,
> 旷日持久,终恐有图穷匕见之日,则取实而舍名,如蒙藏之自治而内
> 属,早闻青溪有此规划,为调解之地,英之爱尔兰、加拿大即其例也。
> 然亦必我真有独立之精神,自治之权力,始有以解于旁人之指摘。

在1933年2月25日的信中,陈宝琛又从国际舆论和"国联"的态度为伪满争主权,他写道:"亟宜勉求自治,成为独立,使人有可承认,邻为我即自为也。"他如此无奈地向日本殖民者争主权,这实在是历史的悲哀。

在1933年3月20日的信中,陈宝琛建议溥仪与武藤信义商洽,明确要求彼方"隐为扶助",而不要"显为把持",再利用可能出现的中日直接交涉的局面,奠定"自治"、"独立"的基础。他写道:

> 隐为扶助与显为把持,固自有别。上于虚谷,尽可开诚布公,指
> 陈利害,切实与商,所谓中外共见共闻者,固不止于一时之得失也。
> 观内田之就商于币原,其杌陧可想。彼若强硬到底,则不独热河不

值一鼓,即华北亦孰当其锋,难保不惹起世界大战争。彼若顾虑及此,听从调解,则我实先受之。而考其实际,能自比于爱尔兰、加拿大乎?……诚能乘此转枢,或尚有立脚之余地。否则与其取消于他日,不如此时磊磊落落之表示。不知已与虚谷商之否?

这实际是让溥仪向日本关东军司令官摊牌,或者允许"自治",或者干脆辞掉伪满执政,然而在这两个方向上都没有路。

陈宝琛还通过相识 20 多年的日本友人神田正雄向日本政界元老进言,"但语以作保护国之元首,不如为退位之帝王",这件事写在 1933 年 4 月 2 日的一封信中。在别的许多信中,陈宝琛也一再表述过自己的这种观点,例如在 1933 年 5 月 1 日的信中他就表示过反对郑孝胥"省心省事而不惜为太阿之倒持"的主张,这实际讲的还是"自治"、"独立"、"主权"等问题。

对于伪满的某些政务,陈宝琛也有过评论,提过建议,但无一不是为了"争主权"。例如当他听说伪满境内"每邑设一推事,皆用日人"时,便在信中追问此事,表示了不满。又如,在 1933 年 8 月新任关东军司令官菱刈隆到任之际,陈宝琛又寄望能趁机有所更张,他写道:"新使已到,所见能逮所闻否?既表示不干涉宗旨,或不至尽食其言,所患我自无人而授人以柄也。"又说:"主人果有知人安民之本领,使人见而诚服,旁落之权,何患不可收回?学以广才,能忍而后有济,现惟静修以待时耳!"为此陈宝琛还陆续向溥仪推荐了王聘三、秦晋元等一些人才,就是为了收回"旁落之权"。再如,溥仪登极为"康德皇帝"以后,即传出将访问日本以示答谢的消息,陈宝琛担心因此而在世人面前暴露傀儡的丑态,遂于 1934 年 3 月 24 日写信道:"风传秋后六飞(指溥仪)亦东,则断断不可,难保无媚外徼幸者,甘言以荧听。所赖离明干断,不为所动,免授诸方以口实,失众望而梗前途。区区过虑,故于公豫言之。"他虽未能阻挡溥仪访日之举,却也延缓了这次出访的行期。再如,日本天皇的弟弟雍仁"访满"的消息传出后,陈宝琛也写信建议:欢迎雍仁的礼遇不要过于隆重,"稍一不慎,即无以保持独立面目,并两国平等之道"。再如,1934 年 7 月陈宝琛听到溥仪将废掉"皇后"婉容的消息,立即写信表示反对,他又担心有人乘机把倭女导入后宫以取代婉容,实行枕边监视。

为了改变溥仪的政治处境,最终实现复辟清朝的理想,按照陈宝琛的策略,一方面不得不向日本"要独立"、"争主权";另一方面他也认识到,必须建立自己的军队,完全依赖日本人的刺刀肯定是不行的。

陈宝琛积极鼓动溥仪联络吴佩孚、于学忠、韩复榘、石友三,以及王怀庆的旧部等各路军队,组建属于自己的武装,"入主中原"。他在 1932 年 8 月 11 日的信中写道:"此节亦不能不资外力,但究以中人为主,必须划清界限,如果南下收京,则视僻处一隅受人保护者,难易较然,尤宜豫策安全。"他在 1933 年 2 月 16 日的信中又写道:"都人之望翠华,固不免于见卵求时,夜但有机可乘,亦不便禁遏。"流露了对溥仪"入主中原"的渴望。

陈宝琛还希望利用张作相在东北军中的声望和影响,把张学良下野后留下的十万部众变为溥仪的御林军。承德失守后,作为第二集团军总司令的张作相便离开军职,又未受南京政府任命的国民政府军事参议院上将参议,从此寓居天津"租界"。他不但与庆亲王载振为儿女亲家,而且其旧属张景惠、熙洽等已出任伪满要职,似乎有条件接触他。在 1933 年 4 月 2 日的信中,陈宝琛写道:

> 爱立(隐指张作相)自木兰归,即蛰伏意界新居,不见"留"(隐指张学良)面,亦不赴"青"(隐指蒋介石)招,且不作答。东北军队,留此犹逾 10 万众,得其一呼必立应,"留"既去,未可柔致也。但须由我出面,俾免顾忌。新京有所亲昵者,与通殷勤否?前伯材到东,正为此,现尚觅人探其真意也。闻渠去岁,曾访道子,甚款洽。河北以税重饷加,疾视党治,诚得此辈发难,当能先成一新局面,则难题渐近,既可免受制于一隅,而后入于互相利用之正轨,公意谓何?

在 1933 年 7 月 17 日的信中,陈宝琛又提出了联络黄郛的策略,黄郛就是 1924 年 11 月间驱逐溥仪出宫时摄政内阁的代总理,经手修改了优待清室的条件。为什么要找他呢? 陈宝琛写道:

> 黄在北方,为军阀所疾视,而何应钦亦与之不相容,因于孤立,欲去者屡矣。日方能多方扶持之。查黄于长城血战之始,曾发表意见,抨击日本甚力,并非完全屈服于日者,我方亟应乘此时势,设法与之联络,收为我用,彼在代阁时,尚有修改优待条件,其非丧尽天良可知,庶不至终入迷路,听命于他人也。

虽然陈宝琛想出许多办法,招兵买马,希望给溥仪奠下实力的基础,但是,既然溥仪已经钻进了日本人设下的绳套,就完全失去了号召力或影响力,不要说他已无法建立起军事力量,即使办得到,日本人也绝对不会允许的。至于向日本人争"主权"要"独立"也只能是画饼充饥。

13.陈宝琛两赴长春——忠于民族不叛主

陈宝琛对日本殖民统治和伪满傀儡政权怀有深深的戒心,但他还是以高龄之身不顾北方的严寒两赴长春,以尽"君臣之道"。

从陈宝琛与溥仪的另一位师傅朱益藩的通信中可以看出,早在 1932 年 7 月中旬陈宝琛已经动了北赴长春的念头①,他 8 月 22 日致函胡嗣瑗:"鄙于月内,俗事粗了,尚拟秋后趋赴左右,以遂瞻就之微忱。彼时政局更新,当有端倪矣。"这正是弢老北赴长春的初衷。在 9 月 4 日的信中他又写道:"来教所谓宜左右之,免与趣旨相背,诚为要义。秋凉本思趋往瞻觐,为此又须入都静察些时,亦须题旨准定,方可遵循。"可见陈氏北上不仅仅为"瞻觐",其心目中还有政治文章可做。

陈宝琛第一次赴长春的行程如下:1932 年 10 月 8 日自天津港乘船出发,9 日到大连,转火车于 10 日抵长春,下榻于交通银行大楼,住两月余,同年 12 月 12 日离开长春,当晚住在沈阳,13 日赴大连,15 日乘"天潮丸"号返津。

陈宝琛在长春期间,除多次谒见溥仪并与胡嗣瑗等密谈外,还与郑孝胥诗酒往还,从他们一唱一和而留下的篇章中,可以看到陈、郑两人间始于天津那场辩论的继续,也能反映陈氏在长春的某些活动。

郑孝胥于 1932 年 10 月 8 日(农历壬申年九月初九)以《重九》②为题,写诗一首:

> 壮年犹记戍南荒,晚向空桐惜鬓霜。
>
> 自审岂甘作遗老,独醒谁与遣重阳?
>
> 菊花未见秋无色,雁信常迟海已桑。

---

① 辽宁省档案馆编:《溥仪私藏伪满秘档》,档案出版社 1990 年版,第 128 页。朱益藩致胡嗣瑗的信写于 1932 年 7 月 19 日,原书编者所认定的时间有误。

② 中国历史博物馆编,劳祖德整理:《郑孝胥日记》第 5 册,中华书局 1993 年版,第 2414 页。

定有余黎思故主,登高试为叩苍苍。

郑孝胥已经当了好几个月的伪满总理,在诗中流露出志满意得的情绪,自以为是"独醒"者,且已辅助旧主开创了新局面,正是秋天有色,沧海已成桑田,还要"登高试为叩苍苍"。陈宝琛抵达长春后见到此诗即和一首,题为《次韵苏庵壬申九日》:

高山溯自太王荒,车马东来四百霜。

天近见龙犹在野,秋深旅雁总随阳。

中兴未尽烦回纥,太简谁能议子桑。

可慰旧京佳气望,别来吟鬓觉微苍。

两人之间的共同语言也唯有复辟清朝这一桩事了,在陈宝琛看来,"龙犹在野","中兴未尽",溥仪至今还没有"正名",只是个不伦不类的"执政",伪满政权也还是个非驴非马的"过渡之局",又何以乐观!"可慰旧京佳气望",还是多想想入主中原的事吧!

1932 年 10 月 22 日(农历九月二十三)是陈宝琛 85 岁生日,郑孝胥写了一首贺寿诗①:

天回朔漠作神京,国老东来举世惊。

八十五龄真好汉,重阳半月见耆英。

中兴方略资长策,北地雄豪待主盟。

细楷清诗时一出,知公不减旧心情。

郑诗用语虽恭维,实质内容却还是他自己的一套,称陈宝琛为"国老",称长春为"神京",说"国老东来举世惊",而对陈氏的"中兴方略"、入关"主盟",只表示理解,所谓"知公不减旧心情"。陈宝琛的和作《次韵酬苏庵》可谓针锋相对,他认为长春顶多可视为"陪京",眼下的局面不过为一时之势,告诫郑等不要忘了为溥仪去争真正的皇权,所谓"宜受玺",而他自己也不会忘记为入主中原效力,所谓"老我归寻息壤盟"。原诗如下:

启东兴盛并陪京,迁地因时世莫惊。

日角重光宜受玺,雪花九月助餐英。

---

① 中国历史博物馆编,劳祖德整理:《郑孝胥日记》第 5 册,中华书局 1993 年版,第 2419 页。

诸君好勒浯溪颂，老我归寻息壤盟。

赠策衰庸何敢比，从来王道视人情。

陈曾寿的女婿周君适当时正在伪满执政府任职，他在 20 世纪 80 年代初出版的《伪满宫廷杂忆》一书中，还回忆出陈宝琛险些激怒日本关东军参谋部陆军大佐、伪满洲国的炮制者之一板垣征四郎的一段故事：

> 在一次宴集中，打"嵌字格诗钟"，用"中日"两字嵌在一副七言对联的第一个字里。陈宝琛写的一联是"日暮可堪途更远，中干其奈外犹强"。在座有郑孝胥的侄儿把这联诗钟抄下来，带给郑孝胥看，转抄到了板垣手里。板垣把它记在手册中，加注"陈宝琛诗钟讥日本"。有人为之解释说，文人偶然游戏笔墨，无足介意，板垣才不再提了。

这当然不会是"游戏笔墨"，而反映了陈宝琛对控制着伪满局面的日本殖民统治的看法，这看法来自日常细致地观察，例如当他获悉陆军大将武藤信义于 1932 年 8 月接任日本关东军司令官的消息后，即在 9 月 4 日致函胡嗣瑗问道："报谓虚谷十日后方入见，此时想尚无动静耶？"一个月后即来长春，其间对武藤的举止言行更加关注，他要看清这些日本要人怎样控制伪满？又究竟能给溥仪多少实权？这也是他来长春的一个主要目的。"诗钟"事件还说明，陈宝琛与郑孝胥的矛盾早已超越了"主拒"和"主迎"两派辩论的性质，实际已带有与日本殖民统治对抗的性质，不过由于陈氏的社会声望，以及他与溥仪的特殊关系，才得以避免不堪想象的结局。

据说日本人也曾挽留陈宝琛，提出仍给予"太傅"的名义，也被陈氏辞掉了，他还对溥仪说："你左右的人一个好的也没有！"正巧有家报社来求字，他便顺笔写下"旁观者清"以明志，刊出后更得罪了日本人。有一天夜里，受日本人指派的杀手持刃来到陈宝琛的住处，恫吓他说："人民派我来杀你，我看你老了，不忍加害，你快走吧！"陈宝琛一笑置之。[①]

陈宝琛离开长春时，郑孝胥、胡嗣瑗等都到车站送别，陈氏颇为感慨，两天后从大连给胡嗣瑗寄回了题为《车发长春赋别送行诸君子》的一首律诗：

---

① 孙宝田：《陈宝琛到长春》，载《大连文史资料》第 1 期，转引自陈贞寿、黄国盛、谢必震所写的《陈宝琛传》一文。

渡海瞻天亘七旬,衰癃乞得自由身。

永怀盱食勤求莫,习见谦光笃善邻。

有忍故能当大任,不和敢说是忠臣。

临分哽咽还延跂,周汉中兴匪异人。

　　陈宝琛的这首诗非常值得玩味,是他这次出关前后 70 天的总结,他最终辞掉了在伪满任职的安排,从而不但"乞得自由身",还把自己与郑孝胥、罗振玉等从根本上区别开了。他希望在溥仪身边服务的同辈和晚辈,在伪满的环境下,要为旧主尽心尽力,要讲究对付日本人的策略,要懂得必要的容忍,要坚持"争主权"和"入主中原"的复辟清朝大目标,他把希望全部寄托在这上面了。

　　陈宝琛也把这首诗寄给了郑孝胥,却改动了若干字句:改"有忍故能当大任"为"有欲岂能无共主",显然加入了讽刺的意味;改"周汉中兴"为"翊赞中兴",则显示了程度上的区别。郑氏当即和了一首①:

忽忽残年过七旬,岂能忘患只忘身。

榻旁未可容酣睡,海内谁云等比邻?

聊以神州喻唇齿,忍看诸夏废君臣。

弢翁老去名尤重,应仗新诗悟国人。

　　郑孝胥在和诗中对弢翁表示理解,维持一个表面上的尊重,其实是说他老了,不用再操心管事了,写写诗发发牢骚也就算了。

　　陈宝琛第二次赴长春的行程如下,1933 年 11 月 8 日乘船离津前往大连,11 日换乘火车于当晚抵长春,由郑孝胥、胡嗣瑗、陈曾寿等迎往旅舍暂住,13 日移居伪满执政府,又住了两个多月,于 1934 年 1 月 29 日离开长春,仍乘火车到大连,再由海路于 2 月 1 日返抵天津。

　　陈宝琛这次就住在溥仪身边,随时见面,无所不谈,了解到更多更具体的情况,虽然他们对谈的内容没有留下记录,但从有关资料中可觅踪迹。他回到天津那天,就给胡嗣瑗写了一封信,其中道:"此别至为惘惘,每念吾皇操心虑患之言,与足下萦结孤危之况,则不能寐。"所谓溥仪的"操心虑患之言",在

---

　　① 中国历史博物馆编,劳祖德整理:《郑孝胥日记》第 5 册,中华书局 1993 年版,第 2430—2431 页。

该信中提到用人问题："日昨侍侧，上勤勤以人才不足为言，然非近在关东者，罗致又多不便。"在陈曾植的同日日记中则记载了陈宝琛对控制伪满的某些日本要人的评论："老归，谈悉种种，令人气闷。倭人举动，总带几分鬼蜮性质，终非好相与也。"①

陈宝琛在长春期间与郑孝胥等诗酒唱和或长谈的场合也不少，据《郑孝胥日记》载：1933 年 11 月 12 日，"弢庵来，言明日迁入执政府"；11 月 13 日，"弢庵已移入府，诣谈久之，为余言：有梁秋水（粤）、刘树人（川）、周渤（山西省长、翰林）、黄钰等皆愿助入关之举"；11 月 20 日，"作弢庵寿诗"；11 月 22 日，"约弢庵、琴初、仁先、默园、杰士、午原晚饭"；12 月 4 日，"与弢庵谈久之"；12 月 9 日，"诣执政府，召见，与有田八郎、陈宝琛、白井康、工藤、林出等同摄影"；12 月 23 日，"夜，宴弢庵、琴初、仁先、农先、几士、清盦、默园、午原"；1934 年 1 月 20 日，"视弢庵，不日将归天津"；1 月 26 日，"弢庵来辞行"；1 月 29 日，"9 时，至长春驿送弢庵，菱刘亦赴旅顺"；1 月 30 日，"弢庵由航空寄来和雨山诗"。虽然郑氏不曾详记他们交往的政治内容，但可想知，这里也无须多着笔墨了。

自 1934 年 9 月起陈宝琛给胡嗣瑗的信中又屡屡言及再赴长春的意愿。9 月 16 日的信中有"尚拟东上"一语，是内心的决定；10 月 16 日信中有"相见在即"一语，是起程之兆；10 月 27 日信中说情况微有变化，"适风雨骤寒，痰嗽复作，此轮遂又缓行，计须一月方能晤教矣"；11 月 29 日信中告以仍然不能成行，"衰躯近方粗平，恂届三九高寒，恐不能胜。拟俟开正，再图瞻就"；12 月 7 日信中继续表达了这位老臣北上叩主的信念，"相睽又已满岁，宫府之中，封域之内，进退何似？百闻不如一见，极思趋前，一罄缕缕。衰疾侵寻，徒自愧恨。"

陈宝琛三赴长春的心愿难遂，而与郑孝胥的吟唱诗和未绝，1934 年 10 月 16 日（农历甲戌年九月初九）郑孝胥又作了一首重九诗寄给弢庵，陈氏的和作《次韵苏庵九日》于 11 月 14 日寄返郑宅，诗云：

　　　　老向人间尚眼明，见君喜又见新京。

　　　　风光渐共山川异，心力犹能道路轻。

---

① 　陈曾寿、陈曾植：《局外局中人记》。

救世匹夫俱有责,忘家我辈岂无情。

年年来和重阳什,北海羁居苦待清。

陈宝琛这时仍感到"心力犹能道路轻",要三赴长春,宣传他的"救世"方略,他还自加了一条注文:"以借寓未定,再展行期。少缓仍当贾勇诣前,不敢畏寒也。"有人见之十分钦佩地说:"此老意犹豪健,有百岁之望。"①

然而,陈宝琛毕竟年届九旬,因肺炎而于1935年2月间住院治疗,一病不起,延至3月5日谢世,三赴长春的愿望落空。直到逝世前他还惦记着溥仪的前途,叨念着"此局将何以继",他口授给溥仪的遗折②中还谈及夙愿未偿的遗憾:

……方期三春气暖,再诣行期,及兹一息之尚存,籍致五中之愚虑,不图心长命促,福薄灾生,空怀捧日之忱,无复回春之望。生机已尽,恨无路以瞻天;素愿未偿,徒衔悲而入地。命也如此,夫复何言? 伏愿我皇上求贤纳谏,亲仁善邻。修德乃可服人;得道方能多助。因人心之思旧,亟为远大之图;戒王业之偏安,宜有绸缪之计。庶几上慰九庙之灵,下副万民之望。则臣身虽死,臣目长瞑,无任感激凄恋之至。

14. 爱国的清朝遗老陈宝琛

陈宝琛去世后,溥仪特谥"文忠",晋赠"太师"。郑孝胥闻讯也写了一副挽联:"几番出塞岂灰心,辽沈先归,须臾无死;未睹回銮休瞑目,曼殊再起,魂魄犹思。"③这似乎与遗折中的"戒王业之偏安,宜有绸缪之计"相吻合,或者说是两人间的政治论战至此可以终结了。然而,在日本的军队、刺刀和殖民统治的条件下,陈宝琛的要"独立"、争"主权"和"入主中原"都是办不到的,而郑孝胥也在此后不久就被日本人赶出伪满国务院,只因他1935年5月在王

---

①　中国历史博物馆编,劳祖德整理:《郑孝胥日记》第5册,中华书局1993年版,第2554页。

②　辽宁省档案馆编:《溥仪私藏伪满秘档》,第119页,档案出版社1990年版。

③　中国历史博物馆编,劳祖德整理:《郑孝胥日记》第5册,中华书局1993年版,第2573页。

道书院讲演时发了一句牢骚:"满洲国已经不是小孩子了,就要让他自己走走,不应总是处处不放手。"韬老若能多活数月,亲眼看到这一幕情景,又会怎样的感慨啊!

陈宝琛一生中的最后四年,无可回避地与日本军阀发动的九一八事变和他们制造的伪满洲国发生了这样或那样的联系。这给史学家们评价陈氏的晚节增加了复杂性,复杂就在于他的皇帝学生——溥仪已经被日本人利用了,他的相知多年的同事郑孝胥、罗振玉等也被日本人利用了,他们成了汉奸,在这种情况下能把陈宝琛区别开来吗? 笔者认为是应该区别的,也必须加以区别。

对辛亥革命以后的陈宝琛的评价,应该用两把尺子加以衡量,第一把尺子是进步与反动,陈氏作为遗老,念念不忘世受大清的"国恩",把自己的才智都投放到废帝溥仪身上,这当然是反动的;第二把尺子是爱国与卖国,用这把尺子衡量陈宝琛,则我们都应该承认他是爱国的,而不是卖国的。陈宝琛与溥仪、郑孝胥和罗振玉等相同的地方在于他们都自命为清朝的遗君和遗臣,都是复辟派,而他们的区别则在于溥仪、郑孝胥和罗振玉等已由复辟走向卖国,陈宝琛则能清醒地分析时局,绝不从民族的立场、爱国的立场后退一步。

九一八事变前,陈宝琛就对日本的阴谋保持着充分的警惕,事变后他又明确地提出了拒绝与日本人合作的爱国主张,这正是陈氏晚年中最值得肯定的大节。如果溥仪当年能听从他的劝诫,一定会打击日本军国主义者拼凑伪满洲国的阴谋,也会对中华民族全面抗战起到好的影响,但这一切都让背着陈氏潜赴东北的溥仪给断送了,从而形成了处在日本人眼皮底下那种既不能进也不能退的被动尴尬的境地。虽然这时已经失去了主动性,陈宝琛还是亲往旅顺劝说溥仪不要参加伪满傀儡政府,又北赴长春坚决辞掉了让他就任伪满执政府府中令或留在长春仍任"太傅"的安排,对于陈宝琛的生平来说这无疑也是大节问题,也是应该肯定的。

在无可奈何之中,陈宝琛又建议溥仪向日本人要"独立"、争"主权",同时积极拉拢关内各路军阀以组建自己的军队,从而实现"入主中原"的目的。虽然陈氏不会不知道"与虎谋皮"这种希望的渺茫,但事已至此也只好退而求其次,拿死马当活马开它一刀了,即使都是一些很不现实的想法和作法,也跟身任伪职为虎作伥的郑孝胥之流有性质上的区别。至于陈宝琛出于复辟的理想,为了溥仪的缘故,而屡往东北沦陷区,又不得不在一些公开或私下场合交际应酬,对于这表面文章一类小节问题,我们应当联系当时背景给予客观的理解。

陈宝琛是爱国的,是坚持了民族气节的,他的民族立场是站稳了的。这说明在民族矛盾上升为社会主要矛盾的时代条件下,即使是反动复辟集团的最高层,当它向卖国方面转化的时候,也会分化出进步的因素,陈宝琛和溥仪的另一位师傅朱益藩不参加伪满傀儡政权就是明证。

15. 胡嗣瑗被贬

胡嗣瑗(1869—1945),字晴初,又字愔仲、珏士等。贵州贵阳人。1903 年中进士,精通史学,擅长诗词、书法。点翰林后历任翰林院编修、天津北洋法政学堂总办,又曾充当直隶总督陈夔龙的幕僚。辛亥革命前后任江苏金陵道尹、江苏将军府咨议厅长。民国初年因文名被直隶都督冯国璋聘为督军公署秘书长,继而随冯赴江苏都督任,颇受青睐。1917 年参与张勋复辟,出任内阁左丞。后被冯国璋免官,乃在杭州西湖建"五峰草堂"隐居。

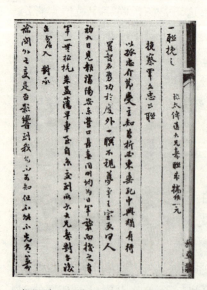

胡嗣瑗日记载,九一八事变的次日

1922 年 11 月 25 日溥仪传旨,赏胡嗣瑗"在紫禁城内骑马",他接近溥仪并为之所用是从这时开始的。1925 年 3 月 8 日,溥仪在天津张园成立"行在办事处",命郑孝胥和胡嗣瑗管理总务处,从此"行在"的日常事务,如溥仪召见中外人士、颁发"谕旨"或呈递"奏折"、收信代复、谋划、用人等等,渐归胡嗣瑗负责,他成了溥仪信赖的大管家。

溥仪出关,胡嗣瑗也随驾而去。1932 年 3 月初,溥仪受迫于板垣征四郎,同意出任伪满执政。他希望由陈宝琛担任"执政府"的府中令,被婉拒。这时,觊觎此职又具资格者只有胡嗣瑗和宝熙两人,结果给了宝熙,溥仪另派胡任执政府秘书处长,官下一等却有实权,胡也满意了。两年后伪满实行帝制,"执政府"改建"宫内府",胡、宝二人又争当"宫内府大臣",为此胡还参宝一本,说他"与日人勾连"云云。不久宣布任免,胡、宝二人都落选,都弄到伪参议府里当兼职参议去了。如果说"执政府"人事安排或为溥仪决定,则"宫内府"的人事安排可以说跟溥仪无关。

据溥仪回忆,胡嗣瑗被贬的前因在 1932 年 8 月就存在了。当时,日本关东军司令官本庄繁被调回本国,新任司令官武藤信义刚到,胡嗣瑗乃向溥仪建议,让他趁武藤新官上任的机会,"提出缩减总务厅长官政治上的权限,使伪满各部大臣得以负责办理各自部务的要求"。这实质上是要废除伪满政权体制的核心部分——日系总务厅长官及各部次长负责制,以达到变傀儡政府为实权政府的目的。溥仪在写于 1957 年的自传中回忆说:

胡嗣瑗按日记载"行在"大事而留下的日记。"直庐"系其斋名。

> 我就把这个意见写出概要对武藤讲了一遍,武对此没有表示什么意见,只是不动声色地把这份意见择要拿了回去。我和胡还认为庶几有望而殷切期待着呢,可是一天天地过去了,这位"汉奸司令"的新主人却一直保持着缄默,既无任何征兆可见,又无任何反响可闻,就如石沉大海一般,消息全无。结果是,当这帮帝国主义分子探知这件提议是胡的建议以后,胡便不能继续在我身边当那伪官内府的秘书处长,而被明升暗降为伪参议府的参议了。

这一职务变动发生在 1934 年 3 月前后,其时武藤已死,决定此事的是新任关东军司令官菱刈隆,故溥仪使用"这帮帝国主义分子"一语。

胡嗣瑗调任伪参议之后,陈宝琛、朱益藩深有感慨,朱为此致书胡说:"吾兄虽经调任,而眷遇未衰,固当无所用心。惟弟所深忧者,薛居州不在王所,从此群邪竞进，正士裹足，其关系至为重大。"所谓"眷遇未衰"是暂时的，胡嗣瑗不懂得伪参议的要领，总对日本人制订的政策评头品足，说长论短，结果很快就被免职了。按惯例高级伪官吏去职后，都可给予某"会社"顾问之类高薪荣誉职务，而胡去职之日即失业之时，以至一家老小要靠溥仪个人出钱供养，实可怜也。

16."总理大臣"郑孝胥遭贬真相

郑孝胥（1861—1938），字苏戡，福建闽县人，与陈宝琛同籍。清末曾任驻日公使馆书记官、神户领事，还当过广西边务督办。因陈宝琛和庄士敦介绍于1923年觐见溥仪，先后任"总管内务府大臣"、"懋勤殿行走"。继随溥仪到天津，是溥仪的主要"谋臣"兼师傅。郑孝胥和其长子郑垂在当时的"遗老"之中，是被称为"好大喜功盲进分子"的。他们的主张是：积极和外部势力勾结，争取得到各"列强"的支持来策划实施复辟。1928年8月溥仪曾派郑孝胥赴日本，会见黑龙会和参谋本部代表人物，讨论复辟问题。溥仪离津出关，也是郑孝胥父子"保驾"，作为遗老追随溥仪。1932年3月出任伪国务总理兼"文教部总长"，1934年3月伪满改行帝制后出任"国务总理大臣"，主张伪满对帝国主义列强"门户开放"，以实行"国际共管"，因此惹恼日本殖民统治者。1935年5月他在王道书院讲演时发牢骚"满洲国不是小孩子了，要让他自己走走"，几句话刚说完便被撵出伪国务院，回家"养老"去了。遭贬后郑曾想回北京安度晚年而不获日本人准许，伤心难耐。1938年3月28日病死于长春。

在今天的长春市人民大街与新发广场交会处，有两座伪满时期的建筑。当时日本侵略中国大头目——关东军司令官就在那里办公。1935年5月，当时的关东军司令官南次郎以此为据点，导演了一出伪满洲国换总理的"大戏"。

伪满开国总理郑孝胥因为不满日本永远把"满洲国"当小孩子对待，招致日本军国主义者敌视而下台。精挑细选后，日本人选中了更为亲日的张景惠接任"总理大臣"一职。这一重要人事更迭的背后究竟有多少不可告人的内情？为什么要换？为什么要换成张景惠，而不是臧式毅？这就要看看关东军司令官与溥仪、与郑孝胥谈话的内容了。时任"驻满日本大使馆书记官"、"满洲国宫内府行走"的林出贤次郎在《翻译笔录》中,分三次记录了南次郎同溥仪和郑孝胥之间与此事相关的谈话。

1934 年 12 月 27 日,溥仪在承光门前迎接来递交国书的新任日本关东军司令官兼驻满大使南次郎

　　第一次记录内容是 1935 年 5 月 3 日南次郎与郑孝胥的谈话。因为就在这次谈话前,关东军司令官南次郎已经决定调换掌握"满洲国"实权的国务院总务厅长,并拟推荐关东局总长长冈隆一郎取代原国务院总务厅长、关东军特务部部长驹井德三,且此事业已征得皇帝溥仪的认可,还向郑孝胥透露过,希望他就此引退。所以南次郎与郑孝胥的会谈就直接进入了有关改组内阁一事上:

　　5 月 3 日下午 4 时,郑总理与南大使在大使官邸举行了会谈。

　　大使:(上略)方才谈论了内阁改组问题,由于长冈的人事已定,想以他为中心,把我们的谈话继续下去。

　　总理:现内阁已过三年,内阁成员都是建国有功之臣,让他们引退应给予优厚待遇,以保全他们的荣誉为上策。即使在他们退职后,也应适当照顾他们担任相应的职位为妥,或是让他们暂时休养一个时期。关于此意,我已同臧式毅民政部长进行了二三次恳谈。他颇赞成,并相信新内阁一定会取得成绩。关于总理大臣的人选,

我认为让现任间岛省长蔡运升担任为合适。他有学问、有阅历，德才兼备。更主要的是他是一个大公无私的人。我相信他一定能胜任国务总理之职。

　　大使：具体的事情以后再慢慢谈吧。

　　就在这第一个回合里，老谋深算的郑孝胥已自知难保，下台前提出两个要求：一是要"优厚待遇"和"照顾性职位"，以保全"荣誉"；二是让蔡运升接任。这两条，南次郎全拒了。谈到最后，居于主导地位的南次郎只淡淡地说了一句"具体的事情以后再慢慢谈吧"，便把郑孝胥晾在一边。

　　两个星期之后的 5 月 18 日，南次郎率新任伪国务院总务厅长官长冈隆一郎前往帝宫，与溥仪就组阁的人事安排进行了更加深入的商议。会谈情况也出现在林出贤次郎的《翻译笔录》中，此即第二次记录内容：

　　皇帝：今天召见二位是为关于组阁之事。昨日，郑总理向我提交了新内阁成员的名单。我想大使早已见到这个名单了，名单上的人安排到各部，却再未提出其他候选人，是颇有不便的。在此说句内部的话，让我们抛开一国元首、一国大使的立场，站在同一立场上谈论国事，开诚布公地各抒己见吧！

　　郑总理是我十几年的亲信，对他的人品性格我是了如指掌的。可是近三年来，他以超然的态度在国务会议上一言不发，沉默寡语，自以为清高。去年在发表登极感想时对日本说，不能把"满洲国"永远当小孩子对待，流露出一种不满情绪，这是很不合适的。假若对关东军或日本的满洲政策有不满之处，应堂堂正正向关东军和日本政府提出来商量，或提出自己的主张，以尽其意才是应该的，然而他有话不摆在桌面上讲，却在报纸上流露内心的不满。身为一国总理大臣，这样讲话是颇不谨慎的行为。他对我虽忠心耿耿，但担任总理之职，他的才能和度量都欠佳。我打算此次内阁改组时，让他暂时退职去休养为好。

　　发现林出贤次郎《翻译笔录》的日本学者评论说：溥仪早已觉察到关东军对郑孝胥的不满，故借重新组阁之机，由自己提出了更换伪总理的建议。溥仪出席每周召开一次的国务院会议，有各部大臣、总务厅长、各部日系次长参加。会议的决议案再交付参议府商议决定后，由国务总理每周一次送呈皇帝,仰承皇帝批准。此外,规定伪国务总理每周一次定期到关东军司令部官邸举行会议。议案几乎都是由日系官吏起草的,据说这些议案在会议上,全无更改。这是从前任伪满洲国国务总理张景惠的首席秘书官松本益雄的证词中知道的。伪总理在签署《日满议定书》时,就曾显露出抗拒姿态,其后对关东军仍怨气未消,在伪国务院会议上的沉默作战,是他对日系官吏在实权上执牛耳的一种反抗。正是在这样的背景之下,5月18日南次郎、长冈隆一郎与溥仪三人会谈时,溥仪也才敢于披露与平时有所不同的"真情话语":

　　陛下:建国初期,事先我对组建现内阁一无所知。恰如这次郑总理向我呈交内阁成员名单一样,只不过就这样决定了罢了。这样各部总长之间就欠融洽。由于驹井德三总务长的专横跋扈,郑总理与驹井关系不和,导致不愉快的结果。解除驹井职务后,阪谷与郑总理之间关系也欠融洽。这些都令人感到不愉快……

　　大使:今日陛下讲出了我心中所想,就像我自己说的一样。

　　陛下:今日所言,虽说有些像是身居超然地位的元首对国政有所干涉,这是离开自己的立场,为求万全,而在内部与你们商量,并陈述我的意见。对官内府的人事也谈了自己的意见。我从6岁到30岁始终处于困境之中。受过东洋道德教育,深知东洋之精神为何物,也看到西洋物质文明恶习带来的丑陋现象。这些对自己多少形成领悟世间的阴暗面和人生的正反两面的心得体会,不论官内府的人对我说什么,还是听到小人背后传言,只要自己无私无欲,胸怀坦荡,就感到任何事情都心如明镜。就有关内阁成员之事谈论了许多,对现在内阁成员我的看法是,他们是一些平庸之辈,稍有头脑、可靠的人只有臧式毅一个人。

　　大使:如陛下所言,臧式毅是深谋远虑的可靠人物。

这就是第二个回合:南次郎与溥仪直接会谈。溥仪早已深知关东军是因为郑孝胥不太听话了而对他不满,索性"由自己提出更换总理的建议",不再保郑,借机重新组阁。然而,他也"以十分强硬的语气"陈述了对日系官吏的"不满",说他们"完全不知满洲的情况",全部照搬日本的制度,因而招致混乱。显然,他也不甘于傀儡地位。为此他自认"很适宜"地提出了新人选的建议"让臧式毅当伪总理"。臧式毅是奉系军阀时代的奉天省主席,也是所谓的

1935年5月2日伪国务总理大臣郑孝胥手持《回銮训民诏书》退出勤民楼,奉命发布

"满洲国建国功臣",时任伪满特任"民政部大臣"。溥仪期待着让臧式毅当总理,以便今后能"按自己的意志行动"。不知是南次郎的肯定起到了鼓舞士气的作用,还是溥仪心中那个未曾泯灭的"皇帝梦"在作祟。溥仪一改往日同日本人说话时的遮遮掩掩,大大方方地推荐了心中理想的伪总理接班人选。

然而,溥仪的如意算盘却未能得到南次郎的认可。他只是表面虚应溥仪说"臧式毅是深谋远虑的可靠人物",心中却另有自己的小九九。

林出贤次郎的《翻译笔录》中继续记载了1935年5月20日上午10时溥仪与南次郎在宫内府会客厅会谈实况:

　　大使:今日拜谒陛下,想就前几日的组阁之事谈谈本人的拙见。郑总理建国三年来付出巨大辛劳,现年迈力衰,已露倦勤思退之意。故此,借组阁之机,应恩准郑辞职。而下任总理似应具备下列条件,当然要对陛下无限忠诚,我想下列三条也很重要。

　　(1)有统治能力的人;

　　(2)人格正直高尚者;

　　(3)对国家有功勋之臣。

　　按以上三条进行人选是必要的。我认为有熙洽、臧式毅、张景惠三人。而熙、臧二人各有长短,大致属于同等人物。况且,在社会上他们两人看做是各把持一派势力的头脑人物。若将其中一人任为总理是不妥的。前几日,陛下所言让熙洽任官内府大臣,让臧式毅任参议府议长,使他们两人不分伯仲。这样三人中就剩下张景惠,让他当总理大臣组阁如何呀!

　　陛下:大使的意见很对,我也有同感。

这是第三个回合:南次郎拒绝了溥仪提出的新人选臧式毅,同时也拒绝

伪满参议府议长臧式毅

张景惠出任伪国务总理大臣

了郑孝胥提出的蔡运升，推荐对日本人百依百顺的张景惠出任下一届伪总理大臣。溥仪听后，面色凝重，知道自己的打算在日本人面前已经完全落空，只好顺从地说"大使的意见很对，我也有同感"。张景惠在满洲"建国"前，曾任国民政府军事参议院议长兼哈尔滨特别区行政长官，颇具实力。九一八事变中投降日本，被授予"东北行政委员会委员长"，就此成为"满洲建国的功臣"之一。南次郎不但指定了伪总理大臣人选，连新内阁各部大臣人选也一一确定了。据《严密会见录》记载，就在同一次对话中，南次郎又"向陛下禀告内阁各部长的人事安排"：于芷山任伪军政部大臣、张燕卿任伪外交部大臣、冯涵清留任伪司法部大臣，"这是因为涉及治外法权的问题正在研究中，不便易人"。李绍庚任伪交通部大臣、吕荣寰任伪民政部大臣、孙其昌任伪实业部大臣，"文教部大臣、财政部大臣忘了是谁了"。由此可见，溥仪当时是顺从地接

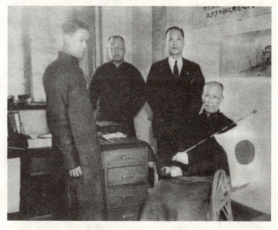

郑孝胥下台后与家人在一起

受了关东军司令官提出的内阁人选名单。然而,正如他在《我的前半生》里所说,这件事让他在内心深处"明白了我的'尊严'的虚假性……"

17. 罗振玉生平

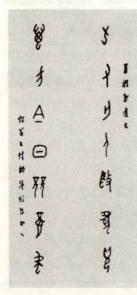

罗振玉集书甲骨文联:"九有无人驱虎兕,万方今日竞龙蛇。"

罗振玉也是在伪满时期参与溥仪政治活动的一位重要人物,其间经历了从积极到消极,从陷入政治到回归学术的过程,他的一生与溥仪关联甚多。当然,他的巨大学术成就还是应该给予充分肯定的。

罗振玉(1866—1940),字叔蕴、叔言,号雪堂,又称永丰乡人、贞松老人,祖籍浙江省上虞县永丰乡,从曾祖父起寓居江苏淮安。自幼随塾师习四书五经,16岁回乡应童子试,以县学第七名考取上虞县秀才。后数次赴乡试未中。早年曾在淮安私塾任教,并从事经史考据之学,有著作近20种。1896年离开淮安赴上海与友人蒋黼创设农学会,刊行《农学报》,创办东文学社,并编印《农学丛书》。1900年应鄂督张之洞之邀,任湖北农务局总监兼农务学堂监督。1901年在上海创办中国最早的教育杂志《教育世界》。1902年受湖广总督张之洞、两江总督刘坤一的委托赴日考察教育,著有《扶桑两月记》。1903年入两广总办岑春煊幕参议学务。1904年受江苏巡抚端方委任创办江苏师范学堂并出任监督。1906年入京任学部二等谘议官。1909年即宣统元年补学部参事官兼京师大学堂(今北京大学)农科监督,再赴日本考察农学、聘技师,成《扶桑再游记》。

1911年辛亥革命爆发,罗振玉以清朝遗民自居,与王国维等避居日本,专心著述,直至1919年携家返国,定居天津。1921年参与发起组织"敦煌经籍辑存会"。1923年创办东方文化学会。1924年奉溥仪诏任"南书房行走"入值,参预清室复辟活动。

溥仪来到天津以后，一方面联络军阀，一方面仍想出洋，利用外国军事力量以达到复辟的目的。1927年至1928年，北伐军节节胜利迫近京津，罗振玉奏请东渡，溥仪动心了，而日本田中义一内阁也决定按君主之礼接待之，日本军部则已准备好了保护溥仪启程的军队。唯陈宝琛屡屡出面坚决劝止，加之形势趋缓，似乎对溥仪的"行在"并没有太大的威胁，溥仪终于放弃了东渡的念头，而陈宝琛和罗振玉的分歧则因此而扩大了。罗振玉费尽心机为溥仪寻找出路，积极赞助溥仪去日本出洋游历，却因溥仪左右之人谗言而遭到误解，以为罗某是要伙同日本古董商骗取溥仪的书画古玩，遂被冷淡疏远，只能"跳出迷梦，收束一切"了。

罗振玉出任伪满洲国参议、监察院院长

　　1928年冬，罗振玉停办在津开业的书店、工厂，卖掉嘉乐里自宅，携家迁往旅顺。1931年九一八事变后溥仪离津出关，罗振玉牵线搭桥参与其事。此后曾任伪满洲国参议、监察院院长、满日文化协会会长等职。1937年退职后继续整理刊行所藏古文物史料。1940年病逝于旅顺。

　　罗振玉在清末民初中国文化史上的重大贡献并不会因为政治失误而被一笔勾销，他在殷墟甲骨文字、敦煌塞上及西域各地出土简牍（流沙坠简）、敦煌千佛洞之六朝唐人所书卷轴（敦煌经卷）、内阁大库之书籍档案（内阁档案）、中国境内之古外族遗文（四裔碑铭）等五类大发现领域，是开拓者之一，做出了重要学术成就，应当给予公正的评价。

18. 另一位伪满洲国总理大臣张景惠

　　张景惠，字叙五，1871年生于辽宁台安县八角台一个农民家庭。青年时随父卖豆腐为生，经常出入赌场，善于结交朋友。中日甲午战争后，清朝统治在东北陷于瘫痪状态，草泽枭雄乘机而起，其时张景惠在新民县八里台（即今台安县）充任伪甲长，就地筹饷编集保甲百余人，维持地方治安，为本镇商号富户看家护院。当时张作霖遭到土匪金寿山的袭击，借道八角台投奔冯德麟。张景惠初见张作霖就很佩服，自己甘当副手而拥之为自卫团首领，从此对其言听计从。

1902 年张作霖决定投奔清廷，张景惠随之而成为清朝军官，初任哨官，第二年提升为帮带。1906 年张作霖任后路巡防营统领，张景惠则升为管带。1910 年张作霖命张景惠、汤玉麟、张作相等人以现任管带身份进入奉天讲武堂学习，并让张景惠随时向他报告奉天军政动态。民国初年，张作霖任 27 师师长时张景惠任该部团长。1917 年汤玉麟因张作霖重用王永江而与之交恶，张景惠因站在张作霖一边而获升任第 53 旅旅长。1918 年 2 月张景惠率部劫持直系从日本购置的一批军火，先后增编 7 个混成旅，张作霖乃提升他为暂编奉军第 1 师师长，随后又任命他为奉军前敌湘西司令。同年 8 月张景惠侦知杨宇霆与徐树铮相互勾结以奉军名义私自招募新兵 4 个旅扩张个人势力，乃向张作霖密报，以致徐、杨被逐，张景惠升任奉军副司令，代表张作霖常住北京。至 1920 年 9 月北京政府又授予张景惠察哈尔都统兼陆军 16 师师长职。

张景惠在第一次直奉战争中被委以奉军西路总司令重任，但他战无决心，行动迟缓，影响到奉军全局溃败。战后张景惠寓居北京。直系曹锟贿选为大总统后，新设全国国道局，特任其为督办，张作霖深恨之。1925 年冬张景惠之母病故，乃托张作相、吴俊升代为求情，张作霖准其回籍治丧。张景惠先到沈阳跪见张作霖，痛哭流涕谢罪，获张作霖原谅，委其为奉天督军署参议，作为张作霖的代表，奔走于京、津之间。1926 年以后历任陆军总长、实业总长，1928 年 6 月 4 日随张作霖返奉，身受重伤。张景惠在北京和天津期间曾往紫禁城、张园叩拜溥仪。1928 年年底张学良任命他为东省特别区长官。因与张学良相悖，遂在东北易帜后到南京任军事参议院院长之职。

九一八事变后投敌。1932 年 3 月伪满傀儡政权成立后张景惠任伪参议府议长，同时保留其东省特别区行政长官之职。当此之际，他一面"接受"蒋介石、张学良辗转传来让他"顶着"（伺机里应外合驱日反满）的"秘示"，一面又率领 10 万伪军，帮助日军打击原东北军和人民抗日武装，完成所谓"武力统一"东北四省的叛国之举。1934 年 3 月溥仪当上伪皇帝，张景惠则升任伪满军政部大臣。1935 年 5 月，张景惠接替郑孝胥继任伪满国务总理大臣。上任后吸取前任"教训"，为博得主子欢心，更对日本人言听计从。直到日本无条件投降，他还在通化大栗子沟主持溥仪退位仪式和伪满政府解体会议。

出任伪满国务总理大臣时的张景惠

1945年8月30日，张景惠还等着蒋介石、张学良来接收东北而能就密令"顶着"一事给他"说法"的时候，却被苏联红军逮捕了。囚居于伯力，他被迫戒了鸦片烟，又不适应异乡生活，身体渐趋衰弱。5年后被引渡回国，关押于抚顺战犯管理所。因其地位仅次于溥仪，又已年迈，在管理所内受到较好的照顾。到抚顺以后，他有时打打"八段锦"，晒晒太阳，也没有人跟他说话，身体更加衰弱。他可以不参加糊纸盒劳动，更不参加翻砂铸铁等重体力劳动，却同样能够得到糖果、点心等奖励性食物，也无人计较。坦白检举开始以后，张景惠因病瘫痪在床，由别人代写认罪材料，他说："我的罪恶太大，蒙政府宽恕，我的子侄们还获得了光明的前途，感谢政府。"他肠胃不好，不能吃普通饭菜，常常每顿饭吃两块蛋糕，喝一杯牛奶。他感慨地说："还是毛主席领导得好哇！"

张景惠之子张绍纪（今名张梦实），生于1920年，是张景惠和徐芷卿所生，早年曾在哈尔滨学俄语，很有成绩，能读、能写、能说，1940年前后又赴日本留学，在早稻田大学读书，那时就参加了中国青年的进步组织"读书会"。1943年，因东京经常遭受美机轰炸，尚未毕业就"避险"而返回长春，又进入王道书院读书。这期间，张绍纪已经加入了共产党直接领导下的东北青年救亡会，正是这位在日伪时期参加了东北抗日救亡活动的青年，把地下党组织的活动搬到了伪满总理大臣的家里。他利用自己的特殊家庭背景，先后多次接受并完成了地下党组织交给他的许多重要任务。那时他经常把共产党员和进步青年引到自家大客厅聚会，其中就有后来曾任廖承志办事处驻东京联络处首席代表、中日友好协会会长等重要职务而在日本和中国文化交流事业方面做出过重要贡献的孙平化。

完全不知或刚刚听说张绍纪其人其事者，都很难理解像张绍纪出身那样

前苏联伯力第 45 收容所

的家庭,又怎么能够参加到革命队伍里来的呢?

张绍纪在当时能够做这些事儿,固然是由于他本人赴日本留学前后大量接受革命影响,也因为张景惠当年很宠惯他,认为儿子有出息,对他召唤同学或好友到家里来一向不管不问,也就始终未能觉察儿子的革命行动。还有一件发生在张公馆内的"恋爱事件"。张绍纪夫人许明从小就成了孤儿,被人贩子从北京运到东北来,成为张公馆的小女仆。张绍纪很同情这个孤苦伶仃无依无靠的小女孩,就教她识字,供她读书,虽然不能不对父母有所避讳,天长日久也必有真情显露。然而,作为"总理大臣"的父亲对此也没有过多干预,结果,16 岁的小女仆许明自作主张毅然嫁给了 21 岁的小主人张绍纪,张景惠在当年对如此行为居然也能容忍。两人后来遭遇坎坷,却也恩爱多年。

张绍纪以其革命实践获得党组织的信任。1944 年党组织在东北考察革命青年时,就确定了一份准备发展入党的人员名单,分为两批:第一批当年就发展,第二批在 1946 年发展。张绍纪被确定在第二批了。然而,还没有等到那一天到来,张绍纪就被弄到苏联去了。入党问题是新中国成立后才解决的。张绍纪今已年逾九旬,曾任北京国际关系学院日法系系主任、第七届全国政协委员。然而,伪满垮台后,苏联红军抓了他老子,竟连他这个当时替苏军做翻译的"总理大臣"的儿子,也给带往伯力收容所去了。这又是怎么一回事呢?

当时,根据党组织的指示,张绍纪利用作为张景惠俄文翻译的公开身份,承担起与苏军"长春城防司令部"建立联系的任务,可以协助工作,但不得暴露身份。其间,张绍纪与该司令部一位苏联军官经常接头,通过这一渠道,向苏军提供了大量情报,对肃清残匪流寇、维持治安、处理各种复杂问题发挥了重要作用。到1945年8月30日,苏军驻华部队总司令部格瓦廖夫上将接见被苏军逮捕的张景惠等伪满大臣和高官,亦由张绍纪任口译。格瓦廖夫上将说:"听说你们很想念溥仪。溥仪也想念你们。今天下午天气很好,就送你们到那里去。"随后全被押解到长春机场,并按名单逐一核对人头,经查无误者即登机。点名到最后竟清清楚楚地叫到了"张绍纪"的名字。张绍纪一脸诧异:"为什么叫我上飞机?我是青年学生,也不是当官的,更不是汉奸,不过是受到苏军方之约临时充任俄语翻译而已,怎么可以连我也带走呢?"在场的一名苏军大校板着冷峻的面孔说:"这是总司令部拟定的名单,不能更改!"格瓦廖夫上将这时也说话了:"还是让你去当翻译嘛!等不需要了,就送你回来。"于是,曾帮助苏军做过不少工作的张绍纪也混在伪满大臣和高官一堆汉奸里,被抓到苏联去了。

"组织上没找你吗?"若干年后张绍纪接受记者采访时听到了这样的问题。

"怎么不找?急坏了!家里也急了,不知道怎么人一下子不见了。后来,组织通过各种关系,包括一些上层关系向苏方查询,一直未得到明确答复。"

"你在苏联那边没向他们反映吗?"记者又问。

"哎呀,谈了好几次!说明我的情况,要求立即让我回国。可是苏方管理人员说,这么大的一场世界大战刚刚结束,事情太多了。哪里能有时间专门研究甄别你一个人的事?等你们的政府一成立,马上送你回去。我一看,也没办法,只好既来之则安之了。"

到苏联以后,张景惠等被安排在"将官俘虏营",而张绍纪则只能作为"一般拘留者"而接受"士兵待遇",他和溥杰、润麒、万嘉熙、毓嵣、毓嶦、李国雄、黄子正等住在同一间囚室里,与溥仪的单独住处(毓喦因服侍而同住)相邻,天天见面。张绍纪会说日语、俄语,为苏方管理人员和日本战犯交流当翻译,有时也帮他父亲同苏方管理人员通话。然而,平时也还是要被派到菜地里参加劳动。

　　张绍纪每天都坚持锻炼,认真读报。后来苏方管理人员允许囚居者买书,张绍纪喜欢读书,就把"拘留所"每月发放的零用钱15卢布都用来购买小说和文史读物。"拘留所"也给被关押者订阅了《真理报》和《消息报》两份报纸,他都能够从头至尾仔细阅读。因关押人员中只有他一人懂俄文,是他从小跟波兰籍家庭教师学的。看到那些伪大臣和伪军官们天天睡大觉、聊天、赌博、算卦、百无聊赖,张绍纪就主动给他们读报,当起了"译报员"。苏联人一看也都觉得不错,就叫他坚持"天天读",有时也去给溥仪读报。

　　"溥仪有兴趣吗?"记者又提出问题。

　　"没什么兴趣。不过他也不好表示出来,只好听着罢了。后来,苏联人还让我给溥仪读小说《青年近卫军》。"

　　"是吗?"记者不禁笑起来,"这个总有点兴趣吧?"

　　"开头也不行。后来好一些。"张绍纪回答。

　　"读完了吗?"

　　"没有。大约读了三分之一。"

　　在那几年,溥仪每次与苏方管理人员接触和谈话,都是张绍纪做翻译。

　　1950年6月,张绍纪与同时被囚于伯力的伪满总理大臣秘书官高丕琨还曾在纳霍德卡归俘集合地相遇。张绍纪是提前几天回到中国的,应该说苏联人还没有失信。东北人民政府公安部接收后,立即将他开释,并安排在抚顺战犯管理所专做日本战犯的管理和改造工作。而后引渡伪满战犯路过沈阳,东北人民政府主席高岗接见溥仪、张景惠等,当时战犯们听说第一批引渡的国内战犯已被处决,情绪紧张。这时,高岗就叫张绍纪出来说明真相,当战犯们看到那位曾与自己同在苏联囚居地朝夕相处5年之久的伪满总理大臣的儿子,居然穿上了中国人民解放军中尉军官制服时惊诧不已,继又听到他亲口说出"并没有任何人被处决"的话,大家这才安心了。

　　这时,张绍纪就在抚顺战犯管理所专做日本战犯的管理和改造工作。张景惠想儿子时就问:"绍纪还在吗?"张绍纪在1956年初被调到北京,行前还经组织安排与父亲见面叙叙家常。那天晚上,张绍纪夫妇和父亲是在一号会议室见面的,彼此一时无话可说。金源科长就"介绍"说:"这是你儿媳妇!"张景惠说:"是吗?哦!"聊了一会儿就告别了。回到监舍,张景惠对别人说:"这小媳妇是我儿媳妇吗?我不认识她呀!"原来他们还没见过面呢!

1958 年 6 月 14 日夜,很多医务人员携带器械奔向监舍。原来张景惠病危,经注射、服药等全力抢救后转危为安。此后张景惠时而清醒,时而昏迷,大小便失禁,医务人员每天都精心为他挂盘尼西林和葡萄糖瓶输液,生命得以维系。后经上级批准,又将他送市立医院住院治疗,终因患动脉硬化、心肺病、心力衰竭,延至 1959 年 1 月 11 日 13 时病故,终年 86 岁。

按照张景惠的亲信、曾任伪满勤劳奉仕部大臣的于镜涛回忆,张景惠在任职伪满问题上也有"委曲",原来在九一八事变发生后蒋介石和张学良都有话,让张景惠先在伪满内部"顶着","先对付着","将来政府有办法"。照此看来,张景惠被定为"战犯"也有"冤情",好复杂!

郑孝胥和张景惠,这两位"位高权重"的"总理大臣",其实都不过是日本关东军手中的玩物,他们也都跟着"旧主"宣统皇帝,选择了永远的屈辱。

19. 庄士敦、"康德皇帝"和《龙归故里》

庄士敦(1874—1938),英国苏格兰人,原名雷金纳德·弗莱明·约翰斯顿,中文姓名庄士敦,字志道,取《论语》"士志于道"之意。早年在牛津大学攻读东方古典文学和历史,获硕士学位。1898 年来华,此后一两年即发生了八国联军打进北京的事件,就在这中国将被帝国主义列强瓜分的政治背景之下,庄士敦奉派先到香港,任英国总督的私人秘书,继于 1904 年被派到山东,在英国殖民地威海卫的首任行政长官史迪威·劳克哈特爵士手下当秘书。1906 年升任"知事",1916 年至 1917 年代理威海卫行政长官。

1919 年 2 月,庄士敦由李鸿章之子李经迈推荐,经民国总统徐世昌亲自向英国驻华使馆交涉,庄士敦接受了当时紫禁城之清室内务府的聘请,成为溥仪的英文师傅。每天进宫授读,与溥仪朝夕相处。1924 年初,溥仪指派庄士敦管理颐和园、静明园和玉泉山,直到是年年底溥仪被逐出宫、颐和园等处也被当时的政府收回为止。

嗣后庄士敦又奉英国政府之命留华处理庚子赔款事宜,并在 1927 年至 1930 年间出任英国驻威海卫最末一任行政长官。其间多次前往天津晋谒溥仪,并保持着密切通信联系。作为辛亥之后唯一在紫禁城中生活过的外国

庄士敦摄于紫禁城内

人，他以中国由帝制向共和转变的历史为背景，以与末代皇帝共处的经历为内容，写成轰动世界的著作《紫禁城的黄昏》。1930年10月威海卫归还中国，庄士敦随即离华返英。

溥仪在天津7年中，一直没有中断与庄士敦的联系。庄士敦帮助溥仪"同驻津的各国领事建立了密切关系"。溥仪1954年在抚顺战犯管理所接受侦讯时留下了这样一段口供："在天津的时候，由我的英语先生庄士敦介绍，我和英国领事（名字忘了）、司令官希斯、参谋柏喀德、参谋法克斯，以及英国报纸主笔伍德海都认识了，我和他们都互相邀请吃过饭。英国历任司令官邀我参加每年的第一次世界大战兵士战死纪念碑祭礼的观礼，并列席观看他们的阅兵。我还参观过英国驱逐舰。后来，英国钮湛德司令官也邀我吃过饭，和我打过网球。英国国王第三子曾来过我国，当他经过天津时见过我，我招待他吃茶点，同他一块儿照相，我送他我的照片，他回国后又通过英国领事送来了英王乔治给我的相片。"

庄士敦还在一封致溥仪的信中，叙述了他帮助溥仪与英国高层人士见面的情形："威灵顿（Willington）勋爵及其夫人很想访问陛下和皇后，很遗憾，这次过津未能实现。北返时他们必将到张园致以问候，他们甚望能得到陛下召见。他们向您祝贺并请安，他们还祝愿皇后早日康复。"

庄士敦还充当了溥仪与英王乔治的信使。在1925年6月19日以后的半月之内，溥仪多次在张园召见庄士敦。6月22日召见时，香港监督鹿亚德在座。6月27日他是与陈宝琛、罗振玉、胡嗣瑗和佟济煦等人一起被召见的。7月3日召见后，溥仪开始拟写致英王乔治的信，其中有这样几句："陛下：乘庄士敦先生返英之便，谨致函感谢您对我的健康的关怀。作为一个在外国人庇护下生活的流亡者，实际上我未能给您以表达我的谢忱和敬意的什么实物，只好希望陛下能接受随函附上的我亲手书写的字画……"这封信是在7月5

日定稿的,庄士敦马上就要离京返国了。庄士敦说,这是他在中国居住28年中第二次回国,为了处理英国的庚子赔款问题,他必须返国进行短期访问。

当庄士敦的工作重心已经转移到奉英国政府之命留华处理英国名下的庚子赔款以后,庄士敦仍不断给溥仪写信。

溥仪、溥杰、润麒与庄士敦
在"御花园"假石山上合影

1926年3月25日,庄士敦给溥仪写信,表明了他这样的想法:恳切地希望溥仪"不要听那些人劝您回到紫禁城去的话",因为"要回到皇宫去是危险的"。庄士敦帮助溥仪联络吴佩孚、张作霖,完全是出于复辟清朝以外的目的,他希望给溥仪安排这样的前程,或者在"夏宫"(指颐和园)、"热河行宫"、"汤山"、"沈阳"等地尽享中国公民的待遇,或者出游欧洲,再谋前程。

1926年4月4日,庄士敦又从汉口致信溥仪,谈到了他同吴佩孚会晤的情形。他当面建议吴佩孚、张作霖"早日在京会晤",且要"对陛下将来的幸福和安全能做出专门的安排"。

1926年4月25日,庄士敦又从上海致信溥仪,谈到他与孙传芳、顾维钧等的会晤与接触,并相约"在一二周内能离沪去津,能和陛下再见面"。

1927年2月14日(农历丁卯年正月十三日)"万寿节"前后,正是庄士敦赴任英国皇家驻威海卫行政长官之前,他又一次前往张园祝寿并会见了康有为。庄士敦回忆那天的情景时说:"是日清晨,康有为在他的忠实弟子徐良的陪同下前来访我,我们就皇帝的过去、现在和将来的问题交谈了很长的时间,嗣后一起到皇帝在日租界的寓所张园去祝寿。皇帝热情地欢迎我们,当这位老人跪在他面前叩头时,皇帝连忙从座位站起,拍了拍老人的肩膀让他坐下。这以后我就再也没有看到过康有为了。"

庄士敦在威海卫任职的3年多时间里,因忙于公务而很少赴津,但他始终保持着与溥仪的通信往来,有时他还会介绍某某人经过天津时谒见溥仪,有时溥仪也会命赴威海卫的追随者捎带礼品给庄士敦。

在英国政府向中国交还威海卫而卸任的庄士敦即将回国之际,他又在1930年9月13日到天津"诣行在""觐见"溥仪。

整整一年之后,因新一届太平洋会议在中国召开,庄士敦作为英国代表团的成员出席会议,乃乘便又在1931年10月7日至18日间到天津"觐见"溥仪。他带着《紫禁城的黄昏》书稿,请溥仪赐写"御制序文"。其时九一八事变已经发生,溥仪有意出关重建清朝皇帝基业,庄士敦很兴奋,说要在书稿后面增写一章《龙归故里》。这正是溥仪秘密离津偷渡白河前夕,南京国民政府财政部长兼代外交部长宋子文11月10日会见庄士敦时,曾表示希望他能返回天津,劝阻溥仪"不要去满洲冒险"。庄士敦却回答说,"皇帝"知道他的动态,任何时候都可以直接同他取得联系,如果处于危险之中,需要他的帮助,只要说一句话,他就会出现在"皇帝"身边,但这句话一定要由"皇帝"本人来说。实际上,庄士敦已拒绝了宋子文的要求。

这次返国,庄士敦带回了溥仪为其新著《紫禁城的黄昏》所写的序文。序中述及两人关系称:"庄士敦前后从予于北京、天津之间者约十三年中,更患难仓皇颠沛之际,唯庄士敦知之最详"。嗣后,庄士敦确实补写了新篇章,说他清楚地知道,"皇帝离开天津前往满洲完全是出自他个人的意愿",是"历尽艰险,龙归故里"。他不但这样做了,还在4年后亲往长春谒见了伪满的"康德皇帝"。

1935年9月10日夜,庄士敦从海路到大连港。据记者报道,庄发表谈话时,"满洲国"尚未得到英国的承认,亦未取得"国联"的地位,不免会受到种种束缚。谈及溥仪出关的原因时庄说,他曾看到"皇帝陛下"受到中国政府的"种种虐待",今天又得到"满洲""三千万民众的尊敬和友邦日本的协助",他认为,"满洲在英明皇帝的统治下能够得到非常的发展"。几小时之后,庄士敦登上开往长春的列车,于9月11日下午5时30分到达。

在火车站月台上,庄士敦受到郑孝胥的迎接,这时郑已离开伪满总理大臣的职位,是以老朋友的身份跟庄握手的。半小时以后,庄在伪宫缉熙楼门前见到了他的皇帝学生溥仪。原来溥仪于3天前赴哈尔滨出席在松花江上举行的大典观舰式,15分钟前才回到这里。他不顾旅途疲劳,设家宴给老师接风洗尘,两人直接用英语交谈,畅叙分别四年的怀念之情。"皇后"婉容也很活跃,愉快地回顾在紫禁城与庄师傅相处的日子。溥仪二妹韫和与二妹夫、郑孝胥之孙郑隩骏出席了家宴,他们在英国留学时就住在庄士敦家,一年前才从伦敦返回长春。家宴从晚6时到10时,记者报道说,这是皇宫里一个欢乐的晚上。

在返回宾馆的车中,庄士敦就访问"满洲"的目的发表谈话说,他想念皇帝陛下,久欲前来拜谒。这次拟在满停留两个月,为新著搜集有关资料及文献,嗣后将往中国南部和日本考察,然后把得到的印象撰写成书。

第二天是中秋节,庄士敦在长春市内观光,9月13日为礼节性拜访,上午9时拜访伪满外交部大臣谢介石和次长大桥忠一,10时拜访伪满国务院总理大臣张景惠和总务厅长官长冈隆一郎,下午2时拜访日本关东军司令官南次郎,3时拜访伪满宫内府大臣熙洽。14日出席伪满外交部主持的招待晚宴,15日参观教员讲习所,16日出席伪宫内府主持的招待晚宴,17日出席日本关东军司令部主持的招待晚宴。19日溥仪在伪宫勤民楼清宴堂正式赐宴,把欢迎庄士敦的活动推向高潮。

溥仪为庄士敦新著《紫禁城的黄昏》所撰序文

庄士敦当时在伦敦大学教授中文兼任英国外交部顾问,尽管他在伪满的"新京"与日本人及其傀儡周旋,却不曾向本国政府提供承认伪满的建议,他所尊崇的并非"康德皇帝",只因为"康德"即宣统,即溥仪。为了表彰他的贡献,英国皇室向他授予了爵位。他的以"龙归故里"为尾章的《紫禁城的黄昏》一书是1934年在伦敦出版的,庄士敦访问长春时,伪宫内已有一部中文译本,那是由伪宫内府翻译官樊植译给溥仪看的手稿。庄以这本书的版税购置了一个小岛,悬挂伪满国旗,陈列中国文物,逢年过节则穿戴清朝朝服邀请亲友聚会,借以寄托对溥仪的思念。他在1938年病逝,时年64岁,就埋葬在《紫禁城的黄昏》换来的小岛上。

20. 从九一八事变到"康德皇帝"出炉期间的溥仪与溥杰

　　九一八事变前约两个月,已有两位神秘日本人士通过溥杰向溥仪发出了先兆,其中一人便是吉冈安直。溥杰是与皇后婉容之弟郭布罗·润麒一起在1929年3月被"皇兄"溥仪送到日本留学的。此前吉冈同溥杰就在天津相识了,那时吉冈任天津日本驻屯军参谋,常往张园活动,时而陪溥仪打球。回国后任鹿儿岛驻军某联队大队长。1931年6月下旬,溥杰和润麒都收到了吉冈盛情难却的邀请信,希望他们前往鹿儿岛度假。

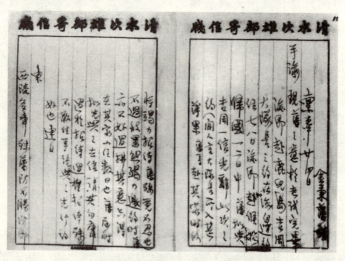

九一八事变前后溥杰致"皇兄"信书影

　　溥杰当时并不明白这其中的政治因素,但他也很警觉,立即把这一情况写信告诉了溥仪,他写道:"藩之意,于考试完毕后即赴鹿儿岛吉冈大队长之约,在海边约住七八日,后即拟候船归国。一二日中藩拟与吉冈一信,先辞此次之约。不过,彼果然竭力邀约时,藩亦不好过拂其意,只得在其家小住数日也。藩届时拟先与之去信,请其毋庸过于招待,过于招待殊不敢往等语,与之先行约好也。"

　　无论溥杰怎样声明,在鹿儿岛吉冈家中还是受到了最殷勤的款待。特别重要的,是一条事关重大的消息。吉冈郑重其事地告诉溥杰和润麒说:"你们回到天津可以告诉令兄:现在张学良闹得很不像话,满洲在最近也许就要发生点什么事情……请宣统皇帝多多保重,他不是没有希望的!"不久,溥杰和润麒便把这条消息带到了天津。

　　另一位神秘的日本人士是谁呢? 日本华族——水野胜邦子爵。溥杰回国前与他会面时,听他别有用心地讲了一段日本历史故事,其大致情节是这样的:在南北朝内乱时代,受镰仓幕府控制而身处厄运的后醍醐天皇,又因"倒幕"失败被流放。就在他仰天长叹恨无忠臣的倒霉时刻,忽然看到一株樱树树干上刻着"天莫空勾践,时非无范蠡"两句诗,经人如此点化,他才相信仍有忠于天皇的武士供其驱遣,遂重新组织力量,终于推翻幕府,开创了"建武中兴"的政治局面。讲完故事,水野子爵接着便把他将要晋谒溥仪、并赠呈书有樱树树干那联诗句的日本扇面之事告知溥杰。业已详知日本历史的溥杰当然理解其中的政治含义,遂把这预示着"宣统中兴"的讯息立即转告溥仪了。

伪满《夕记簿》

他在信中特别解释了那联诗的典故:"昨日有一水野子爵,因将赴中国各省游历,至津时拟晋谒我君,彼将进呈折扇一柄,并拟赠陈宝琛同扇一柄。扇故无足观,其上书有诗一首,其诗乃日本后醍醐天皇被贼臣所扼,俨如幽囚,因叹曰:'何我手下之无一忠臣也?'后在院中散步,见一树上书诗句二句,即水野子爵拟进呈我君者也。后醍醐天皇读之,大为感动,因知并非无忠臣也。后卒成中兴大业焉。"

此时此刻,九一八事变尚未到来,溥仪却已陶醉在溥杰的信息中而昏昏然了。那鹿儿岛的新闻,那扇面诗的故事,都让溥仪把酝酿中的残暴狠毒的侵略事件,错看成"重登大宝"的美梦,"宣统中兴"的幻想……

　　在天津"行在"的《召见簿》上记载着:从1931年7月23日至8月1日,溥仪连续召见归自鹿儿岛的溥杰和润麒,听他们转述吉冈安直的政治问候;

1931年7月29日,溥仪召见前来"游历"的水野胜邦和稻川多四郎,并接受了水野子爵赠呈的扇面。陪见者中,有溥杰、萧丙炎、郑孝胥和润麒。

在严正的历史上记载着:1931年9月18日,日本的炮火点燃了中国的东北。

事变发生后,中国人民的民族热血沸腾了。在日本的中国留学生也纷纷集会、演说,抗议侵略者。目睹这一现状的溥杰和润麒,立即写信给皇兄,"谨禀"实况,陈述己见,借此也给后人留下了思想痕迹:

> 近日此间民气昂愤异常,素日有左倾思想之新闻等,近日亦俄然一变,竭力鼓励民气、宣传满蒙事件、经过等。综观日本近日虽有思想恶化之倾向,然大多数人平日固彼此斤斤不相容,一旦对外有事之秋,率有一致同仇之概,此点实出藩平日豫想之外也。
>
> 藩近日除读书以外,即忙于购读各种新闻。除固定之日报、夕刊外,尚时时有号外出售,真有如火如荼之概也。
>
> 际兹秋风多厉、寒暑交替之际,恳望我君起居动静诸事,举以妥慎周详出之,实藩所切祷者也。

(溥杰封发于1931年9月20日)

> 近闻报载,虽属远道传闻,然亦人言凿凿,遍地风声鹤唳也。际兹重大时期,英愚以为,实千钧一发之时,敢望动静兴居格外加意:慎不流于缓,断不流于猛,集众腋取其成裘,执中枢定其大计,此英之日夜徬徨切祷无己者也。
>
> 再,近日留学各派之人士,亦各自树奇立异、分道扬镳,俨然一小中国之纷乱状况也。欲归国者有之,喧骚者有之,五花八门,煞有可观,可谓庸人自扰而已。现此间有讲演、有谈会,率皆对中国问题。(日前,英等学校亦开演一次,然未准许英及秉藩及尚有一名名林失敬之中国学生入听也。)各舆论机关亦颇一致,大有举国同仇之概也。

(润麒封发于1931年9月下旬)

可见,坚决反对侵略的爱国留日学生,当时就对具有特殊身份的溥杰和润麒加以戒备了,禁止他们参加有关的集会。

不久,溥仪命家庭教师远山猛雄携亲笔黄绢信赴日,找陆相南次郎和黑龙会首领头山满活动,希望日本军界和政界元老支持他的复辟大业。远山抵日后,溥杰也参与其间,并及时向溥仪汇报情况。

1931年10月31日晚,溥杰按约定前往东京丸之内饭店会见远山,听他讲述与德富猪一郎商谈的细节。此人即日本大名鼎鼎的评论家德富苏峰(1863—1957),早年创办民友社,曾任贵族院敕选议员,抱有皇室中心主义和国家主义思想,在九一八事变发生后日本建立战时体制过程中,他与日本军部紧紧勾结,成为推动侵略的一个重要人物。溥杰当夜就给溥仪写信,转述了德富猪一郎所谈的内情,信中还说:“据德富言,此际(此间论调尚未一致)前途未可知,行动上务须慎之又慎,以留前途之进退自由,实最要之事也。”

两三天之后,溥杰再度秘密会见远山。处于动荡的历史关头,溥杰身份特殊,为众目所矢,动辄横生疑窦,故事不宜泄。远山深悉内幕,言行有节,慎之又慎。溥杰就此致函溥仪时借题发挥,含蓄地表达了自己的政治见解。他写道:“藩愚以为远山做事,向来慎重过度,大有每事十思之概。我君于凡事谨慎思之后,尚望加以果断。若全恃谨慎,或致如宋人之议论未定,金人便已过黄河之失也。”

在学习院读书期间,溥杰和润麒各有自己的日本名字:溥杰叫清水次郎,润麒叫清水文雄。这无疑有利于他们参与政治色彩浓厚的活动时隐去身份。

学习院每年两度假期,寒假不足一个月,加之学习紧张,溥杰和润麒一般是并不回国度假的。在暑期的两个月里,他俩总要回到天津,“恭请圣安”。尽管采取了许多隐姓埋名的措施,他们来往于中日之间,还是不免被认出或干脆被跟踪,常常受到记者的包围。于是,或就溥仪的生活起居近况,或就自己的留学生活,发表即兴谈话,其内容很快就被刊登在中日两国的报纸上。溥仪和溥杰这根连通天津和东京的神经实在敏感,在那个特定的时期起到了特殊的作用,它为社会所瞩目是可以理解的。

1933年2月,当溥杰和润麒在学习院毕业的时候,溥仪已经出任“满洲国执政”,并于上年9月15日与日本政府签订了出卖中国东北河山的《日满议定书》。溥杰和润麒的后台硬朗起来,终于被看作是“有地方实力者保送”的一流人物了,赴日学习军事的初衷也才得以实现。

从1933年4月1日起,溥杰和润麒同时成为日本陆军士官学校的预科生。除他俩外,溥仪还以伪满执政的身份,另外选送了10个人。其中有溥仪的堂弟溥佳、溥仪的未婚四妹夫赵国圻、溥仪的族侄毓峻和毓哲、皇族熙洽的外甥马骥良、溥仪寓居天津时的房东之子张挺和溥仪的随侍祁继忠,这7人都是伪执政府的侍卫官,溥仪的亲信。此外还有伪满大臣孙其昌之子孙文思,以及孙经纶和庞永澄。不久,溥仪把原由中华民国派在日本的留学生、其未婚五妹夫万嘉熙也划归了过来。

　　这就是以溥杰为首第一批"满洲国陆军将校候补生"的阵容。虽然他们不再像4年前溥杰和润麒赴日时碰钉子,很快就由日本陆军省批准,全部"考"入陆军士官学校。但溥仪清楚地知道,因为日本陆军省早已向他打过招呼:今年"优待"伪满留学生、"一律予以考中"。否则,除了溥杰和润麒,肯定"一律落第"。祁继忠"恭呈"溥仪的信中就老实地承认了这一点,他很客观地归功于日本陆军中将小泉六一的斡旋了,正是溥仪委托此人负责"将校候补生"的入学事项。一副俗相的祁继忠写道:"现奴才等全考中了!真不是自己的能力,全是小泉一手做成的……现奴才等已定二十四日六时,在山水楼请小泉、宫岛、大林、斋藤、冈本,表示谢意,一同吃饭。真正的谢意,还得由您或者给小泉东西,或者别的。"

　　到了分专业的时候,溥杰入步兵科,而润麒入了骑兵科。两人都是军曹,身着军服,佩戴肩章,各自与长春"帝宫"中的皇兄保持紧密的通讯联系。寒假或暑假,他们都要返回溥仪身边,"晋谒叩拜,聆听圣训"。

　　1934年3月1日,溥仪第三次登极称帝,溥杰等立刻到位于麻布樱田町的伪满驻日公使馆参加祝贺仪式,并在那里向皇兄发出了感情热烈的贺电。

　　1935年4月溥仪首次访日期间,在东京与溥杰和润麒夫妇手足团聚,分外高兴。润麒之妻——"三格格"韫颖,则以钢琴演奏一曲《皇帝陛下奉迎歌》,"骨肉亲情,溢于言表"。

21.溥杰作为"康德御弟"的人生历程

　　说起溥杰与长春的渊源,最早可以追溯到1934年8月。那是溥仪当"康德皇帝"半年之后,当时溥杰是第四十七期日本陆军士官学校学生,利用暑假回"新京"探亲,这是他第一次到长春。

1935年6月29日,溥杰和润麒从位于东京牛込市谷台的陆军士官学校毕业时,因成绩优秀获得日本陆军大臣赠送的一块银表和伪满驻日公使赠送的一把军刀。毕业之后,作为见习士官在日本宇都宫的步兵第五十九连队(团)任职见习3个月,联队长为李王垠大佐(原朝鲜李王后裔)。在裕仁天皇亲临的毕业典礼上,溥杰又激动,又高兴,觉得自己并未辜负皇兄的一番培养。

1935年冬天起在"新京"伪禁卫队步兵团当排长的
溥杰(中)、润麒(右)、郑广元(左)

同年9月11日,溥杰和润麒踏上归程,并于14日下午抵达当时称作"新京"的长春,像一位很重要的人物,受到伪满宫内府和伪满军政部的热烈欢迎,当地报纸纷纷报道。两天后,溥杰和润麒前往伪满军政部报到,随即任职:溥杰为步兵中尉,润麒为骑兵中尉。一切都照严格的规定办,"御弟"也不例外,他们于9月20日双赴沈阳(当时称"奉天"),开始了在陆军中央训练所一个月的见习生活。见习结束,分配具体工作岗位,溥杰被安排在长春伪禁卫队步兵团任第一营第二连第二排排长,时年28岁。该"禁卫队"担任"帝宫"外围的警卫任务,溥杰留学数年,终于能以军人的资格和姿态,站在保卫"康德皇帝"的岗位上了。

1936年9月,溥杰和润麒再度赴日。溥杰进入千叶县陆军步兵专门学校,在教导队从事包括联队炮(山炮)和速射炮(对战车炮)在内的步兵炮、重机关枪及一般教练等军事研究,当然是"深造"了。润麒则另入骑兵学校。从

1936 年 8 月 18 日抵达东京算起,到 1937 年 9 月 14 日返回长春,溥杰这次在千叶进修整整一年。对溥杰来说,这是个甜蜜的年份,因为它还包括了溥杰和嵯峨浩的初识,婚礼和蜜月。此即由曾任关东军司令官的本庄繁大将策划的"政略婚姻",在 1937 年 4 月完婚,嵯峨浩是日本天皇的亲属,其父嵯峨实胜是位侯爵。

溥杰与嵯峨浩新婚照

1937 年 9 月,溥杰从步兵学校毕业后回到长春。溥杰的军职严格按照规定顺提一级,他成为伪满陆军步兵上尉,出任伪禁卫步兵团第二营第三连连长,仍担负保卫伪皇宫的任务。两个月后,他的已怀孕的妻子也来到长春。这时,在西万寿大街 117 号(今地质宫西侧),为溥杰夫妇建造的新居已落成(后为白求恩医科大学职工幼儿园,现已拆除),他们有了自己的家,就在此共度了与长春结缘的时光。1938 年 2 月 26 日,他们的大女儿慧生诞生在"新京市立医院"(今长春市医大二院)的产房里,是一位美丽、聪颖的女儿,然而这一切都未能令他定居下来。

1938 年 9 月,溥杰奉调赴伪满驻日本东京大使馆,任武官室勤务。那次他是带着新婚妻子嵯峨浩和出世未久的女儿慧生一起赴任所的。临行,溥杰对送站的伪满国务院总务厅长官星野直树等人说,东京是他常年居住的地方,到那里去"执行勤务",就像回乡一样,十分快乐。

作为勤务,溥杰的职责是协助武官和辅佐官,遇有交际、宴会、视察等场合,处理相关的杂务。如武官或辅佐官因公出而不在馆内,溥杰可以勤务身份在武官室代行一切。溥杰白天在使馆工作,晚上还常常有社交活动,他时而偕夫人出席招待会。在东京牛込若松町寓所,溥杰偕妻子和女儿安设了临时的家,愉快地度过了将近一年的时光。

1939 年 9 月,溥杰又调任奉天(今沈阳)军官训练处教官,夫人嵯峨浩因有第二胎身孕而暂留东京。翌年 3 月,在顺天堂医院分娩,诞下次女嫮生。

"新京"杏花村西万寿大街117号溥杰与嵯峨浩的住宅

1941年4月,溥杰调任伪满陆军军官学校预科生徒队三期生第二连连长,又回到长春来了,夫人嵯峨浩这时也已携了两个女儿从日本归来,这一家人重新开始了在西万寿大街的家居生活。1942年8月,溥杰调任伪满治安部参谋司第三科科员,职务变了,却没有离开长春。

这几年里,溥杰频繁地入宫会亲,借以面见溥仪。正如外界所知,由于溥杰与嵯峨浩的"政略婚姻",给哥俩的关系蒙上一层阴影,连谈话都各自戒备了。尽管如此,当爱新觉罗家族方面因故遭疑或遭忌于关东军的时候,溥仪和溥杰还是能够团结一致,相互掩护。1943年2月初,溥杰夫妇欲赴北京祝贺父王六十整寿,却受到关东军的阻难。日本人始终怀疑溥仪,认为他从来不曾放弃复辟清朝的政治理想,所以特别关注并极力限制溥仪一系人士入关活动。这回溥仪对关东军拿出了强硬态度:"溥杰是醇亲王的儿子,还作为我的代表,祝寿之行无论如何也是免不了的。"关东军只好放行。在京期间,已经下台的原冀东防共自治政府长官殷汝耕宴请溥杰夫妇,席间试探溥杰是否考虑在北京地区有所举动?溥杰谨慎处之,未置可否。他后来回忆说,殷汝耕就是关东军的耳朵,一语错出,他和溥仪的头都是保不住的。

1943年11月,溥杰仍和润麒一起被派往东京陆军大学。当时,由日本挑起的太平洋战争已经进入最困难的时期,实际上败局已定。作为日本陆军最高学府的陆军大学,当时的任务就是要迅速培养大批战争指挥人员和参谋人员。溥杰这次是以特别旁听生的身份,主要学习幕僚、军务,即师团以上大兵团作战的战略战术。特点是针对实际,不但学习对美作战和对苏作战的概略知识,还具体研究当美国从冲绳登陆进入日本本土时,实行岛屿防御和决战的战术,以及在此种情况下防御苏军进攻"满洲国"的战术。课程中还包括使用火箭炮等新式武器的概略知识。

战争已把日本社会推入十分艰难的境界,溥杰这回又把妻女带在身边了,他们就住在日本青山陆军大学附近麻布狸穴里的临时寓所,同样受到生活用品匮乏的困扰。溥仪仍然关心弟弟,时而派人把许多乳酪、甜点心等食品和必要的用品送到溥杰和嵯峨浩的身边。

1944年12月,溥杰和润麒又一起完成了他们的军事学历,结束在陆军大学进修的战术课程,携眷返回长春,就任伪满军事部参谋司第四科高级科员。溥杰仍和妻子住在杏花村附近自宅。因慧生已到上学年龄,便留在东京姥姥家了。

1945年8月到来之前,溥杰在伪满军事部参谋司第四科任高级科员。由于在陆军大学时就已经接触了较多的军事机密,这时他对战争和"满洲国"的前途,应该说看清楚了。傀儡政权的最后时刻临近了,溥杰为自己担忧,更为乃兄担忧。他进宫会亲更频繁了,哥俩密谈常常到深夜。

1945年8月3日,日军败局已定,溥杰调任伪满陆军军官学校预科生徒队队长。上任伊始就把全校学生集合起来训话说:"我们有能力击溃苏军的进犯,让我们创建日满一心一德的奇迹,为东方和平做出贡献!"当时他和溥仪的看法一致,并不想撤离"新京"。溥仪曾公开表示,如果自己逃离,将失去"国民"的信赖。其实,这哥俩的真正的想法是:与其跟日本人绑在一起并为之殉葬,还不如乘机摆脱关东军的控制以实现"满洲国"的独立。

"满洲国"自始至终都不可能有自己的决策权,"向通化撤退以备决战"的最后命令,终于由关东军在1945年8月11日送到溥仪面前。不过,对溥仪也有小小的让步:由吉冈安直出面,代表关东军答应溥仪的要求,让溥杰、润麒和万嘉熙随他一起撤往通化。当天传下临时命令,把溥杰等3人一律补为侍从武官室中校武官,扈从溥仪前往通化,这已是溥杰在伪满年代最后的也是最高的职位了。

嗣后，溥杰在沈阳与溥仪一起被苏军俘虏，这是因为溥仪在最后逃命的时刻，抛下了妻妾、妹妹，以及从小相依的乳母，抛下了无数的国宝珍玩，但却一直带着"难弟"，把溥杰和另外几个实在脱不开的人，一直带入战俘营中去了。

又经历了囚居于赤塔和伯力的 5 年，而于 1950 年 8 月 1 日由绥芬河引渡回国。当溥杰坐在糊了窗子的战犯列车上途经长春的时候，他心里自然会有无尽的感触。其间，浩夫人带着小女儿嫮生在东北各地、在上海和北京流浪了几年，虽然也几次途经长春，却已不可能再回到那个曾经属于自己的家了，后来终于返归东京的娘家。

1957 年 6 月上旬，溥杰随抚顺战犯管理所组织的战犯参观团，再次回到长春，先后参观了中国科学院光学精密仪器研究所、长春市儿童医院、长春市容、长春第一汽车制造厂、长春电影制片厂、中国人民解放军兽医大学等单位，看到了新中国成立以后长春的新面貌。这竟是溥杰先生留在长春的最后的脚印了。

第四章
"登极"大典

22. 第三次"登极"的筹备

　　从 1934 年 1 月 2 日,伪满国务院召开各部总长会议,就溥仪"称帝登极"的各项实质和形式问题都进入了紧张而具体的筹备阶段。在伪满"国策委员会"审定的实施"帝制"后的"国策大纲"中规定了"开发实业,统制金融"、"整顿警察制度及武备以维持治安"、"对各国采取亲善政策"、"保护外侨之生命财产"等"要点",这显然是一套为日本主子服务的政策,保护日本的政治、军事和经济一切既得利益,实行奴化教育,网罗汉奸官吏。在"国号"问题的争论中,日本方面坚决否定了郑孝胥等恢复"大清"国号和"宣统"年号的主张,也不准许迁都于努尔哈赤曾经君临的沈阳市。争来争去,最终还是按日方意见,确定国号为"大满洲帝国","首都"不变①。

　　1934 年 1 月 10 日伪满"国策会议"告终,而"中央最高首脑部"和各省代表的联合会议继而举行。1 月 11 日,日本关

---

① 参阅《一月来之中国》,《申报周刊》第 3 卷第 2 号,1934 年。

东军司令部授意伪满各省、市长,向溥仪呈递《改帝制建议书》。1月14日,日本关东军唆使所谓民众团体,向溥仪呈递《就帝位劝进书》。"满系"总理、总长、参议、省长和"日系"的各部次长等协商议决,共推郑孝胥"代表全满三千万名众"谒见溥仪,请求这位挂名"执政"于3月1日"就国家至高之荣位"。"劝进"丑剧就此开始,以郑孝胥为委员长下设六个业务部门的"登极"大典筹备委员会也宣告成立了。

郑孝胥主持召开"吁请执政就皇帝位重臣会议",通过了拥戴溥仪"登极"的《宣言》。

1934年1月20日,郑孝胥主持的"吁请执政就皇帝位重臣会议"通过了拥戴溥仪"登极"的《宣言》①。嗣后溥仪发表长篇对外《宣言》,堂而皇之宣布了他的权力和原则:即位为"满洲帝国"第一任"皇帝";主权属于"皇帝",允许人民表征、请愿;"皇帝"统治国家,依立法行"皇帝"权,由总理大臣辅佐,不日公布宪法;制定国策,外本国际亲善,内重顺天安民;"国旗"与"国都"都不更改;"国号"改称"满洲帝国";"登极"后的"帝宫"决然不同于"称帝"前的"执政府";"即位"典礼在"新京"举行。就在这项《宣言》中溥仪也不敢不唯主子之命而强调说明:他的"即位"绝不含有"大清复辟"的意思!日本人为什

————————————

① 《盛京时报》1934年1月21日。

么要确定这条原则呢？日本外务省发言人的解释泄露了天机："满洲国"当局之声明，谓溥仪之"即位"，其意义并非恢复清朝。"且国疆亦将不再变更，华北无论如何不受影响，华北被侵之忧虑可以消释。"[1]这种此地无银三百两，欲盖弥彰的说法，恰被三年后发生的"七七"事变完全证明。溥仪还宣称"尊重王道政治，绝非君主专制"，换言之，"满洲帝国"甘愿由日本人"次长"们说了算，他当个牌位也就可以了，可怜他言不由衷如是也。"登极"前的最后一次"最高级会议"是在2月22日召开的，溥仪在会上说，他崇拜祖先康熙的德政，希望即位后改元"康德"，这件事总算由他自己决定了[2]。1934年2月26日，溥仪为三天后举行郊祭仪式而开始"斋戒"。

23. 溥仪与长春杏花村

　　位于今长春市文化广场北部的杏花村，自19世纪末以来就逐渐成为长春最早的风景胜地。到1932年，日本城市规划者就把杏花村划在"执政府用地"之内了。1934年3月，溥仪"登极"为"满洲帝国康德皇帝"，在这里举行"祭天大典"，"执政府用地"从此变成"皇宫用地"，一年后，在这里修建"新皇宫"的蓝图也已制订出来，杏花村已经成为溥仪在长春的"御花园"。

　　据《长春县志》载，历史名人王昌炽（字古愚，湖北江夏人，曾任长春府知府）"购杏花村建课农山庄，以教民知稼穑之为先"，并为此而对杏花村精心加以修复。经史志学者考证，早年的杏花村位于"宽城子"以西约5华里处黄瓜沟上游的南北两岸。黄瓜沟乃南北两条天然溪水岸边的几个村落，两条溪水则在今儿童公园内汇流，风光优美。但因地形复杂，起伏很大，又水陆相间，耕作不便，遂被原业主刘殿臣将其经营成林地。《长春县志》载："其中遍植樱桃、李、杏等树，而又以杏为最多，故名之曰杏花村焉。"到20世纪初，俄国军人借口中国发生义和团运动，以"保护侨民"与"中东铁路及附属地建设"为名进入中国东北，而他们的骑兵正是毁坏了长春杏花村的罪魁祸首，杏花村"遭

---

① 《国闻周报》第11卷第6期，第4页。
② 《新京日日新闻》1934年2月13日。

其踩蛮,所有花木摧折殆尽"了。当时,刘殿臣已经濒临破产,无力重整家园,只好任其荒废。王昌炽就任长春府知府以后,购下这块土地,补栽榆、柳、樱桃、杏,并为已干涸的水池蓄水,重植菱、藕,又"建瓦舍三槐",还在南岸修座草亭、在池边设栏杆,在小房门前悬挂"课农山庄"匾额和一副对联,上联为"倚云枝艳,映日花娇,于此间游目骋怀,得少佳趣";下联为"新月镰腰,斜阳钜影,看遍地男耕妇磕,求通民情"。刘殿臣则被官府雇用,而留在杏花村"司培溉扫除之役"了。杏花村重建直到长春沦陷乃是城市一道靓丽胜景,可谓无人不晓。当年正在长春商埠小学读书的老作家萧军,1979 年还在《忆长韵》一文中记述自己在那个春夏之交,身穿童子军服装、打鼓吹号列队前往杏花村野游的乐趣。迄今,用灰绿色砂岩凿成的,高 167 厘米,宽 52 厘米,厚 18 厘米的石碑仍存,而由王昌炽幕僚秋元朗(字定之,浙江山阴人)撰写、另一幕僚史苗(字仙肪,直隶玉田人)书丹的碑文却已部分剥落,园地也逐渐被机关、学校和住宅占用,只剩下"杏花村路"这个名字了。

从 1932 年 3 月起,由日本关东军主持、满铁经济调查会和"满洲国"国都建设局共同制订"满洲国国都"的城市规划。"首要"的问题就是安排溥仪的"执政府",进而就是修建"新皇宫"。满铁经济调查会主张把它放在南岭,还专门收集了英国白金汉宫,法国凡尔赛宫、罗浮宫,德国卡尔斯瑞宫,以及华盛顿、堪培拉、新德里等地政府机关建筑的朝向资料,主张大门朝向东北;"国都建设局"则提出要放在杏花村,而且按北京故宫成例,坚持要朝向正南,以顺"南面称帝"之意。双方各执己见,相持不下。经过半年多的争吵,直到1932 年 11 月,由日本关东军参谋长小矶国昭、参谋副长冈村宁次出面仲裁,采纳了"国都建设局"的意见,确定放在杏花村且正面朝南。

溥仪利用原吉黑榷运局的门房作为"执政府",本是权宜之计。那里地址偏僻,环境不佳,建筑简陋,而且也没有改善的余地。及至 1934 年溥仪又要改换头衔,当"满洲帝国皇帝"了,"执政府"也随之改称"皇宫",杏花村也因此而成为"宫廷造营用地"了。

按当年城市规划,"皇宫"占地 51.2 公顷,相当于北京故宫的三分之二,分为四部分。南有一座矩形宫前广场,时称"国都广场",就是现在的文化广场。广场北面即今地质宫大楼所在位置,便是溥仪的"帝宫"。其第三层名为"正殿",设计为溥仪起居的地方。最北面即原杏花村北部,则是溥仪的"御花园"，还有为他准备的防空洞。除上述主要建筑外，还有若干供"宫内府"、"禁卫军"使用的附属建筑。

杏花村是一块南北长、东西窄的长方形地块，其地势南北较高，而中间较低，总面积200万平方米。"新皇宫"就建在北端最高的台地上，坐北朝南，象征着"龙首"，可以俯瞰南面的伪满国务院及各部建筑。把"登极祭天"大礼的礼坛搭在杏花村，因为杏花村当时地处长春郊外，且早已划在"执政府用地"之内了，可谓顺理成章。遂在杏花村西南侧赶修一座临时"天坛"——一个用冻土块堆成的圆形大土堆。又在其四周搭起四方形木栅，再用黄布包蒙，或能符合"天圆地方"的中国传统说法了。

24. 第三次"登极"典礼

1934年3月1日，溥仪在长春第三次"登极"，当上屈辱的傀儡皇帝。伪满康德皇帝"登极"大典共有三种仪式：郊祭仪式、"登极"仪式和飨宴仪式。郊祭仪式即在杏花村（今文化广场）搭台祭天，由于日本主子强调"满洲帝国"并非"后清"，不允许他按《大清会典》旧制办，所以这次溥仪争得能亲率宫廷仪仗队到搭天坛的地方——杏花村去举行登极祭天礼的机会真不容易，他当"康德皇帝"十几年中也只有这一次！

据伪满宫廷仪仗队队长李国雄口述，1934年3月1日上午7时50分，溥仪由宫内府大臣沈瑞麟、侍从武官长张海鹏等护驾，由缉熙楼经中和门，在勤民楼承光门前登上红色轿车，率卤簿车队出宫。

那天的卤簿车队，车序及乘坐者，在历史档案中留下了详细记录：一号车内有警正、督察官各一名；二号车内为掌礼官；三号车内为宫内府大臣沈瑞麟；四号车内有前引官；五号车内为警卫处长佟济煦、警务科长井上忠也；六号车内为侍从武官长张海鹏和侍卫官。随后则是由四辆摩托前后左右护拥之下的主车，即溥仪乘坐的红色大轿车。它后边跟随着16辆黑色小轿车，依次坐有扈从官、侍从武官、捧玺官、护军统领及"首都"警察总监修长余、警务司长长尾吉五郎、京师宪兵司令官德芳楞少将、"首都"警备司令王静修中将、吉长地区警备司令邢士廉中将、"新京"宪兵队长马场中佐和部分随侍、护军等。卤簿车队通过大同大街时,因为必须面对大规模的民众场面,更是警官林立,戒备森严。

大同大街左侧有驻"新京"的伪满国军、伪满各团体及部分市民,右侧为"新京"各学校学生及部分市民约数万人。先驱警车过后,马路两旁的人群鸦雀无声,卤簿车队到达时,这些被驱赶而来的奉拜者及民众,一起弯腰行九十度"最敬礼",溥仪在车中致招手礼。卤簿车队通过大同广场(今人民广场)后西行,8时15分到达杏花村顺天广场内郊祭场(今文化广场),这里临时用土垒起天坛,借以举行郊祭典礼,也就是告天即位古礼。

如此大场面的背后,折射的是当年日伪政府的确是把大同大街作为"新京"的中心和重心的。像登极祭天这样的"大事",虽然郊祭场已经搭建在杏花村顺天广场内,市民迎送的大场面,也还是要摆在大同大街上。从溥仪的角度看,他也是希望通过"大同大街"找到一些所谓的"皇上"威严,更是希望通过这条大街向人们传递一条所谓"皇帝又回来了"的信息。

在溥仪可以自己支配的一小撮力量中,"卤簿车队"算是一支较为独特的,为溥仪"出宫"时提供乘坐,以及用于护卫、礼仪的汽车队列。按照常理,它应该处处为溥仪增光添彩才对,可是它在溥仪第三次"登极"当"皇上"那天闹出了不少笑话,至今仍成为老年人茶余饭后的谈资。

溥仪就任伪满"执政"以后,认识到他是没有安全感的,遂立即着手组建"亲兵"——护军,设护军总队,队长由佟济煦兼任。其下又设三队:第一队队长吴天培,第二队队长李国雄,第三队队长刘某。护军共300人,来源有三,一为从天津带来原静园的护卫,多为沧州人,擅长武术;二为从东北招募的蒙古族人、满族人;三为由军事学习班训练出来的八旗子弟。溥仪的这支私人队伍,是其为恢复大清江山所苦心经营的一批军事骨干。到1934年溥仪称帝前,又以护军第二队为基础,成立了宫廷仪仗队。该队从生到灭只有李国雄这一任队长,它的全部活动都是李国雄领头。笔者1987年采访溥仪的亲信随侍李国雄先生(当年已经75岁),他讲述了发生在溥仪"登极祭天"那天宫廷仪仗队的两个不为人知的小故事。其实,当年从长春市民到溥仪手下的宫廷仪仗队、护卫兵,都没把"登极祭天"当一回事儿,谁能不知道那是假的呢!

溥仪当上了"康德皇帝",起初还满心想"作为"一番。他建立了宫廷的雄壮的军乐队、威武的仪仗队和浩长的"卤簿",他的日本主子对这些都很支持。

而且,他们要把溥仪本人也变成一件礼仪工具。作为象征性的皇帝,溥仪一天天地心灰意冷了。

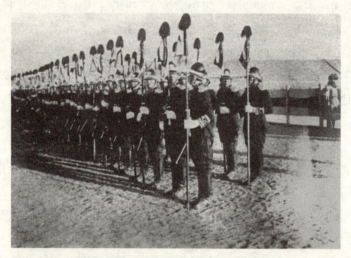

溥仪的亲信随侍李国雄统率的宫廷仪仗队

8时30分开始举行祭天礼,溥仪经日方允许在郊祭时穿用龙袍,从捧玺官手中接过国玺,交给司玉官,向神案三鞠躬,退下,即告礼成。

李国雄说,谁都没有料到,这次行动也出了事故,实在是个险兆。当时仪仗队是骑兵编制,实际无马可骑,参加祭天是用两辆运货大卡车拉去的。由排长带队上车,仪仗队员整齐排列在汽车厢板上,一律脸朝前站着。头辆车启动较稳,顺利开出了,第二辆一启动就把后排的一名仪仗队员甩到车下,当即摔伤,李国雄遂命人把受伤者急送医院,又下令让两辆车上的后两排人调转身体脸朝后,虽谈不上"一律",却避免了甩人。李国雄则单独骑摩托跟在汽车后面。到达杏花村,李国雄迅速整队迎候溥仪经过,平时把指挥刀竖立在鼻子处,溥仪抵达时横刀为号,全队人员手持标枪肃立甩头,等溥仪走过后恢复原姿势。

记得那天前往杏花村时,专有一辆"皇帝旗"车在卤簿前列开道,车上一名校官高举"皇帝旗",若干护卫兵侍立,神气十足。可是,祭天仪式刚结束,"皇帝旗"车返回休息地,那个掌旗的把"皇帝旗"随便一扔就不知上哪儿玩去了。李国雄见到当时场面很生气:一面"庄严"的"皇帝旗"歪歪斜斜地横扔在车厢边上,一半脱落到地。出于对溥仪的恭敬,李国雄赶紧过去把"皇帝旗"拾起,正正当当地放在车上。

长春大马路恰好见证了这些很有意思的历史细节。

1934年3月1日,溥仪经日方允许身着清朝龙袍,率随扈祭天大臣,走向杏花村郊祭场临时搭起的"天坛",登坛祭祀,第三次"登极"。

20世纪30年代初溥仪追求的是"帝制",是当皇帝。因为日本主子不认为"满洲帝国"是大清帝国的复辟和延续,于是,溥仪行"告天礼"时应怎样着装就成了问题。溥仪为了这一天,早就把先人的"龙袍"从北京运过来了,然而日本人却一定要让他穿"大元帅"礼服。争来争去,各让一步:祭天行礼时穿"龙袍",礼毕换装,着"大元帅"礼服下坛返"宫"。经过谈判,日本太上皇还许可他穿戴清朝皇帝龙袍举行"登极祭天"大礼,着实令他多了一番想入非非。

当天中午又在勤民楼二楼正殿举行"登极大典",将"满洲国"改为"满洲帝国",溥仪"登极"为"满洲帝国皇帝",改年号"康德","执政府"改为"宫内府"。参加式典者包括伪满中央机关"总理大臣"以下、简任以上官员101名,来自各省的简任以上伪地方官吏42名,关东军司令官菱刈隆以下高级日本官员62名,清朝皇族中保有爵位的王、公、贝勒等29名,蒙古王、公、贝子、郡王、

身着陆军礼服的伪满"康德皇帝"

扎萨克等 57 名,在长春的有勋位的旧官吏 34 名,外地老臣 102 名,共 450 名①。在式典上由捧诏官宣读溥仪的《即位诏书》。其中云:"所有守国之远图,经邦之长策,当与日本帝国协力同心,以期永固。"根据日方命令,走向宝座的溥仪没穿龙袍,身着特制陆军大礼服接受臣下的叩拜,一些对大清帝国怀有深厚感情的人当时就觉得像是受了侮辱。

飨宴仪式是 3 月 2 日和 3 日中午分两次举行的,第一次宴请日本官员,第二次宴请伪满官员。溥仪临席并照例发布一篇《敕语》,关东军司令官菱刈隆和郑孝胥分别致"祝词"。

当年美国好莱坞最大的电影企业——福克斯有声影片公司派人专程来长春采访溥仪的"登极大典",并拍摄了一部纪录影片。内容包括杏花村"登极祭天"和在伪执政府"勤民楼"里举行的"登极大典"。由并未承认"满洲国"的美国电影公司来拍摄,是因为日本当时还缺少可靠的有声电影技术。"康德皇帝"当年"登极大典"的真实活动影像也因此而永远留在历史之中了。

溥仪第三次"登极"仪式充分体现了日本军方的意志,说明伪满帝制一开始就奴性十足。

25. 第三次"登极"的影响

这次"登极"大典耗费甚巨,按预算费用为 2,614,395 元(据《满洲帝国政府公报》)。这还仅是祭天和飨宴两项的账面费用,更大量的支出并不包括在内。例如"献上品"一项,对老百姓的勒索就无法统计,而溥仪支付各种名目

①　《满洲国现势》,第 2—6 页,"康德"二年版。

的"赏赐",归根结底还是东北人民的血汗①。

溥仪第三次"登极"遭到中国人民的强烈抗议和世界各国的反对。

首先是三千万东北同胞身受其害,起而抗争。辽宁的一些城市中都发现了反对溥仪僭号的标语,旗帜鲜明:打倒奴隶称帝!② 在黑龙江、吉林、辽宁都有义勇军相继起事,安东(今丹东)附近的邓

"康德皇帝"《登极诏书》

铁梅部就在溥仪"登极"那天出击,与日寇、伪军血战一场③。还有的地方,人民采用合法斗争方式,为伪政府组织庆祝活动的时候,乘机揭露日伪丑类。

流亡关内的东北爱国同胞,也在溥仪"登极"之际发表了庄严的民众《宣言》,指出"溥仪之作执政、作皇帝,与伪号之为满洲国、为满洲帝国,其于傀儡戏剧一也"。坚决表示"日本能强占我土地,不能屈服我东北三千万民众的心,一息尚存,誓必奋斗到底"④。

长城内外、大江南北的各阶层人民,对于溥仪"登极"无不义愤填膺、一致声讨,广东和西南各省最先发出通电。3月2日,国民党政府立法院在南京开会,经过紧张讨论,决定向"中政会"提出4项建议:由政府发表《宣言》通告世界各国,重申不承认伪组织的意义,希望友邦予以同情并一致否认;由国府发布命令,让军委会出兵讨伐溥仪及其伪组织;为防范替伪组织效劳的汉奸活动,制定有关办法交军政机关执行;1924年推翻清室之举乃全国人民公意,应由政府发布文告,申述大义,昭告国民⑤。

在全国人民一致申讨的形势下,时任国民政府行政院院长兼外交部部长的汪精卫,也在溥仪"登极"的当天发表讲话,指说"溥仪诸人始终为他人操纵之傀儡,并无独立之人格",还振振有词地加以申明:"我国对于傀儡国之态度

---

① 《新京日日新闻》1934年2、3月间报道过大量实例。
② 《国闻周报》第11卷第1期。
③ 《申报月刊》第3卷第4号,第129页。
④ 《国闻周报》第11卷第1期。
⑤ 《国闻周报》第11卷第1期。

始终如一，决不因傀儡之形式而稍有变更。同时，欧美各国之不承认伪组织，亦已成为国际道德之铁律，亦绝不至因傀儡称帝而前后参差"①。曾几何时，这位大名鼎鼎的汪院长也走上了溥仪走过的道路。

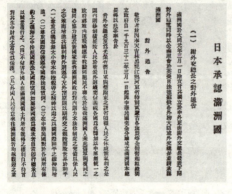

1932 年 9 月 9 日，日本政府发表承认伪满的《声明》

1934 年 3 月 11 日，国民政府针对溥仪"登极"一事发出《通告》，历数九一八事变以来政府在外交和军事方面的对策，其后乃以轻蔑的口吻继续说道："伪组织改称帝制，群情愤激，环请声讨，惟政府始终认定，此等傀儡初无独立人格，不成为讨伐之对象，而迹其卖国行为，自应以危害民国同科"②。然而，当时国民政府把主要精力用来对付共产党，基本国策尚未转到抗日的轨道上来，还不可能接受立法委员们的建议，调兵出关驱逐日寇讨伐伪政权，仅在《通告》之尾发出号召："凡我国人应引匹夫有责之义，懔精诚团结之旨，以卧薪尝胆之精神，做生聚教训之准备"③。

1939 年 1 月，溥仪派出伪满访欧使节团，韩云阶面见希特勒

---

① 《国闻周报》第 11 卷第 9 期。
② 《申报月刊》第 3 卷第 4 号，第 129 页。
③ 《申报月刊》第 3 卷第 4 号，第 129 页。

从国际上看,为这次溥仪"登极"唱赞歌的只有日本一家。英、美、法等国家没有一个出来捧场的。英国《每日电讯报》曾在溥仪"登极"当天评论其事,"称'满洲国'之命运仍在东京当局掌握中,其久远之政策纯系按照日本之利益形成,溥仪改制并无国际意义。所谓'天命'云云,系为对内作用,具有真正之力量者乃日本之意愿云"①。

在德国,希特勒已经上台,实际是日本的西方盟国。然而,他也不敢冒天下之大不韪,公开祝贺溥仪"登极",正像德国《科伦日报》所透露的,德国政府本来很愿意承认"日本在满洲之权威",但当看到"世界各国政府派代表参加僭位典礼者仅一日本而已,至其余各国对于满洲国事变仍表示极端保留态度"后,就把嘴巴闭上了②。可见,溥仪的第三次"登极"在世界上也是不得人心的。

---

① 《国闻周报》第 11 卷第 9 期。
② 《国闻周报》第 11 卷第 9 期。

第五章
"勤政"新宫

26.盐仓改成的"宫殿"——豪华监狱

1932年4月3日,伪满执政府迁入新修缮的原吉黑榷运局大院(今伪满皇宫博物院)办公。

中国是个古老的国家,历史上兴建过很多都城,兴建过很多宫殿。宫殿是历代皇帝的居所,因此都必须是所处时代最豪华的建筑,更是政治权力的中心。

长春虽说是个新兴城市,却也曾在历史的某个时期,被一些人士称作"首都",也有它的"宫殿",也称豪华,却不是发号施令的地方。与其说那里住着个"皇帝",莫如说是个囚徒,一个享受豪华待遇和崇高名誉的囚徒,他就是日本军阀的掌上玩物——傀儡皇帝溥仪。人们唤他作伪皇帝,唤他的宫殿作伪帝宫,这实在恰如其分。当然,也可以称之为豪华监狱。

当时,长春也是一个很小的城市。楼房很少,除吉长道尹公署、吉黑榷运署、中央银行、中国银行、交通银行、益发银行和孔庙等几处较好的建筑外,再没有好房子了。选来选去,相中了旧盐仓——吉黑榷运署,关东军决定就把它改造成为宫殿。因为那时溥仪只是“执政”身份,他的居所也就只能叫作“执政府”,而算不上“宫殿”。然而,“执政府”也罢,“帝宫”也罢,就其本质而言,一样是“豪华监狱”。

盐仓之“官”——缉熙楼　　　　　　　　盐仓之“官”——勤民楼

盐仓之“官”——怀远楼

前已述及,溥仪的专列开进长春车站,他看到站台上扯起“吉林八旗旧臣迎大清宣统陛下”大旗,便生出“回老家”的感觉。可笑的是,才不过几天,“回老家”的感觉就被“钻进新鸟笼子”的感觉取代了,这新的感觉可是让他着实体味了颇为漫长的14年岁月。溥仪在抚顺战犯管理所时回忆说:

在我爬上了头号汉奸——伪“执政”的交椅后,有一天,我忽然“逸兴遄飞”地想要到当时长春的唯一公园(西公园)——即现在的胜利公园去散步,于是便同我的爱人和两个妹妹坐上汽车逛公园去了。不料我这种"不告而出"的举动,却惊动了日本帝国主义的宪兵和警察等,他们便立刻大惊小怪地慌作一团,在刹那之间,就把这个公园,完全包在严密的警戒网中。成群结队的汽车、一批一批的敌伪当地官吏,都一齐由四面八方向这个公园"杀"来。我看到形势不对,便急忙坐汽车回到伪"执政"府。从此以后,我便在日本帝国主义分子的"善意"压力下,把我重又收入到长春的"新鸟笼"内,除了所谓"必要"的正式出门以外,一直到"八·一五"为止,我从来没有能够自由地走出过这只"鸟笼"一步。

27. 无法"勤政爱民"的勤民楼

从伪满皇宫兴运门入内,走过"宫内府"和西花园,再穿越迎晖门,眼前就是并列在西院内的三座灰色西式楼房,而第一眼便能看到的就是一座当中为天井的方形楼房——三座灰楼中的主要建筑勤民楼。这就是溥仪办理政务和举行典礼的场所,相当于北京紫禁城里的太和殿了。这里,也曾举行"登极"、祝寿以及宴会等庆典活动,但是没有北京那庞大的仪仗、庄严肃穆的中和韶乐和丹陛大乐的演奏,以及那午门之上的钟鼓齐鸣。溥仪对此也就无可奈何了。

勤民楼承光门

溥仪就任伪满执政时正值"春秋鼎盛"之年,雄心勃勃地要完成"复辟大业",曾对陈曾寿发誓说:"将忍耐一切困苦,兢兢业业,发誓恢复祖业,百折不挠,不达目的,誓不甘休。"于是,取"勤政爱民"之意,为自己的"金銮殿"确定了名号。

　　勤民楼的正门在南边,叫作承光门。溥仪常常在会见关东军司令官之后,就在这个门前的半圆形台阶上下,摄一张"协和"影,登在书刊、画报上。因此,这承光门也就成了一扇尽人皆知的"名门"。

　　从承光门入内,西侧是日本宪兵办公室和"帝宫"警卫处,而东侧是第一候见室,室内有两根圆形立柱,围绕它们摆着一圈儿沙发。除了关东军司令官可以直接上楼面见溥仪外,凡被召见人员都必须在这里等候。由于候见者有时很多,又往往各有所属,逐渐添设了3个候见室,都在一楼东西两边的房子中。

　　值得注意的是,在第一候见室的北墙中间有一道小门,它连通着"帝室御用挂"吉冈安直的办公室。室内的写字台、沙发等陈设虽然普通,可它们的使用者毕竟不凡。这间小屋与大洋彼岸的皇宫,与仅仅几华里远的关东军司令官,都保持着最直接、最紧密的联系。吉冈有时连晚上也住在这里,监视并指挥着溥仪的一举一动。

　　一楼东侧的房子中还有侍卫处、夫役室等,而比较重要的部门是侍从武官处。因为侍从武官处是以保护"皇帝"的人身安全为职责的,所以溥仪对这一机构的人选相当重视,以最亲信者充任。伪满第一任侍从武官长张海鹏就是溥仪最信任的人。人们知道,早在1917年张勋闹复

勤民楼吉冈安直办公室

辟的时候,张海鹏便同冯麟阁一起,由东北跑到关内参加"辫帅"的军队。后来复辟失败,冯麟阁被抓,张海鹏则化装出紫禁城,返回老巢新立屯。从此,溥仪视张氏为忠臣,准备起用。1931年11月间,溥仪观察东北政局以为有机可乘,首先就命族侄宪原、宪基,携带"密旨"到洮南张海鹏的驻军中,封张氏为"黑龙江大将军",命其督军北上,以求一逞。伪满成立后,年过六旬的张海鹏却笔直的挺立在溥仪身后,当上了第一任侍从武官长。

在侍从武官长之下,设侍从武官五人,这五人的级别都不低,按规定拥有少将或中校以上军衔的陆军军官四名和校级以上海军军官一名。侍从武官的职责是:第一,伪皇帝举行典礼时,如"特派式"、"亲任式"、"建国节"、"万寿节",或接见外国使节,侍从武官要在溥仪的左右两侧站班。溥仪每月的初一和十五要到"建国神庙"去参拜,这时侍从武官也随行伺候。第二,溥仪出访日本或到外地"巡幸",侍从武官都要随行,日夜不离身边。第三,每年年终侍从武官都要代表溥仪,携带慰问品,到日本侵略军驻地和伪军队、伪警察驻地慰问,向士兵宣读溥仪的"敕语"。

通过承光门内西侧的狭窄楼梯,登上勤民楼二层,处在侍从武官处上方的东侧大厅便是正殿了。棚顶用木板镶嵌,呈现为一个一个的方格;墙壁是绿色的,上面绘有金色团花图案;圆形窗户外面是一条狭窄的木制走廊;室内还装有四只日本六角形电灯,一拉开关满屋灯火辉煌;地面上铺的是红色地毯。五颜六色的殿厅,中西合璧的陈设,虽说华丽有余,却是庄重不足。溥仪的第三次"登极"仪式,就是在这间殿厅中举行的。当时,他坐在面南设立的宝座上。这个安放有两蹬台阶的台子上的"御座",既不是北京金銮殿中那样的紫檀木龙椅,也不是欧洲式软包沙发,而是兼有二者特点又叫不出名堂的东西。御座前面为丝绒幔帐,左右两侧各有一个小帽几。溥仪就坐在这儿接受百官的朝贺。

勤民楼勤民殿

溥仪"登极"之前,这里还发生过另外一件大事是不能不提的。1932年9月15日,日本关东军司令官兼"驻满特命全权大使"武藤信义和伪满总理郑孝胥,分别代表两国政府在《日满议定书》上签字,这个签字仪式也是在这间屋子里举行的。在这间不大的殿厅之中,却出卖了我国东北广大的山河。

二楼西南侧的一间房子被称作西便殿,亦称御学问所,是溥仪日常办公、学习和非正式接见日伪官吏、外国使节的地方,特任式也在这里举行。伪满官吏有特任、简任、荐任和委任四个等级,特任最高。凡晋升特任的官员都要走"特任式"的过场。其程序是这样的:举行仪式的那

勤民楼西便殿(亦称"御学问所")

天上午10时,官员来到勤民楼第一候见室等候。溥仪到达后,再由侍从武官导引新升特任的官员,由东门进入西便殿,向溥仪行九十度鞠躬礼,并接受溥仪授予的《特任状》,然后便从西门走出西便殿。仪式进行中溥仪并不讲话,整个仪式三两分钟就过去了。

既有西便殿,当然少不了对称而处的东便殿,那是溥仪用以举行一般仪式的场所。溥仪的一位侍从武官满丰昌介绍仪式的程序说:"当宫内有外宾觐见及举行特派式或授予式时,侍从武官长偕同侍从武官二人,侍卫长偕同侍卫官二人,到伪皇帝的寝宫迎驾,迎到西便殿休息片刻,再迎到东便殿作正式接见。在皇帝右侧侍班者为侍卫处长及侍卫官一名,左侧侍班者为侍从武官一名,右前方侍立者为宫内府大臣,左前方侍立者为国务总理大臣,仪

勤民楼的楼心天井

式完了送回寝宫。每日设一名值日武官、值宿武官。"

西便殿北边的一间房子就是溥仪的办公室。溥仪根据《易经》中"天行健,君子以自强不息"这句话把办公室命名为"健行斋"。伪满初建之时,他还真想在这间设有大写字台和文房四宝的房子里大展宏图呢!曾有一个时期,溥仪黎明即起,在健行斋坐等文武百官前来启奏国家大事。可是,纷至沓来的臣僚无非是"请安"、"贡献方物",绝口不谈"国事"。"国事"有日本在办,本来就用不着他们操心。如果送来需要"裁可"的文件,他也只能画"可",不许驳回或改动。既然在健行斋中并没有施展的余地,溥仪也就渐渐疏懒下来,索性不登办公室的门了。

再说说勤民楼的楼心天井吧!溥仪待烦闷了,就召一些可供观览的表演者进宫,有时就在这处规模不小的天井内表演剑术或摔跤,以博取掩盖忧愁的一笑。

28. 追怀列祖列宗的"怀远楼"

1934年,在勤民楼北边另建一栋新楼,并用一条空中走廊把两座楼的第二层连通起来。溥仪为新楼取名"怀远楼",顾名思义,可知此楼是为追怀列祖列宗而建。它落成后,溥仪便把原勤民楼北侧佛堂中列祖列宗的牌位,移到怀远楼二楼东侧,这里也就成了太庙。每逢年节溥仪便要穿上清朝朝服来到这里,而向列宗列宗牌位行三跪九叩大礼。尽管溥仪有心要作孝子贤孙,可是先人们能够谅解吗?白山黑水残破如此,国宝家珍流向东洋,真正的朝廷也早已失去,就在列祖列宗的眼皮底下,溥仪还要强颜欢笑,与日本人举杯碰盏,这无疑是先人们尤为难过的事情。

怀远楼二楼西侧并越过通道,连同勤民楼的西侧和北侧,在嘉乐殿建成之前一直作为"皇帝"赐宴的场所,溥仪为之命名"清宴堂"。堂内还设有奏乐的地方,赐宴时奏乐助兴。我们大家熟知的乐队指挥家、长影乐团指挥尹升山,便是当年宫内府乐队的成员。溥仪不但在这儿宴请过蒙奸德王,还违心地与曾刺杀其父的汪精卫同桌共饮,可想而知,那种场面又兴从何来?还有一件事值得一提:1935年5月2日,溥仪第一次访日归来,就在这间长形房屋内发表了所谓《回銮训民诏书》。此后 10 年间,伪满政府强迫全东北的老百姓,背诵诏书上的陈词滥调,并在典礼或集会的时候面对《诏书》鞠躬行礼。所谓"清宴堂"经此污染岂能不混?

清宴堂

　　怀远楼楼下还有几个宫内办事机构的办公室,如近侍处、"帝室"会计审查局以及掌礼处等等。总之,虽说溥仪建了怀远楼,可这位清朝大统的继承人,也实在难以供奉他的列祖列宗啊!

29. 溥仪的寝宫和婉容的冷宫——缉熙楼

　　勤民楼之南,正对着承光门的是中和门。这中和门就好像北京紫禁城中的乾清门一样,在伪宫内起着划界的作用:中和门以北称作外廷,是溥仪办公和典礼之所;而中和门以南则是溥仪的游息之处,它主要由两部分组成:东边是缉熙楼,西边是球场和花园。

　　"缉熙楼"是溥仪入住以后,根据《诗经·大雅·文王》"于缉熙敬止"句而亲自为之取名,它从此成为溥仪及其后、妃的起居之所,也是他一天到晚活动最多的地方。那么,当了 14 年傀儡首脑的溥仪及其后、妃,究竟住在一个什么样的地方呢?

　　这座灰色西式楼房共三层,不过,三楼只有一间库房,溥仪在那里堆放了一些木箱,内装无非是笔墨纸张以及折扇之类很不值钱的东西。因此,从实际利用来看,也只是一座二层楼房而已。

　　进入楼内,从靠北面的楼梯登上二楼,正对楼梯口南面的房间是溥仪的中药库。室内药架上摆满各类名贵中药。溥仪和药品有不解之缘,走到哪里便在那里建立药库,先储中药,逐渐连西药也大量购存了。据毓嵒回忆,溥仪存放的药品中,有治疗伤寒、痢疾和肺病等的特效药,后来又买了许多德国拜尔药厂出品的"洋药",如滋养药、消化药等。当时溥仪每天注射"司保命",真是"保命"有方。

中药库西边,隔墙就是溥仪的寝宫。室内布置富丽堂皇:四壁裱糊着带有圆形图案花色的淡绿透黄的绢缎,棚顶雪白,地毯是银灰色的;室内陈设的桌子、衣柜等家具都用深红色的硬木制成。真是五光十色,令人眼花缭乱。

溥仪的寝宫

家具陈设也相当考究,西墙北侧安一张写字台,桌上放着鸡血石印章和文房四宝,旁边设一把大型弹簧转椅。西墙南侧是大衣柜,其中悬挂溥仪穿用的西服、外套。衣柜旁边靠近南窗的地方摆着一个漂亮的铁匣子,内装伪满法令、文件,其中就有一份《帝位继承法》。正南靠墙是一张小桌,铺着织锦桌布。左右都有高座花台,桌前摆着活用卧椅。窗帘都是双层,在雪白的纱帘外面还有黑红两色不透光夹层窗帘,这显然是用于防空。东南角上装一架太阳灯,用了它,即使是在半夜,溥仪也能取得人工的日光照射。特别奇怪的是,就在这架太阳灯两侧,分别放着两具人体模型,其大小高矮简直和真人无别,颜色也和肉色一样。这一男一女两具裸体模型中,男的高些,颜色稍深;女的略矮,颜色也淡,平日总是各用一块黄布盖着。

溥仪的"龙床"已经洋化,再不用紫檀木的硬板床,而是一架带软垫子的咖啡色新式钢丝床。床上铺着两条毛巾毯,又罩一层绿底粉花褥单,还有一条红缎面、明黄里儿的床单覆盖。溥仪睡觉怕热,无论冬夏只盖毛巾毯,天热盖一条,冷时几条合用。床头还摆放着五个菊花囊倚枕,其中有只青缎枕是"明贤贵妃"谭玉龄亲手绣制的,溥仪十分珍爱。

"龙床"的附设用品也能反映溥仪的生活习惯:床头小柜子上除明暗度适宜的小台灯外,还经常放着做佛事用的念珠、自卫用的马牌小手枪和一台带唱机的两用超短波收音机。溥仪每天睡前收听广播,这是一架灵敏度相当高的收音机,夜静时可以听到格林尼治的报时钟声。小柜子侧面还装着三只警铃,都直通卫队:一为红色,一为白色,一为绿色,如果发生了最危险的情况,就可以按动红色警铃。小柜子前面还有一面用于遮挡"龙床"的屏风,在喷了黑漆的木架上,挂着绣有一枝梅花的绿绢围屏,一看便知是日本式的。"龙床"摆在寝宫的东南角上,东北角是一架穿衣镜台,镜台前面有一张咖啡色两屉木桌,桌上放着钢笔、手表、打火机等生活用品,就在这座"寝宫"之中,就在这座"龙床"之上,溥仪能睡得安稳吗?

溥仪在缉熙楼内还有一处重要的活动场所,那就是寝宫西面的书斋。这间房子原为溥仪的寝宫,他就任伪皇帝以后改为书斋,并精心进行了一番修缮。绿绢裱糊的四壁和深红色的地毯把房间映照得很有光彩。

从走廊入室,门右侧是一具咖啡色三层书橱,左侧壁画是日本著名画家渡边晨亩绘制的孔雀图。书橱上自然是摆满了《御批历代通鉴辑览》、《康熙字典》、《辞源》,以及随时观览的名人手卷、珍宝古玩,此外还有一个用硬纸装订的小册子,封面有溥仪亲题"大同盟册"四字。其中只记有溥仪的一个弟弟(溥杰)和三个妹夫(郑隤骏、润麒和万嘉熙)的名字。奇怪的是溥仪逃亡时也不忘记让人烧掉这个硬纸册,难怪有人怀疑溥仪要搞以复辟为政治目标的秘密组织。

书斋是二楼最西边的屋子,有扇西窗,窗下放一方形茶几。日本天皇的母亲在溥仪访日时送给他一只带有菊花和兰花图案的七窑烧景泰蓝花瓶,对这种恩赐品溥仪当然要表示敬重,于是就摆在这个茶几上了,瓶内还插了两根孔雀翎。茶几右侧有一装有粉红色印度绸灯伞的金龙蟠铜挂式立灯,再向右是一具两层雕花玻璃陈设柜,上层放着窑变瓷瓶、绿瓷花瓶和一只二十五层象牙雕刻圆球,下层是罐头、茶叶、糖果、香烟等生活用品。

书斋离不了书案,溥仪的咖啡色梨木雕龙八屉书案就放在正南临窗的地方。蓝锦缕金丝云龙桌毯上,压着厚厚的玻璃砖。左角设一盏古色古香的黄铜座灯,右角装有电话机一部。当然,文房四宝是绝对不能少的:梨木盒中的端砚;半圆形毛笔架;玻璃墨池;在大理石底座上安有活动喇叭口的日本式钢笔架；还有一个长方形的景泰蓝木盒。这个书案并非普通陈设品，而是在修缮这间书斋的同时，根据溥仪的要求特制的。书案后边摆一只云形高装弹簧靠椅，溥仪就坐在这把椅子上利用书案。

溥仪不但把日本天皇的母亲所赠花瓶摆进书斋，也把"帝室御用挂"吉冈安直绘制的山水墨画挂进了书斋。紧贴悬挂这幅画的东壁，摆一长条几案，杏黄色的锦缎台布上陈列着日本军舰模型和一个梅花小花瓶。

溥仪喜欢鲜花，在书斋东北角上摆满了花台，栽着不同季节的花卉，特别显眼的是有株小松树栽在豆青瓷的方形花盆里。

这里虽然是间书斋，但也设了宝座——黄褐色大绒的高装靠背椅，坐北朝南地安在北墙书橱前面。宝座之前还有一张咖啡色圆形茶几，铺着绿色丝绒桌毯，一套精美的景泰蓝烟具摆在上面。

溥仪精心布置这间从寝宫举步可至的书斋，是因为这里才是他经常活动的场所。正像勤民楼并不那么需要他一样，他也并不需要勤民楼。在这儿，他会见过关东军司令官，召见过张景惠等"总理大臣"和"各部大臣"，听取过"参议府"议长臧式毅面奏各种"敕令"。伪满著名的"思想矫正法"和"经济法"等迫害人民的反动法令，就是在这间书斋中走了画"可"的过场才公布出去的。今天回顾这间书斋的历史，是要记住它，用作反面事例教育后世人民，永远不忘过去的耻辱。

供奉观音铜佛和各种番佛佛像的佛堂

　　书斋对面是佛堂,供奉观音铜佛和各种番佛佛像,供桌、香炉和烛台样样俱全。奇怪的是这肃穆的佛堂里却悬挂着溥雪斋的《八骏图》,置放着欧式沙发和黑色钢琴。溥仪信佛至笃,可是他早晨总是起不来,只好让毓嶦等侄辈代行上香和跪拜。不做佛事时神佛们还可以欣赏"皇帝"演奏的悠扬琴声……

　　溥仪十分注重仪表、衣饰,把走廊西头的小屋辟为理发、刮脸专用房间。在用水绿色瓷砖镶嵌的地面和四壁以内,有升降理发椅、玻璃砖穿衣镜、大型消毒器,以及洗面、漱口的全套设备。

　　除了理发室,溥仪还有一个白瓷砖铺地的卫生间,就在寝宫对面。其中浴室部分还一般,无非是白搪瓷浴盆、沙发式弹簧床和装浴洗用具的壁橱等。厕所部分就显得特殊了,抽水马桶旁边安设一个木桌,放着报纸、杂志。如厕的"皇上"不但在"恭桶"上看报,还要利用"恭桶"旁的木桌办公呢!他让人把必须签字画"可"的文件径送这个拉屎的地方,看也不看,只管挥笔画"可"。奇事不奇,无非是反映了溥仪在政治上的抵触情绪。他不满于傀儡地位,无可奈何地采用特殊方式发泄怒气。溥仪从奏事官手里接过文件,画上"可"字,便随手一扔,再让侍从一张张拣回。倘若没有怒气为啥满地乱扔?

　　缉熙楼二楼西侧属于溥仪的起居生活圈,这里的房间、陈设,几乎都能从某一个侧面反映傀儡皇帝的思想、情绪和爱好。当然,这里也不能没有伪装,那种时候不装扮自己连一天也混不下去。

　　溥仪陈放在走廊角落里的一对康熙五彩古瓷瓶就是政治装饰品。每年当日本樱花盛开的时候,天皇裕仁的母亲总是派人乘专机来向溥仪赠送樱花,这对瓷瓶便是用来插放樱花的。人们一跨进走廊立即能嗅到日本气味,犹如一眼可见脸面上的胭脂。

　　按道理,缉熙楼东侧相当于北京紫禁城中的坤宁宫。人们知道:坤宁宫曾是婉容和溥仪

伪满"皇后"婉容

结婚的洞房,然而,那座初建于明代永乐年间(1420年)的宫殿,也是明朝末代

皇后（崇祯帝的正宫娘娘）吊死的地方。婉容作为清朝的"末代皇后"虽然没有吊死在坤宁宫内，却在长春的缉熙楼东侧的软禁之中，耗尽了她美好的青春年华。这里，楼上是婉容的卧室和化妆间，楼下有她的书斋。她在这儿起居，在这儿听取师傅陈曾寿的"进讲"，一切活动都在这儿。然而，这里绝不是她的幸福归宿，正是她的冷宫，洒满了她的血泪！

缉熙楼二楼东侧是婉容的寝宫

缉熙楼西侧楼下另有一个大房间，那是婉容不得涉足的地方，又是她一见就生气的地方。1937年以前，这里本来是溥仪的召见室，溥仪正式接见臣僚是在勤民楼，而在这里召见的人都是比较亲近的，能说几句私房话的，属于非正式接见。1935年冬天，溥仪在这里接见蒙古王公德穆楚克栋鲁普，他们针对日本主子的牢骚对话竟完全被吉冈安直探知。从此，监管溥仪的人不允许他在这里召见人员了。一年以后，这间屋成了"明贤贵妃"谭玉龄的卧室。西侧的笑影，东侧的泪人，鲜明地映照出缉熙楼这个悲惨世界。谭玉龄死后，溥仪的恋情不灭，为了纪念贵妃，将她的卧室原样摆放，闲置不用。其实陈设很简单：南窗之前放一张床，悬挂着芭蕉叶式的幔帐；北面摆一张赐宴用的小桌。此外并无贵重物品。

30. 让溥仪疑神疑鬼的"同德殿"

"同德殿"是伪宫东院的主要建筑，自1935年开始设计，至1938年末落成。关于修筑这座宫殿的原因，其说不一，溥仪的随侍李国雄的说法接近准确。他说是吉冈安直最早提议的，认为在杏花村正在兴建的新宫殿一时难以完工，因此应该在现有的"帝宫"附近先修一座小型宫殿。溥仪对此并不赞成,他说:"有盖这房子的钱,还不如办教育或慈善事业"。吉冈却不以为然,又一次次地提出,都被溥仪拒绝了。最后吉冈竟说:"皇上不愿意在这儿盖房子,可能是不愿在这儿住了吧? 要回北京吗? 如果是那样,明天就送皇上回去好了!"吉冈显然已经采取了威胁的手段,溥仪也不好再拒绝了。

同德殿全景

两三年以后,一座屋顶为黄色琉璃瓦的中日合璧式二层建筑新宫殿,在勤民楼东侧落成。溥仪还是违心地给它起了一个名字叫"同德殿",是表示"满洲国"要与日本"同心同德"的意思,其实从开始建这个楼,溥仪和日本人就并不"同心",更不"同德"。毓嶦举了一个实例,证明溥仪确有很大的疑惑。有一次,溥仪看见新宫殿内安设的冷气装置,就像一个大口袋似的,上边还有一个口子。溥仪想:窃听器一定是安在这里边了,于是颁下一道"上谕",让随侍李国雄拆开检查。心灵手巧又善于摆弄机械的李国雄查了半天,却什么也没有找到,但并没有因此而解除溥仪的怀疑。他自己不搬过去居住,也不准婉容或谭玉龄迁入"同德殿"。

通过正门前可以停放汽车的雨廊,进入楼内,西侧南屋为候见室,凡来觐见溥仪的人先在此等候,溥仪外出前也常在这里稍坐,还曾在这儿接见眷属和亲朋,出候见室便可看到一东西走向的长方形大厅,在红色的地毯四周以鲜艳的菊花和盆景点缀,北面还摆放着钢琴和沙发等,每逢节日溥仪在此举行家宴。

由大厅向东,登上台阶便可进入叩拜室。室内西墙正中立一大型屏风,屏风前设有带靠背扶手的黄绒宝座,宝座前有一书案,书案前的地毯上铺一张白色熊皮。每逢节日,溥仪的"后"、"妃"、弟、妹,以及族侄等,都在这里向溥仪恭行叩拜大礼。

同德殿一楼叩拜室

从叩拜室出东门便进入九龙门内的暖廊,其北侧并列几间小屋,从西向东第一间屋为"便见室",就是在叩拜室正式接见后,来此落座便谈。溥仪每月三次例行接见关东军司令官,每周一次例行接见伪满总理大臣等,都在这里进行。日本神官还曾在这儿向溥仪进讲"神道";第二间屋为"中国间",室内陈设的红木桌椅都是中国传统的,有一张雕花桌子和太师椅,桌面上镶嵌一块大理石,摆放有乾隆御笔的翡翠如意。溥仪常在这里接见载涛等皇族人员,也常与吉冈安直在此谈话。第三间屋为"钢琴间",除室内右角上摆设一架钢琴外,还有一些日本装饰物品。北墙前有一架米黄色屏风,上有白色的樱花,那是裕仁天皇的皇后赠进的礼品,另外还有日本武士的盔甲、刀剑和人形等艺术陈设品。第四间屋为"台球室",正中设球台一座,靠西墙有球杆架和计数器。第五间屋即最东边的一间,就是所谓"日本间",日本的政治设计师们精心安排了这间屋。当然是要说明,这伪满的"帝宫"不同于中国的历代宫殿。这或许也能算是"帝宫"的特点,然而它不仅是溥仪的耻辱,也是中国人民引以为羞的事情。日本间内完全是东洋陈设:进门为两张席子(两张单人床大小)的前廊,进出者在此脱鞋,其后是日本式间壁和拉门,拉门内即是八张席子的标准日本房间。席子中间设一深红色方木桌,两边各有一只灰色的方形坐垫。西南角窗前放一副围棋厚木桌,有全套围棋设备,墙上悬有腰挂——日本刀两把,刀裤是黑漆带金花的。西墙上挂一幅日本画《红太阳和水》,北墙上挂着吉冈安直的作品《龙虾》。在一个角落里的红色架子上,摆着日本武士的盔甲和弓箭各一套。然而,溥仪从来不在日本间中活动,他对整个大殿都怀有疑虑,何况这个色彩更为分明的房间了。

出叩拜室北门,走廊对面便是电影厅,设计时本来是要作赐宴场的,因为溥仪提出看电影,又临时改变。但也在这里举行过宴会,"同德殿"落成典礼赐宴群臣便是在此举行的。几年间也演过一些"满映"拍摄的故事片,但多数为时事短纪录片,如《满洲建国节实况》、《皇帝陛下锦县地区御巡狩》、《皇帝陛下东部地区御巡狩》、《皇帝陛下御访日》、《满洲国建国史》、《灿烂之满洲国》、《满洲国皇帝陛下南满御巡狩》、《皇帝陛下东部地方御巡狩第二报》、《皇帝陛下御临军官学校开校式》、《建国十周年建国节》、《宫廷府的造营》、《皇帝陛下西部地区御巡狩》等,这些影片显然都是纪录溥仪的傀儡政治活动的。还有一部《建国九年国势跃进》摄于1941年3月,把九一八事变、伪满建国、签订《日满议定书》和伪皇帝"登极"等历史过程都拍了进去。

同德殿的二楼是为"皇帝"和"皇后"准备的生活起居区,但一直空闲着,直到李玉琴入宫,才在过道南侧为她设置了客厅、梳妆室、卧室和书房等,这便是她入宫二年的活动范围。有时闷了,也能到阳台上观看院内的风景,但这阳台也被扣上了有机玻璃罩,可以说是密不透风。这里还有一处玻璃镶制的紫外线室,里边摆放着竹藤沙发,冬天晒太阳,夏天乘风凉,也是一件宫廷新事。

同德殿西北还有一座可容纳数百人的宴会大厅——嘉乐殿,在节日或重要纪念日摆宴,关东军将官以上官员来到长春时也要开宴。有资格入座的,是伪满特任及简任官吏,荐任官只赐酒,不赐餐,叫做"冷餐立食"。放在溥仪面前的饭菜,虽然在花样上与宴会无别,却是由御膳房单做的,而且给他上过的菜,不许再拨给别人。每上一道菜,还要奏一次乐,宴会的酒水主要有香槟酒、红葡萄酒、白葡萄酒及日本名酒等。宴会结束时对赴宴者有赏赐,起初每人一枚白金扣,后来给杯盘等餐具或给烟酒等食品。只有级别高的小型宴会出席者才能得到"皇上"赏赐的"御照"一帧、"御笔"一支。

在伪宫东院同德殿北侧有一座灰色小二楼,是溥仪存放从北京故宫密运出来的珍贵典籍和手卷的地方,此即"小白楼"。在同德殿南侧则为溥仪修造了一个专供赏玩的小花园,有假山、假瀑布和小桥流水等,还在同德殿东侧修造了一个很小的游泳池。到伪满后期又在花园内偏东一侧修造了反映战时特点的钢筋混凝土结构防空地下室,溥仪逃亡前那几天,钻来钻去的还真没让这个洞子白修一场。不过,1940 年 2 月在伪宫东院东南角上兴建的"建国神庙",在供奉几年日本天照大神后,便被伪满祭祀府总裁桥本虎之助亲手付之一炬了。

第六章
样式"康德"

31. 从长春中轴线——"大同大街"说起

今天的长春市主干线——人民大街,在伪满年代因袭用溥仪的年号而被称作"大同大街",并不是一条孤立的大街,它是一条可以见证中国历史百年变迁的重要街路!也正是溥仪在长春14年中度越最多的街路。

从历史上看,"大同大街"是一条承载着沉重历史的街路!它的修建是在日俄战争中获胜方日本取得"中东铁路"长春以南的权益后,日本侨民大量涌入长春的背景下开始的;它的初步发展是在日本妄想把长春作为其殖民统治中心的侵略意图下进行的;它的痕迹中有着国民党军队破坏街路、妄图阻止人民解放军解放长春的影像;它的复苏与繁荣写下的则是新中国尤其是改革开放以来所取得的伟大成就。

从政治上讲,"大同大街"是日本侵华最直接、最形象的罪证!它最初的900米在当时有一个日本味极浓的名字——"中央通";它在伪满时期的规模化发展更是日本侵华抹不去的罪证,街路两侧至今仍然存有大量伪满建筑,这些建筑规模之大、用工量之巨、劳民伤财之重、用途之广泛,足以反映出日本对中国的政治、经济等方面侵略是全方位的。

从自身上议,"大同大街"是 20 世纪"殖民地首都"规划的典范,也是长春城市建设现代化的源泉。它依地势起伏沿街建起了 6 座公园,它揭开了长春"大马路、圆广场、四排树、小别墅"的城市格局,它是长春最早铺设沥青柏油路的路段,也是长春第一条应用路灯、排水等先进设施的街路……可以说,百年间,人民大街的所有显著变化都是那个时代色彩的彰显,它对于这座城市的重要性,已经不言而喻了。

在长春的历史上,伪满是一段不能回避的历史。谈及"大同大街",也必然要有这方面的涉猎,尤其是那一时期有关重要人物与这条街路的种种故事。这使我们想到了以傀儡皇帝溥仪为代表的伪满高层人物与"大同大街"之间的故事,并力图通过如"康德皇帝"与"大同大街"这些图文并茂的历史故事,折射出那个灰色时代的政治音符和民生万状。希望能给渴望了解伪满历史和长春人民大街风情的读者一点启迪。

与"大同大街"同样拥有厚重历史内容的另一条街路即"大马路",作为古老的历史街区,在长春成为伪满洲国"首都"而被称为"新京"的那 14 年期间,它也见证了"康德皇帝"的某些重要历史片段,留下了日本军国主义侵略我国东北抹不掉的印迹。

当年,溥仪不过是位"笼中天子",被闭锁在长春东南一隅高高的围墙之内,只有两种出宫的机会:一是赴外省市视察,叫做"巡幸",每年都有一两次;二是在长春市内活动,如定期前往孔庙祭祀、前往"建国忠灵"庙祭祀日本侵略军亡灵、出席"协和会"或其他会议的开幕式等,这叫"御临幸"。

溥仪"御临幸",大多是要经过或横越大马路的,其卤簿车队出宫后一般都要经过长通路、七马路、朝日通(今上海路),再东行或西行,也许顺行大马路,也许直向"大同大街"。他回忆在长春这两条主要街道上所见所闻时,竟是用"百鬼昼行"这四个字来形容的。由于长春人民的反抗和斗争,作为傀儡皇帝的溥仪穿街越巷之际,也总是提心吊胆,那时他也可怜,出门即有杀身之虞,不得不严加防范,害怕遭遇不测。溥仪在抚顺写的交代材料中有这样一段文字:

　　既然是想拿我当作城隍出巡式的一个传布迷信的偶像,当然每当我一出伪官内府的大门,那种大吹大擂的排场、那种水泄不通的警卫、那种人为的"太平景象"等等,便要弄到既可恨又滑稽的地步。例如我所到之处,按照当时惯例,除伪政、军各机关单位必须在指定地点排列迎送外,当地伪妇女团体、学生团体、市民以及宗教团体等,也都要在敌伪警察宪兵强迫下,被驱往指定地点去迎送我。不管是严寒酷暑,也不管是风雨雪雹,都得在敌伪军警的严密警戒网前,一个个排成夹路而立的两层"人垣"。当我通过时还得一个个地把头垂到小腹之前,双眼直视各自的脚尖,一齐向着连影子也无法看到的我,行一个恭恭敬敬的90度鞠躬"最敬礼"。

在伪满年代,长春不但有袭用溥仪年号作名称的"大同大街",还有袭用溥仪年号作名称的"大同公园"(今儿童公园)。1935年3月8日上午10时半,溥仪"临幸"伪满政府在长春"大同公园"举行的"建国慰灵大祭"祭场,为侵略战争中丧生的日伪军招魂。由伪总理大臣郑孝胥主祭,受祭者为日本军队和伪军中阵亡将士共6540人。为此,头一天还举行了"建国慰灵大祭"的招魂仪,似乎扬手之间亡灵真能飘然而至。

伪满政府的参议、大臣,伪总务厅长远藤,次长阪谷,关东军的司令官南

清朝遗老遗少向溥仪恭行三拜九叩大礼

1935 年 3 月 8 日,溥仪亲临在长春"大同公园"举行的"建
国慰灵大祭"祭场

次郎、参谋长板垣,驻满海军部司令官津田、关东局总长长冈等头面人物都到
场了。日本天皇"下赐"的花圈和各方面所赐的花圈和贡品摆到左祭坛之前。
10 时 30 分整,鸣炮开祭,郑孝胥向祭坛上的灵牌施礼后致祭辞。10 分钟以
后,溥仪带着一大帮人前呼后拥地来了,他亲临祭场、进香、奠爵、朗读了一篇
《祭文》,又向灵牌拜了几拜,前后用了 5 分钟时间,10 时 45 分溥仪便"打道"
还宫了。接着是南次郎致祭,郑孝胥致祭,遗族代表及官方、军方、警察、学生
等各方代表参拜,一直折腾到下午 4 时才散。当天,溥仪收到日本天皇的"宸
电",对溥仪亲临慰灵祭"不胜感铭"。溥仪当然马上回电,对于天皇的"亲电"
"不胜感谢之至"。

32."康德皇帝""统监"的伪满陆军特别大演习

　　1934 年 10 月,伪满洲国实行所谓的"帝制"刚刚半年,心急火燎地当上皇
帝不久的溥仪就举行了陆军特别大演习,以所谓"康德皇帝"身份,亲自"统
监"了这次为时三天的演习。

　　演习的前几天,伪宫内府还发表了所谓关于"皇帝行幸"的《布告》,对溥仪在演习中的行止做了精确规定:"皇帝陛下""统监"陆军特别演习三日:13日行幸大屯,午前 8 时 10 分启跸,正午 12 时 15 分回銮;14 日行幸南岭,午前8 时 20 分启跸,午后 2 时回銮;15 日行幸观兵场,午前 8 时 40 分启跸,10 时零5 分回銮。这就是说,溥仪已经把这次所谓演习最重要的部分摆在"大同大街"上了:10 月 14 日在"大同大街"南端南岭运动场举行赤、蓝两军"决战";10 月 15 日,即军事演习最后一天,在"大同大街"上举行特别演习观兵式,溥仪的所谓"御座"就设在"大同大街"北段路西的"新京神社"(今省政府幼儿园)对面。演习的最后一个节目是"赐宴",场地设在西公园(即今胜利公园)所谓的"忠魂碑"前面。至于演习细节,在档案资料和亲历者口述史料中都有保存。

溥仪在大屯阜丰山顶野立所"陆军特别大演习"展望台上

　　第一天:冒雨观"景",草草了事。

　　10 月 13 日上午 8 时 10 分,日本关东军司令官菱刈隆假模假样地把溥仪的车队护送到"新京驿"(今长春站),8 时 25 分换乘特别列车,8 时 50 分抵达大屯阜丰山半山顶临时搭起的"陆军特别演习观察所",听取时任伪军政部大臣张景惠和伪军政部最高顾问板垣征四郎介绍"战斗"演习的情况后,演习在9 时 30 分开始。参加这次可笑演习的伪军,主要有伪吉林部队、伪新京部队和伪奉天部队,共约一万人。

　　溥仪的大随侍李国雄奉命专门为"康德皇帝"拍照并摄制电影,所以有机会获知某种花边新闻,并能看到也许是别人不易看到的小景。

李国雄回忆说:"我携带照相机和电影摄影机,同乘溥仪的专列抵大屯。我抢先下了火车,立即把照相机对准溥仪下车的车门,顺利抢拍了溥仪下车的镜头。接着,又用电影摄影机摄下溥仪步出站台的场面。当我转身奔到摩托跟前时,管车人已按我的嘱咐启动了摩托车。我跨上摩托,沿着刚刚铺垫了黄土的道路,直奔阜丰山阅兵场地。从是日凌晨起,这条临时'御路'就由军队严密把守、全线戒严了。当然,由于身负特殊使命,我奔驰于皇帝的汽车前面,居然无人阻拦。"

那天所谓演习的高潮是伪军赤、蓝两军在午前 11 点为夺取大屯阜丰山而发生了假想的遭遇战。赤军的任务是"占领新京",他们在 12 日晚上被运到陶家屯附近宿营,再由那里北上;蓝军的任务是"占领公主岭",他们从下九台一带南下。等到预想的遭遇战打响后,所谓的赤军骑兵部队"占领了阜丰山",而所谓的蓝军开始攻山,大炮、机关枪响成一片,"两军"对峙约半小时,蓝军便草草退却了。

溥仪观看演习的地方在一处山坡上。李国雄到达后,随即把摄影机对准了"检阅台"。当时,溥仪身穿军装、足蹬马靴、腰间竟然挂着日本军刀。那天下着蒙蒙小雨,站在雨中的溥仪为了保持所谓的威仪,眼镜片淋湿了也不能用手去擦拭一下,够遭罪的。

当年一些"媒体"也吹嘘"演习"的细节:

> 九时半,"陛下"于展望台手持望远镜御观赤、蓝两军之对阵。两军将士士气昂昂,前进,又前进,于炮火之炮击援护下突击。午前十时二十分,战斗愈加激烈,于惊天动地之喊声中,蓝军势如破竹逼近赤军,展开白刃战。"统监部"吹起演习终止之喇叭,时正十时四十分,上午演习终了。

第二天:重机枪小钢炮,都是破烂货。

10 月 14 日上午 8 时 20 分,溥仪由张海鹏、沈瑞麟陪乘,郑孝胥、张景惠等扈从,出现在"大同大街",开始又一番表演。8 时 40 分溥仪抵南岭运动场观察所,观看在那里继续举行的"演习"。无非还是所谓炮火掩护下的"两军"决战。只见赤军全力进攻,蓝军也不时地发出攻击,一攻一防,正"厮杀"得难解难分,指挥者却故意在这时传下休战的喇叭声号令。

溥仪按照预定项目,来到伪骑兵第一旅兵营内的统监部作秀。在营庭讲评所听取某"军事专家"讲评后,也发表一篇"敕语",无非是嘉奖、勉励一番,野战演习就此结束了。

负责拍照的随侍李国雄,在演习的第二天也抓到"花边新闻"。他回忆说:"第二天在长春南岭看两军'决战',溥仪似乎也挺有兴致,又找来几个下级官兵以示'关怀',他们是属于红军的第三教导队中尉胁本彰、步兵第三团少士岳志信和上等兵史义和,溥仪看看他们兵器和背包中的食品,问了几句话,竟然还把这几个人弄得惶恐不安,不知该怎样回答'皇帝御下问'了。"

溥仪在"新京"南岭统监所观看赤、蓝两军决战

为了拍到几组所谓伪满陆军可笑的"英姿",李国雄还沿路寻找,在一挺重机枪前面停了下来。那是水冷式的重机枪,前头呈圆筒状,还带个小嘴。在当时的伪满军队中,也属于重型武器,算最先进的了。

"赶快躲开!我们马上就要执行射击任务。"站在机枪后边的伪满军官说话时竟然还露出骄傲的神气。

李国雄是"御前侍卫",当然不听他的,一心一意还想摄下重机枪吐火舌的"壮观场面"。演习开始了,李国雄屏住呼吸,单等那个伪满军官扣动扳机。扣机了,却"嘟"地一声,只有一个单发。军官脸上的"神气"顿时消失殆尽,左鼓捣、右鼓捣,急得他脸上直冒汗,不一会儿,他又一次扣机,"嘟"地一声还是单发。如此持续了半小时,李国雄也没抢到"重机吐火舌"的镜头。这时,李国雄才知道,原来伪满军队的武器都是破烂货!即使这样,疑神疑鬼的日本侵略者还是不放心,一两年后干脆把伪满陆军中的重机枪和小钢炮给撤了。

李国雄说:"那几天的报纸大肆宣扬这次'演习',赤、蓝两军'决战'难解难分、受检阅部队'英姿焕发'云云,我看了不免心中暗笑,实在是愚弄我们中国人。"

第三天：伪军列队为法西斯招魂弄鬼。

10月15日上午8时40分，溥仪在伪宫内府官员扈从下乘车出宫，10分钟后到达"大同大街"所谓的阅兵式场。这是这次"演习"第三天，在"大同大街"上举行"观兵式"。溥仪的"御座"设在"大同大街"北段路西的"新京神社"对面，明眼人不难看出，这场所谓"观兵式"其实是给那些侵略中国的日本法西斯招魂弄鬼的。

演习最后一天，溥仪在检阅台上听取诸兵指挥官王静修的"御前"报告

首先，由检阅诸兵指挥官、伪军政部次长王静修向溥仪"御前"报告说，"观兵式"即将开始，请"皇帝"和在座的日本关东军司令官菱刈隆、参谋长西尾阅兵。于是，溥仪与日本军官开始"检阅"伪满军队，十分滑稽十分可笑。随即，溥仪乘车沿"大同大街""检阅"，张景惠、张海鹏、王静修等紧随在后。溥仪"向诸兵赐举手礼"，直到"新京神社"前，溥仪下车。9时30分伪满军队开始表演分列式，王静修挥动指挥刀，军乐队演奏《行进曲》，伪靖安军第一团为先头，教导队和骑兵诸兵种共五千余人，按次序分列，踏着军乐的旋律，在已被乌烟瘴气的"大同大街"上耍威风。

然而，这还不是伪满陆军特别演习的句号。"演习"的最后一个节目是"赐宴"，场地就设在西公园的"忠魂碑"前面，所谓演习统监部的全体人员，还有什么参加演习的将校，和在"新京"的日系、满系高级官员共500人，得到所谓"赐宴"的"殊荣"。

中午11时15分溥仪再次出宫，5分钟后来到"大同大街"西公园的"赐宴场"。当然，溥仪到场只是象征性的，点点卯，奏了一曲所谓的"国歌"，举了一下酒杯，前后不过20分钟便扬长而去。之后，伪官员们便无所顾忌地大吃二喝了。

这次所谓的演习结束了，却还有一段插曲：大屯的娘娘庙里有个好事的和尚，他向伪县政府倡议说，"皇帝"在我们这儿观看了演习，这是很大的"荣耀"哇,应该以"皇帝"瞭望过的大屯野立所为中心,向四外扩展300坪,树立一个纪念碑。在当时,这样的建议当然没有人敢反对。不过,人民对此却仇恨太深,伪满一垮台就把它砸得稀巴烂,并予彻底铲除,以至于今天想到那里寻寻踪迹也根本办不到了。

33. 祭拜两陵,登"小白山"

1934年10月19日下午3时,溥仪这位"笼中天子""巡幸"奉天(今沈阳)东陵,祭奠他的先祖、清朝开国皇帝努尔哈赤。

在一片葱绿的苍松翠柏间,走着一位身穿元帅礼服的"皇帝",溥仪知道:祖宗不会愿意见到如此打扮的不肖子孙。于是,他进入陵区前先到更衣室换穿清朝袍褂,再入隆恩门,沿神道过明楼,在祖宗坟前行三跪九叩大礼。礼毕,登隆恩殿,摆供、进香、默祷,最后举行"送燎仪式"。全过程用了一小时。

离开陵区时,溥仪再脱去清朝袍褂,仍换上元帅礼服。这倒不是溥仪愿意,他怎敢违拗日本主子的意志? 人家说了:"满洲帝国"并非大清帝国,在公众场合"皇帝"只能穿用军礼服。

约四时半许,溥仪的车队开抵临时设置的"行宫"——伪第一军营区司令部驻地。接着便是例行公事:由伪奉天省长臧式毅和伪第一军管区司令官于芷山奏报省政和军情。他们讲吏治民情,说治安"讨匪",又献上一篇"奉迎文",全属胡说八道。好在费时不多,全过程不足半个小时,因为溥仪累了。不过,他还要坚持到晚宴之后才能上床睡觉。

第二天,即10月20日上午9时20分,溥仪离开"行宫","临幸"奉天省公署。先在省长室召见省长以下、简任以上大员共49名,继而在民政厅谒见室赐予350名荐任以上官员以拜谒的机会。为了减少啰嗦,也不单独行礼,让这些人一块儿鞠几个躬也就算了。

半小时后溥仪来到与沈阳故宫东邻的太庙参拜,继又驱车前往太宗文皇帝长眠的北陵,在那里举行与东陵同样的谒陵礼、大飨礼。

为了显示"皇帝"的仁德,溥仪在离开奉天之前,还派遣侍从武官分别到卫戍病院慰问伤员,到"忠灵塔"祭祀亡灵。特别有趣的是他还向事先调查出来的奉天县内 231 名 80 岁以上的老头老太太赏赐了果盒。

当天中午,溥仪的专列就北行"还宫"去了。

吉林市是旗人集居之地,溥仪每到这里都会受到遗老遗少们狂热的欢迎,他们称呼溥仪为"我们的皇帝",并向他奉献厚礼。据载,溥仪这次"巡狩"吉林得到的进贡有:豹皮、虎皮、梅花鹿和鹿茸、仙鹤、老山人参等等。

溥仪是在 1934 年 10 月 24 日早晨出宫的。11 时许,一阵殷殷的"皇礼炮"刚刚响过,便从吉林车站站台上停着的专列中走下一位身穿陆军通常礼服的高贵的青年人,他踏着纷扬的初雪步出站台。十几分钟以后,载着这位"皇上"的车队驶抵伪省公署。

1934 年 10 月 24 日,溥仪"巡幸"吉林市西南的小白山

这座公署大楼便是著名的吉林行宫。最早为康熙年间的吉林将军昂帮章所建,康熙二十一年清圣祖巡视关东,曾亲为命名"将军府"。至乾隆十八年由当时的吉林将军单奈重修。其后,乾隆皇帝两度东巡,均以此处为行宫。这之后,行宫在乾隆三十年和光绪十六年两次被焚,又两次重建。

溥仪到达行宫,下车伊始便派遣一名"敕使"前往"国立"病院和日本军卫戍病院慰问伤员,这是做给日本人的面子——例行公事。然后,听取伪吉林省长熙洽报告"省状",伪总理大臣郑孝胥和伪参议府议长臧式毅在座;听取伪军区司令官吉兴"奏闻军状",伪总理大臣郑孝胥、伪军政部大臣张景惠和伪军政部最高顾问板垣征四郎在座。接着,对吉林地方有资格的各方人士分别给予单独谒见或列立谒见的机会。不过,这一切只能证明溥仪是地道的"礼仪元首"、傀儡皇帝。

午餐后,溥仪在夹道学生的"奉迎"中前往在吉林市西南、离城8华里远的小白山。这座山,满语称之为温德赫斯山,方圆5华里,高300丈。雍正十一年,由盛京工部局主持,在该山东北峰修建一座庙宇,有五轩大伽蓝,每年春秋两季举行祭礼。民国以来已经废弛了多年,溥仪这次来,就是要以"康德皇帝"的身份,遥拜祖宗的发祥之地——长白山,以恢复这里的清朝祭礼。

车到小白山脚下,溥仪徒步登山进入庙宇,遥向远方的灵峰长白山行三跪九叩大礼,之后出庙远眺,这就是"望祭之仪"了,身着戎装的溥仪对列祖列宗表现出无比的虔诚。

望祭之后,溥仪便结束了他的吉林"巡狩",启跸还宫。

溥仪在抚顺写的交代材料中有这样一段文字:

> 日本帝国主义者固然是处处谨小慎微地防范我,随时杜渐防微地限制我,不让我有直接接近任何方面的机会,不让我在当时的所谓政治上有任何干预的机会,但是有时却又想利用我做幌子,使我成为一个仅能受香火祭供而不能说话的泥胎偶像,而不允许我在实际上发挥什么作用和影响。就以当时的所谓"巡幸"为例,便足以充分证明这一点。
>
> 我在伪满的十四年罪恶生活中,也曾到过沈阳、吉林、哈尔滨、鞍山、本溪湖、安东、延吉、牡丹江、齐齐哈尔、锦州、佳木斯、间岛、扎兰屯、王爷庙(乌兰浩特)、海拉尔等处"视察"。当然这都是在日寇关东军的"妙用"下才打发我去走一趟的。
>
> 所谓"妙用"是什么?那就是想拿我当作"羊头"而由关东军去卖"狗肉"。例如为了要麻痹一下当时抗日救国的激昂民气,便把我"抬"出来到吉林、间岛一带"巡"了一趟。因为我听张海鹏告诉我,在哈尔巴岭一带时有抗日部队出现,我便害了怕,结果调动了六个团的伪军在该处筑了两道"人墙",我所坐的那趟列车才平安无事地从"人墙"当中钻了过去。

34."康德皇帝"的"亲授式"和"观兵式"

"康德皇帝""登极"后,除了照章划"可",就是"摆形象"、装门面了,比如这样那样的所谓"亲授式"即其一。

1934 年 4 月 5 日上午 10 时 30 分,在伪宫内勤民楼前举行了所谓的"军旗亲授式"。这次被授予军旗的伪军共 12 个团,他们是禁卫步兵团,教导步兵第一团、第二团和第三团;"靖安"步兵第一团、第二团;教导队骑兵第一团、第二团和第三团;骑兵第一团、第二团和第三团;"靖安"骑兵团。

各团的团长们由伪军政部大臣张景惠率领着,在勤民楼前列开队形,向着承光门致大鞠躬的"最敬礼"。就在这时,身着陆军正装的溥仪走了出来。跟着他转的有代理伪侍从武官长石丸志都麿、伪侍卫官长工藤忠、伪宫内府大臣沈瑞麟、伪掌礼处处长许宝蘅,伪军政部最高顾问多田骏也出席陪列。

1934 年 4 月,溥仪在勤民楼前为 12 个伪军团举行"军旗亲授式"

仪式开始后,由溥仪向各团团长授旗,第一名出列的便是伪禁卫步兵团团长郭文林。军旗有红、蓝、白、黑、黄五种颜色,四边是用金丝线织成的,旗上各团团名是溥仪的"御笔",旗头是镀金的。

　　授旗后,溥仪颁发了"优渥的军人敕语",无非是什么"护国安民,重任在身,凡尔将士,戮力同心"等等陈词滥调。

　　1934年5月7日,伪满"正修童子团团旗亲授式"在伪宫内府兴运门前的广场上举行。这个以溥杰为名誉总裁的"正修童子团",是日本殖民主义毒害我国青少年一代的反动组织,在我国东北各地都设立了分支机构。

　　5日和6日就开始有一队队童子团在兴运门前"联欢"。到了7日,共有31个地方童子团的代表437人,聚集在兴运门前等待授旗。出席这次"亲授式"的政要人士有关东军的冈村少将和田代宪兵司令官,还有伪总理大臣郑孝胥和伪军政部大臣张景惠。

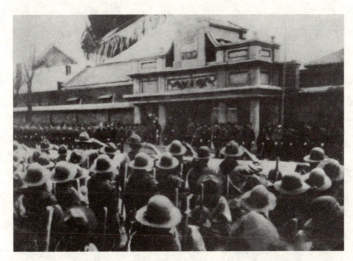

溥仪在兴运门前举行"正修童子团团旗亲授式"

　　上午10时刚过,身穿通常军礼服的溥仪,由伪侍从武官长张海鹏和伪侍卫官长工藤忠陪同来到会场,并登上检阅台亲授团旗。所谓"团旗",就是每面旗上有一个字,即该团的名称,如"勇"、"仁"、"智"等等,当然是由溥仪亲自命名、亲笔题写了。据记载,溥仪是在5月2日挥笔写了这些字的。

　　授完旗,溥仪照例颁发"敕语",说什么"尔等幼年英发,正当教育伊始,务当各自奋勉,异日成为任使之才、万民表率,以不负朕之厚望"。总之千篇一律的一堆套话而已。接着,"童子团联盟理事长"张燕卿致答词,对"皇帝亲临"好一番恭维、逢迎。

1934 年 5 月 10 日,在长春飞机场举行"登极大典纪念观兵式",伪奉天省警备司令官、陆军上将于芷山任诸兵指挥官,伪军政部宣传委员会委员、陆军少将王之佑任诸兵参谋长。禁卫步兵团、新京地区警备步兵第四旅、骑兵第一旅和一些代表地方的部队等 2300 人受检。

上午 10 时,身着陆军正装的溥仪出宫,经兴运路、七马路等,约 5 万人"夹道参拜"。在飘扬"皇帝旗"的飞机场观兵台上,溥仪以历代皇帝不曾使用过的举手礼,检阅不断变幻队形并做出各种操练姿势的伪军,此则被宣传为"意气轩昂、殊堪庆幸"的"未曾有之盛况"。

值得一提的是,两天前在兴运门前获授旗的各地童子团代表又在"登极大典纪念观兵式"的式场接受了溥仪亲阅,并得到"亲阅式"纪念品。事实证明:日本殖民统治者早已把并吞我国东北地区的野心,寄托在青少年一代身上了。

当此之际,溥仪自然也要发布一篇"敕语",先是表彰"军容严整",以致"朕心甚慰",继而鼓劲"整军经武,保国卫民,勤哉勉哉!"伪军政部大臣张景惠"奉答"。这次观兵式从上午 10 时半正式开始,到正午 12 时结束。与此同时还举行了新制定的伪军旗和伪勋章"亲授式"。郑孝胥以下文官、张景惠以下武官,都得到了溥仪亲授的勋章。

35. 接待日本天皇裕仁之弟秩父宫雍仁

秩父宫雍仁是日本天皇裕仁的弟弟,1934 年 6 月他作为天皇的代表,为庆祝伪满"实施帝制"而"访满"。这样,他成为溥仪即"康德皇帝"位之后亲自接待的第一个"尊贵客人"。

1934 年 5 月 30 日,溥仪派伪宫内府大臣沈瑞麟、伪国务院总务厅厅长远藤柳作、宫内府总务处处长许宝蘅、伪军政部参谋师长郭恩霖、伪国务院总务厅次长阪谷希一、伪国务总理大臣秘书官郑禹等共 16 人,为日本帝国秩父宫殿下访问伪满时的"接伴员",以沈瑞麟为委员长的"接伴委员会"随即成立。次日,溥仪又特别加派尚书府秘书官长高木三郎为"接伴员",命其立即启程赴日本门司迎接秩父宫。

6月3日,溥仪传谕:"自6月6日至同月15日间,待秩父宫殿下以皇室贵宾之礼。"

6月4日,溥仪特派伪宫内府大臣沈瑞麟、伪国务院总务厅厅长远藤柳作、伪宫内府掌礼处处长张允恺、伪宫内府秘书官刘杰三等四位接伴员,启程赴大连迎接秩父宫。

6月5日,雍仁所乘专用舰艇驶入大连港。这天,沈瑞麟已陪同关东军司令官菱刈隆专程来到大连港"奉迎"。

6月6日晨7时半,这位于1922年立为秩父宫的日本大正天皇第二皇子雍仁亲王,乘专列离开大连,当日晚6时到达长春。其时,军乐队奏日本国《国歌》,鸣礼炮101响,通往站前的大街上搭起了高大的"奉迎塔",插满了三色旗和太阳旗,而站前广场上整齐地排列着由桑名部队长指挥的日军仪仗队。强拉来的学生队伍站在街道两旁,充作夹道欢迎的模样。

溥仪那天穿着陆军正装,在"日系"和"满系"重臣们的簇拥下,加之他的宫内府军乐队和护军仪仗队吹吹打打、热热闹闹地把雍仁接下车来。在殷殷礼炮声中,两个年龄相仿的年轻人"长时间握手",检阅仪仗队,接着雍仁面对"奉迎者"发表了谈话,说明自己是代表日本天皇前来祝贺"康德皇帝""登极"的。欢迎仪式结束后,溥仪与雍仁在近千日满官吏"奉迎"中走出"新京驿",乘车驶往日本驻伪满大使馆。

像这样溥仪"亲临""大同大街"的起点——"新京驿",并举行盛大欢迎仪式,在伪满14年中仅有两次,这是第一次。1987年笔者拜访李国雄先生时,听到了溥仪在"新京驿"内亲迎"贵客"的细节。

溥仪"登极"后,日本裕仁天皇大弟雍仁来"贺"

那天,李国雄带着仪仗队早早进入车站,靠站台北门列队等候,以溥仪为首的军、政各界"日系"、"满系"官员都站在东边。

"火车将要进站时我见有人在站台某处铺上一块长条地毯,专列停稳时,雍仁下车的车门不前不后正对着地毯。"列车刚停,军乐队便吹吹打打演奏起来,身着陆军正装的"康德皇帝",通过那段临时铺展的地毯走向车门,与下车的雍仁互相敬礼、握手。接着,由溥仪介绍雍仁和伪大臣们一一见面。

溥仪和雍仁检阅仪仗队时,李国雄非常紧张,生怕出了漏子给溥仪丢脸。因为下口令的时机很重要,既不能早一点儿,也不能晚一点儿。然而军乐队的声音盖过一切,仪仗队员听不清口令怎么办?李国雄正寻思的时候,溥仪和雍仁就要来到眼前了,恰在此时军乐队奏完一曲有半分钟的间歇,他抓住这个大好时机,发出"注目礼"口令,队列整齐地摆出横刀举枪的姿势,虽然没用指挥旗,也并无破绽。回去后,溥仪笑着表扬了李国雄。

第二天的日程安排相当紧凑。

上午9时40分,雍仁由接伴员前导,来到勤民楼正殿谒见溥仪。在旁侍立者有伪国务总理大臣郑孝胥、伪国务顾问宇佐美、伪宫内府大臣沈瑞麟、伪外交部大臣谢介石,日本关东军司令官兼驻满全权大使菱刈隆等在场。雍仁向伪满皇帝转递了日本天皇的"亲书"以后,又把带来的"大勋位"菊花大绶章和"勋"一等宝冠章分别赠呈溥仪和戴着凤冠的"皇后"婉容。溥仪表示十分感激,称道这20分钟的会见为"日满国交上最重大的礼仪"。雍仁退宫后,溥仪紧接着便亲往雍仁的住所回访,并在那里举行了一次"气氛亲密"的会谈。

会谈在10时50分结束,溥仪向雍仁发出"共进午餐"的邀请后就还宫了。午宴之前,溥仪又给日本天皇发了电报,那自然是为了感激天皇派来亲王殿下转递"亲书"、赠呈勋章的"恩德"。电报全文如下:

> 此次陛下特遣皇弟雍仁亲王殿下到满,朕深为欣喜!本日陛下所寄恳笃之亲书,赠朕以"大勋位"菊花大绶章并赠朕之皇后勋一等宝冠章,业已拜受,不胜感激!敬领受陛下友谊之征证。朕及皇后对于陛下与皇后陛下重表至高之谢意。

溥仪很快又收到来自东京的答电:

> 陛下对雍仁亲王访问贵国寄予恳笃之亲电,不胜感谢之至,亲王受陛下、贵皇室及贵国官民热诚之欢待,朕深所铭感。贵我两国

友谊益加敦厚是所欣幸。兹肯祷陛下之福祉与贵帝国之隆昌。

　　当雍仁在正午12时再度进宫时,溥仪和婉容已经戴上他赠呈的勋章,站在勤民楼承光门前迎候了。在清宴堂的华宴上,他们几个人与关东军司令官及敕任官、驻伪满海军司令官、驻伪满大使馆参事官、关东厅警务厅长、满铁正副总裁及伪满方面特任级待遇各官、"新京"特别市长、侍从武官、侍卫官、宫内官及接伴员、奉迎联络员等,一起为日本天皇、皇后和皇太后的健康,把精美的高脚酒杯碰得叮当乱响。

　　下午二时宴会结束,带有几分醉意的溥仪和雍仁走到西花园假山旁,还没有忘记拍一张纪念相留给历史。当天晚上雍仁又去出席伪国务总理郑孝胥举行的"奉迎晚餐会"了。

6月8日上午,专门为欢迎雍仁而举行了一次规模盛大的观兵仪式,乃是伪满政府向日本主子买好的具体体现。阅兵式场就设在"大同大街"上。

上午9时30分,身穿陆军大礼服、佩戴菊花大勋章的溥仪和身穿陆军大尉军装的雍仁分别乘卤簿经"新京驿"广场来到设在西公园门前的观兵式式场,那里专门为溥仪和雍仁安放了"观兵御座"。两人就座后,开始检阅伪满参加奉迎阅兵式的部队。这时,阅兵式诸兵指挥官、伪中将王静修上前,恭恭敬敬地向溥仪和雍仁报告了阅兵阵容,并请他们登上插有皇帝旗的观礼车,沿着"大同大街"缓慢前行,顺次检阅禁卫步兵团,负责"新京"地区警备的吉林步兵第四旅第十三团、骑兵第一旅第一、第二、第三团等伪满军队共千名。检阅车行至"新京神社"前,溥仪与秩父宫下车登上检阅台。随后由王静修发令,军乐队奏起进行曲,各部队依次进行分列式表演,正步前进通过"观兵御座",也似乎挺"带劲儿"的,大约持续到10时20分阅兵式结束。雍仁面对"奉迎者"发表了谈话,他说明自己代表日本天皇前来祝贺溥仪"登极"的宗旨后,带着十足的军国主义者的口气,大言不惭地讲道:"大满洲这个地方,我以前曾来过。山川草木都欣欣然而有喜色,像是在欢迎我。尤其能与贵国朝野名流聚首,更从心底觉得欢乐不已。我想趁着贵国实施帝政的机会,表示日满两国同心协力、相互提携的信念,向着万帮协和、人类共荣的理想努力,这便是我不胜希望的事情了。"

当天的午餐会由关东军司令官菱刈隆主持,就在雍仁下榻的日本驻满大使馆官邸的宴会厅举行。宴会从中午 12 时 20 分一直持续到下午 2 时 50 分。

在这以后的两三天里，雍仁单独进行了下列活动：视察"国都"建设状况，听取"日系"掌实权的官员汇报军政、民政、财政及文教各方面的情况，出席"奉迎运动会"等。

6 月 12 日，溥仪在宫内为雍仁举行送别午餐会。上午 10 时 30 分秩父宫携随员入宫，溥仪至承光门前迎接，入便殿稍休息后进入宴会厅，日本关东军司令官、伪满国务总理大臣等陪席。据报道，皇后婉容也出席了宴会。因已见面多次，溥仪和雍仁就像老朋友，直接用英语交谈。溥仪举杯预祝雍仁归途平安；雍仁则感激几天来所受到的隆重礼遇。宴会结束后，溥仪先与雍仁在西便殿"欢谈"，然后把雍仁送到勤民楼外依依握别，真好似一对"亲兄弟"一样。

"康德皇帝"与秩父宫雍仁站在"观兵式"检阅台上

6 月 13 日上午 8 时 17 分，溥仪特派伪宫内府大臣沈瑞麟、伪国务院总务厅长远藤柳作、伪宫内府总务处长许宝蘅等陪同离开长春，又在奉天停留两天，至 16 日仍从大连出海返航。

6 月 15 日，雍仁为对溥仪与伪满政府的接待表示谢意，在大连发表一份感谢声明。不过，这还不算本事件的最后一幕。6 月 19 日的礼貌性电报才是尾声。日本天皇致溥仪的电文如下："满洲国皇帝陛下：雍仁亲王已平安返还，闻蒙贵皇室及贵国官民热诚之欢待，不胜欣喜，朕谨向陛下致以深厚的谢意！"溥仪当即发出致日本天皇的答电："大日本国大皇帝陛下：雍仁亲王殿下平安归还，朕闻之深为欣快，承陛下特赐亲电，不胜感谢，敬祝圣躬康泰。"

36.首次访日归来在此"宣诏"

伪满公开宣传说,溥仪这次访日有两个目的:一是感谢日本的"仗义援助"并对秩父宫的来访表示答礼;二是为了推进"日满亲善"而"以躬示范"。

其实,这件事早在溥仪"登极"以前已经确定了。日本需要这次访问,是因为要利用溥仪这个政治上的行尸走肉,巩固它对中国东北人民的殖民统治,并为扩大其对华北和全中国的侵略制造精神和舆论方面的条件。

出访之前溥仪曾命某遗老占卜问天,结果得了凶兆。可是,当溥仪表示要中止这次访日时,关东军司令官南次郎和伪国务总理大臣郑孝胥都来"劝驾",他们无论如何也不同意溥仪取消访日,因此终于成行了。

溥仪于1935年4月2日晨离开长春,乘专车赴大连,并于当晚登上专程前来迎接的日本军舰"比睿号",4月6日在横滨登陆。

1935年4月2日,溥仪登上他的专列——"皇帝銮舆",出访日本

溥仪访日期间,在东京待了9天,又先后访问了京都、奈良和大阪等地,除了应酬就是游览观光,对于一个地位尊贵而又没有实权的人,自然只有礼仪方面的作用。

　　1935 年 4 月 23 日,溥仪乘坐的"御召舰"驶抵香川县粟岛海面,应该县知事藤野之邀,投锚停船观看网捕真鲷(即加吉鱼)的情形。只见身穿渔衣、手持鲷网的 82 名青壮渔夫,分乘 4 只大船、18 只小船,成双结对儿地前进捕鱼。他们拉起大网时便有"金鳞千尾跳跃网中"。捕鱼结束,渔夫挑选 20 尾最大的真鲷奉献给溥仪,溥仪注视着水槽内那如同绯红色大鲤子的加吉鱼,不免又牵动了"大慈大悲"的菩萨心肠,他自言自语地说:"见其生,不忍食其肉。"扈从人员见状"不胜感动"。当然,华宴之上也还是少不了一盘"系珠龙鱼"的。

1935 年 4 月 23 日,溥仪在香川县粟岛海面观看网捕真鲷

　　同日,溥仪结束在日本最后一站——神户武库离宫的游览,仍乘"比睿号"军舰返航。就在他将要"启驾"之际,伪满国务院总务厅长远藤柳作来到溥仪面前十分谦恭地说:"卑职拙见,圣上回国后应发表一篇诏书,不啻感谢日本帝国的援助,也把这种精神昭告于满洲人民。"溥仪知道,东京又在牵动傀儡戏的机关了。

　　果然,溥仪于 4 月 27 日回到长春后,郑孝胥已把拟就的"诏书"初稿进呈上来。溥仪照例挥笔画"可"。这时,帝室御用挂吉冈安直凑到眼前,把一双老鼠眼眯成缝缝,慢声慢气地说:"圣上莫急! 在这'诏书'里面,应该添上'依存不谕'和'与日本天皇精神如一体'以及'一德一心'等字样。"并说,由皇帝亲笔增改,"诏书"的价值更高。溥仪当然也知道必须照办,便不假思索地挥笔标上三个新词儿。还是郑孝胥老成些，觉得"依存"二字不像中国话，建议改成"依赖"。所谓的《回銮训民诏书》就这样出笼了。

1935年5月2日，溥仪首次访日归来，就在"新京帝宫"怀远楼二楼西侧连通勤民楼西侧的清宴堂，发布了所谓《回銮训民诏书》。此后10年间，伪满政府强迫全东北老百姓，背诵《诏书》上的陈词滥调，并在典礼或集会时面对《诏书》鞠躬行礼，妄图从精神上欺骗、麻痹并奴役中国人民。

后来，溥仪在抚顺改造期间回忆这段历史时，用这样一段话揭露了这次访日的实质和目的："不问可知，还不是日本帝国主义积极地要利用我这汉奸头子当时的地位，好使我这个傀儡更能发挥出偶像的作用来，借以转移一下东北人民对于日寇的疑虑和憎恨的眼光，同时还可以更进一步地把这个既是傀儡又被偶像化了的我，用来麻痹人心，让他们暂时在'日满一家'和'一心同德'的骗人烟幕下，迷失民族应走的方向。这样便可以逐步把敌伪的罪恶统治基础巩固

溥仪第一次访日归来发布《回銮训民诏书》

下来，等到相当巩固以后，日寇便可以放心大胆地摘下伪善的假面具，露出侵略者本来的凶狠面貌，来作他那'鲸吞虎噬'的如意打算。"

37."行幸"、"巡狩"和松花江上的观舰仪式

1935年7月13日，由伪宫内府大臣熙洽签署了第六号《布告》，内称："本月十六日，皇帝陛下行幸双阳县下，巡视农村，即日回銮，遵旨布告。"

这次"巡狩"农村也是有背景的：由于日本殖民主义者推行"经济统制"政策，残酷无情地盘剥农民，农村经济已经濒临崩溃的边缘。为了缓和矛盾、安定民心，溥仪受命于他的主子，在7月14日宣布"赐下内帑三万元"，购买粮

食 31456 石,分配给"灾情最重"的奉天等 9 省 53 县。7 月 16 日,溥仪还"行幸"双阳县任家岭"巡狩"农村。

那天,溥仪穿陆军军服,乘坐一溜由 7 辆胭脂色汽车组成的车队,沿"京吉国道"先到张家屯,那里长出一片似乎像样的庄稼,溥仪看了一块高粱地,又看了一块谷子地,表示"满意"。然后听取伪吉林省省长李铭书报告吉林农村情况,听取伪国道局局长直木伦太郎报告"国道"建设情况。这些都是走过场的官样文章,几分钟便过去了。

离开张家屯便到了胡家桥,溥仪走进该村村长陈仲发的家,接受当地农民代表的谒见。之后,溥仪又登上石碑岭,远眺长春市区,并由伪国都建设局局长郑禹报告建设情况。溥仪还顺路察看了柳条边城遗址,同样都是走过场,做官样文章。当天中午便"还宫"了。

不久,溥仪又在松花江上举行了"观舰仪式"。在伪满军队中也有一小股海军势力。据有关资料,活动在松花江上的伪江防舰队就有炮舰 11 艘,总吨位 2405 吨;有炮艇 4 艘,总吨位 65 吨。1935 年秋天,即溥仪"登极"为"康德皇帝"的第二年,日本殖民主义者认为自己在我国东北站脚已稳,羽毛渐丰,便耀武扬威起来。所谓由溥仪亲阅的大典观舰式,就是在这种形式下举行的。

8 月 30 日,由官方发表了大典观舰式的日程;9 月 5 日举行了大典全过程的预演;9 月 7 日由伪宫内府大臣熙洽签署了"宫内府第七号布告",宣称:"皇帝陛下为举行大典观舰式及巡狩地方,订于本月八日启跸行幸哈尔滨,十一日回銮,遵旨布告。"

9 月 8 日晨 8 时,身穿陆军礼服、佩戴兰花大绥章的溥仪,在照例的十分隆重的欢送场面中离开长春。当天下午到达哈尔滨,与正在巡视北满的日本关东军司令官南次郎、日本"驻满"海军部司令官津田会齐。很明显,这两个日本人才是江防舰队的真正指挥者和检阅者。

9 月 9 日午前 10 时 20 分,已换穿海军正装的溥仪,由伪宫内府掌礼处处长张允恺和伪宫内府大臣熙洽为先导,侍从武官长张海鹏陪乘,伪侍卫官长工藤忠、伪尚书府大臣袁金凯、伪国务总理大臣张景惠、伪参议府议长臧式毅、伪监察院院长罗振玉扈从,离开临时"行宫",开赴松花江边。从上列名单可知,这个观舰仪式的气派是相当不小的。

溥仪来到江边,跨越栈桥,在轰轰作响的"皇礼炮"声中,先上"御召艇",

再登"御召舰"。这艘名为"定边号"的"御召舰",在 10 时 45 分起锚,由"济民号"先导、"恩民号"供奉,各舰间隔百余米,向举行仪式的江面驶去。

当樯头上高高飘起"皇帝旗"的"御召舰"在指定位置抛锚后,接受检阅的舰只排成两列纵队,一一通过"御召舰",右列为亲仁号、顺天号、养民号、大同号、利民号、普民号;左列为利绥号、利济号、江平号、江清号、江通号和惠民号。

各舰通过"御召舰"时,按规定的《海军礼节令》第七十一条款向溥仪致最敬礼,而溥仪也只好在整个过程中无法休息地行举手礼。同时,他还要听着在身边扈从的伪江防舰队司令官尹祚乾和伪军政部大臣于琛澄喋喋不休地报告各舰名称和舰长的姓名等,溥仪行举手礼的照片便纪录了当时的情景。

还有一件趣闻:据传正当溥仪观舰之际,有一只老鹰飞来,在"御召舰"上空盘旋了一会儿,20 分钟前当溥仪登舰时也是这只老鹰曾在他头顶绕飞。一群好溜须拍马的人便把这事说成"吉祥之兆",他们或许真以为神佑溥仪吧!

1935 年 9 月 9 日,身穿海军正装的溥仪登上"定边号""御召舰"

大约在 11 时 20 分左右,溥仪把参加观舰式的头面人物都集中到"御召舰"甲板上来了,除各舰舰长、各艇艇长外,还有下列重要人物:日本关东军司令官南次郎、日本"驻满"海军部司令官津田会齐、伪军政部大臣于琛澄、伪军政部最高顾问佐佐木到一、伪海军部顾问龙崎、伪江防舰队顾问松元,以及伪侍从武官长张海鹏等。

正如照片所显示的,溥仪向上列人员宣读了一篇"敕语":"朕自登极首次举行观舰式,亲阅之下,军容严整,朕实嘉之。惟帝国海军建日尚浅,坚锐未充,而防共、戍边,任重道远,尔等将士宜思及此,勉哉奋进,善矣睦邻,同心戮力,股肱尽责,以不负朕之重生。"伪军政部大臣于琛澄"奉答",表示一定"奉公尽职,不负圣望"。这套过场之后,溥仪又在舰上"赐餐",接受检阅的官员们大吃二喝一顿,也就算是"大典观舰式"的收场了。当然,溥仪离舰的时候也离不了隆隆的礼炮和仪仗队的表演,无须赘述了。

1935 年 10 月 9 日,溥仪骑着栗毛高头大马"瑞祥"和南次郎在南岭阅兵场阅兵

紧接着,"康德"二年度伪满陆军特别大演习于 1935 年 10 月 7 日至 9 日举行。7 日,溥仪在长春郊区马头台地带观看赤、蓝两军攻、防战演习,并颁发"敕语";8 日,在南岭统监部继续观看战斗演习;9 日,在南岭练兵场举行观兵式,溥仪骑着一匹栗毛高头大马,那是他的爱马"瑞祥"。关东军司令官南次郎和溥仪一起阅兵。

一年后,再度"巡狩""新京"近郊,这回的目标是驻扎公主岭的日本部队。1936 年 9 月 7 日,伪宫内府就发出了第一号《布告》,宣称"本月中旬皇帝陛下巡狩公主岭,奉旨布告"。原来这是由关东军司令部安排的活动,目的在于利用傀儡皇帝为自己的侵华部队打气儿。同时也是要在这位"皇帝"面前炫耀自己的军威。9 月 16 日上午 9 时,身穿陆军军装的溥仪,由伪总理大臣张景惠和伪军政部最高顾问佐佐木到一陪同,"巡狩"公主岭。

溥仪在公主岭停留 5 个钟头,午餐前后时间全部用来视察日本部队:接见筱冢部队各级军官,参观他们的武器和军用鸠放飞表演;在阪口部队飞机场观看各种飞行表演,同时接见阪口部队长、河合部队长和山口卫戍病院长;命令侍从武官前往公主岭卫戍病院慰问伤病员。这一切无非是要为炫耀军威的侵华部队打气儿。

第七章
严密布控

38. 伪满"最高级别"两大"人物"的"严密会见"

关东军司令部是日本帝国主义在东北的最高权力机构，是屠杀中国人民的大本营。其中特设一个第四课，专门负责对溥仪和伪满政府进行内部操纵和控制，而常驻溥仪身边的"御用挂"实为关东军司令官与溥仪之间的联络员，其主要任务是指导并支配伪满洲国的皇帝溥仪，按照日本主子的意志行事。皇宫内的日本宪兵，名义上保护皇帝，实际也是监视溥仪，他们只听御用挂的命令，谁想见溥仪必须要事先得到御用挂的批准。

1934 年 10 月关东军司令部大楼落成，关东军司令官官邸也同时启用。一直到 1945 年 8 月日本无条件投降，伪满洲国垮台，有五任关东军司令官菱刈隆、南次郎、植田谦吉、梅津美治郎、山田乙三均居住于此。这里不仅是关东军司令官生活起居之处，同时也是日本侵略者进行重大政治活动的主要场所。当年的"康德皇帝"就常常经过大马路、"大同"大街而"临幸"关东军司令部或关东军司令官官邸赴宴、谈话，发布"敕语"。当年的关东军司令官也一定要从这里出发,经过"大同"大街、大马路,前往伪满皇宫,"晋谒"或"觐见",有时还会得到"勤民楼赐宴"的荣耀。伪满政权的许多决策,差不多也都是在经过这种"严密会见"的形式之后才产生的。

这"严密会见"四字并不是随便使用的,而是一位日本人士为他存藏几十年的一部翻译笔录所题写的名称《严密会见录》中的用字,那么,这究竟是怎样一部翻译笔录呢?这要从头说起。

身着伪满陆军大礼服的"康德皇帝"

1934 年 10 月 17 日,也就是关东军司令部及官邸刚刚启用之时,伪满皇帝溥仪便急不可耐地来到这里拜见"太上皇",并祝乔迁之喜,还颁布了通篇充满献媚之词的"敕语":"大日本关东军司令部,新修落成,朕亲临观览,规模宏壮,欣慰良深。满洲建国以来,赖贵军之同心协力,式莫丕甚,朕实嘉之。此次陈奏,于世界大势,尤了如指掌,日满两国,亲若一家,深愿各司令官暨各将领,终始努力,共抒筹策,以保我东亚永久之和平,朕心有厚望焉。"

1935 年 4 月,在日本关东军司令官的安排下,溥仪为了答谢日本主子给他的"皇帝"封号,首次赴日拜见日本天皇。行前,关东军司令官南次郎表面为其饯行,实则是要面授访日机宜。

1935 年 4 月 29 日是日本天皇裕仁的生日,关东军司令官南次郎主办"天长节"祝贺会,溥仪应邀参加。此后,直到 1945 年,溥仪每年这一天都要到这里为日本天皇祝贺。

1936 年 4 月 6 日,关东军司令官植田谦吉在其官邸客厅为溥仪访日一周年举行祝贺会。溥仪由张景惠及各大臣、参议扈从,侍卫官长等陪同到达司令官官邸。宴会上,植田谦吉祝词,溥仪发表"敕语":"上年 4 月 6 日,朕与贵国天皇陛下略谈,诚承相契,亿兆旷欢,两国之一心一德,恒久无渝。斯诚盛大之纪念日,际兹佳会,贵司令官大使,恳笃致词,朕深欣悦。敬祝贵国天皇

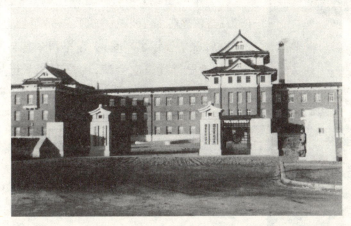

伪满关东军司令部

陛下庆福,国运蕃昌。"从 1936 年到 1945 年每年的 4 月 6 日溥仪都到司令官官邸庆祝访日纪念日。

　　1940 年 2 月 11 日,为庆祝日本纪元节,溥仪赴关东军司令官官邸参加司令官举办的庆祝午宴。1942 年 5 月 8 日,汪精卫闪电式访"满",会见溥仪后,亲赴关东军司令官官邸,对司令官梅津美治郎致以答谢之礼,梅津设宴招待汪精卫。由此可知,能够走近关东军司令官官邸餐桌的,竟是何许人士! 官邸内的装饰极为富丽堂皇,二楼是司令官及其家属居住之处,日本风格装饰。一楼则是活动之所,如台球室、会客厅等。

　　日本关东军司令官与伪满"康德皇帝"自然是伪满社会最受关注的两个人物,一个是实权人物,一个是傀儡人物,可是他们还是会有交往,会有对话,会有礼仪,也会有矛盾,会有大量假的,也会有点滴真的。幸运的是,时任"驻满日本大使馆书记官"、"满洲国宫内府行走",并且自 1932 年至 1938 年为溥仪和几任关东军司令官会面谈话担任翻译的林出贤次郎,留下了翻译笔录,使我们得以一窥当年前五任司令官与"皇帝"交往的真相。

　　林出贤次郎病逝后,日本广播协会昭和记录采访组,采访了林出贤次郎的后人,采访了伪满出台前后的某些历史遗址和历史当事人,随后把采访情况,包括当年翻译笔录中一小部分以及其他内容之简单介绍在内,作为"满洲国最高隐秘"汇编成书,定名为《皇帝的密约》出版。

溥仪历次会见日本关东军司令官秘密谈话的《笔录》在日本被发现

《皇帝的密约》一书编者评论《严密会见录》时认为:溥仪就任"满洲国""执政",乃至当上"康德皇帝"以后总共五年半期间,关东军司令官与溥仪在规定的日子里每月三次会谈,伪总理郑孝胥与关东军司令官等"满洲"最高层人物的一问一答,究竟具体谈了些什么? 这些都已经全部被记录了下来,这就是《严密会见录》。读了它,就会知道溥仪与关东军司令官之间的相互交谈逐年变化的情况了。

《严密会见录》中还有涉及文学、书法、汉诗的谈话等,"虽然显示出溥仪很有教养,但他与关东军司令官之间,就只是非常拘泥礼节的谈话了。由此可见溥仪这个人是善于隐瞒自己的。"其实,在那样的历史条件下,如果溥仪不善于隐瞒自己,可能早就活不成了! 他肯定不敢与关东军司令官讲太多真话,这是很容易理解的。

39. 七任关东军司令官者何许人?

伪满年代的先后七任关东军司令官都与溥仪按"规则"会面和会话,这七任对中国、对东北、对长春都曾发生过重要影响的"大人物",究竟都是怎样的人呢?

第一任:本庄繁(1876—1945),日本兵库县人,曾参加日俄战争,后历任参谋本部中国课课长、联队长、旅团长、驻中国公使馆武官、师团长等职。1931年任日本关东军司令官,就是他在此任期间,参与策划并制造了震惊世界的九一八事变,指挥日军在短短三个多月时间内就侵占了中国东北三省。与此同时,正是本庄繁在日本高层内部公开说出了由他指挥而制订之《满蒙问题解决方案》的实质:"表面上由中国人统

关东军司令官本庄繁(1931年8月至1932年8月在任)

治,其实权掌握在我方手中。"也是由他具体实施,诱骗溥仪出关,建立伪满洲国,完成了炮制傀儡政权的全过程。1932 年 8 月调任日本陆军部要职,晋级为大将。1933 年任日本天皇裕仁的侍从武官长,退宫后担任日本国际红十字会总裁。日本战败后定为甲级战犯,1945 年 11 月在狱中畏罪自杀。

第二任:武藤信义,日本大正年代即为大将,曾任陆军参谋本部的参谋次长、教育总监、军事参议官等职,第一次世界大战时间,曾率军进占前苏联西伯利亚。1932 年 8 月出任日本关东军司令官兼驻伪满大使和关东厅长官,并晋衔元帅,正是他经手与郑孝胥共同签署了《日满议定书》。他在任期间,日本政府向全世界宣布"承认满洲国",他也因此成为"首任日本驻满洲国全权大使"。1932 年 12 月 23 日武藤信义向伪满"执政"溥仪递呈日本天皇的《国书》,1933 年 3 月 6 日武藤信义指挥日军攻占承德,溥仪则亲电武藤,恭维说:"阁下驻进锦县,躬自统军,辛劳如何,可以察悉。"同年 7 月 28 日因心脏麻痹症死

关东军司令官武藤信义(1932 年 8 月至 1933 年 7 月在任)

于任上(也有传说系自杀而亡),溥仪竟在"祭文"中,赞扬他"肃清北满、戡定热河"之"大功",还发表谈话,吹捧他"人格高洁,公平无鄙,为满洲国及全满三千万民众之最大理解者"。

关东军司令官菱刈隆(1933 年 8 月至 1934 年 12 月在任)

第三任:菱刈隆,在日本陆军内以严肃、果敢知名,对中国问题颇有"研究"。1933 年 8 月 25 日到任,接替武藤信义,担任日本关东军司令官兼驻满大使和关东厅长官。到任后促成了伪满改为帝制,让溥仪当上了"康德皇帝"。1934 年 3 月 1 日中午 12 时,溥仪在伪帝宫勤民殿正殿举行"登极大典",菱刈隆亲率日本关东军高级官员、驻伪满大使馆官员、驻伪满海军部长官和满铁正副总裁等出席大典仪式。菱刈隆还首先在关东军内设第四课,专司伪满事宜,同时调整了伪满的省区与军管区,收购了原中东铁路的"北满铁路"部分,日本得以从此全线控制中国

东北的铁路。菱刈隆在其任期内还完成了日本关东军司令部，以及日本关东军司令官官邸的工程建设。从此，溥仪与日本关东军司令官议事就经常在这里进行了。1934 年 12 月菱刈隆调任日本陆军军事参议官。

关东军司令官南次郎（1934 年 12 月至 1936 年 3 月在任）

第四任：南次郎（1874—1957），1931 年九一八事变时，他正在日本陆军大将、军事参议官任上，是策动侵华的元凶之一。1934 年 12 月出任日本关东军司令官兼驻满大使，当时"关东厅长官"已撤废，他改任关东局总长。到任不久，他就敢于坚决不允许"康德皇帝"利用去旅顺避寒的机会休掉"皇后"婉容。也是他一一排除陈宝琛、朱益藩等老臣因反对溥仪访日所设置的障碍，而促成了溥仪的首次访日，日本和伪满"两国皇室之亲善"，也就此"殆如一家"了。还是他经手撤换了伪满国务总理大臣，他坚决拒绝了溥仪提出的人选臧式毅和郑孝胥提出的人选蔡运升，而选定对日本人百依百顺的张景惠出任新一届总理大臣。1936 年 2 月 26 日，日本陆军内发生兵变，此即轰动世界的"二·二六"事件，南次郎因此而在 3 月被调回日本参谋本部，担任参谋总长，经手处治并平息了这一事件，随后出任朝鲜总督。日本投降后被列入甲级战犯，1948 年被远东国际军事法庭判处无期徒刑。

第五任：植田谦吉（1875—1962），1909 年日本陆军大学毕业，历任参谋本部中国班员，熟悉中国国情，是日本陆军中的职业军官，曾任天津日本驻屯军司令官。因在战场上受伤，失去一条腿，矢志为天皇尽忠，终生独身，因而得到一个"单身将军"的称号。1936 年 3 月 6 日，日本天皇在皇宫凤凰间举行亲任式。宣布：任命从三位、勋一等、功三级的陆军大将植田谦吉，为关东军司令官兼驻伪满全权大使和关东局长官；被接替的正三位、勋一等、功四级陆军大将南次郎调回国内参谋本部。命令传到长春，南次郎于 3 月 21 日向伪总理张景惠辞行。23 日赴伪宫

关东军司令官植田谦吉（1936 年 3 月至 1939 年 9 月在任）

"晋谒"溥仪,并得到"赐餐"和"特赐敕谕"的"殊荣"。25日伪总理张景惠和伪大臣们设宴为之饯行。28日植田到任后,他们交接了权力,第二天南次郎就离开了长春。

植田在3月30日赴伪宫向溥仪呈递"国书",新官上任,溥仪对待自己的"顶头上司"照例要赐午宴款待一番。那天,溥仪身穿陆军正装,佩戴天皇赠送的菊花章、兰花章和肩章,与植田在承光门前合照了一张相。第二天,植田到日驻满海军部、伪国务院和各部,尽了上任新官的职责。他到任后就要杀人,而且是要杀与"皇帝陛下"沾亲带故的人,那就是凌升!九一八事变前凌升是经贝尔额勒特旗总管,对清朝抱有幻想,溥仪到旅顺后,凌升为"请愿代表"之一,列为伪满洲国"建国元勋",官至伪满兴安北省省长。1935年末凌升之子与溥仪的四妹韫娴订婚,君臣结为亲家。然而,1936年4

1936年3月30日,关东军司令官兼驻伪满全权大使植田谦吉向溥仪呈递《国书》

月12日,按照关东军司令部的指令,驻海拉尔日本宪兵队以"反满抗日"和"通苏"的"罪名",逮捕了伪满兴安北省省长凌升及其亲信下属几人,随即押送到"新京"关东军宪兵司令部,4月20日经军法会审判,判处死刑,此即"凌升事件"。这中间,植田谦吉只在4月14日进宫一次,谒见溥仪说:"前几天破获了一起案件,罪犯是皇帝陛下认得的,兴安北省省长凌升。他勾结外国图谋叛变,反对日本。军事法庭已经查实他的反满抗日罪行,判了死刑。"接着又说:"这是杀一儆百。陛下,杀一儆百是必须的!"之后,吉冈安直以关东军的名义通知溥仪必须立即解除溥仪四妹与凌升之子的婚约,溥仪只得照此办理。数月后,无可奈何的溥仪又把他这位妹妹嫁给了"宫内府"理事官赵景祺之子赵国圻。

植田谦吉在任期间还干了一件不算小的事,就是在1937年1至3月间,把内含长远考虑的"帝位继承"问题确定下来并纳入伪满《宪法》。其中规定:

"帝子孙皆不在,传帝兄弟及其子孙。"由此,溥杰与嵯峨浩的婚姻,日本血统的后裔入登伪满皇位一类,也就顺理成章接踵可至了。1937年6月28日发生"护军事件",也是植田谦吉强制溥仪缩编了护军,实际就是自行瓦解。植田谦吉在任期间,伪满开始实行产业五年计划,为日军的侵略行动服务。他发动了张鼓峰、诺门罕两次对苏战争,战事不利,以签订《诺门罕停战协定》而结束。1939年9月植田谦吉终因诺门罕战败而被调回国内,转入预备役。

关东军司令官梅津美治郎(1939年9月至1944年7月在任)

第六任:梅津美治郎(1882—1949),大分县人,1911年毕业于陆军大学,曾任军务局课长、参谋本部课长兼陆军大学教官、参谋本部总务部长等职。1934年至1936年任侵华日军驻天津"驻屯军"司令官,1936年5月与何应钦签订伤害中国主权的《何梅协定》,又任过陆军次官。1939年9月出任关东军司令官兼驻伪满全权大使、关东局长官。其人表面和气,用语谦恭,手腕灵活,精明强干,但他恰恰是面善心狠,穷凶极恶。

在他上任后的第一个月里,就通过御用挂吉冈安直向溥仪提出:现在正值日本神武天皇纪元二千六百年大庆,是迎取天照大神的大好时机,希望溥仪亲自访日。这其实就是命令溥仪必须亲往日本走一趟,去干什么? 要带回什么? 要改变伪满什么? 这一切都是由梅津美治郎既定的。随即展开了各种准备工作:1940年2月9日,准备供奉日本"天照大神"的"建国神庙奠基仪式",就在宫内东花园东南角空地上举行了。3月20日又搞一个"立柱仪式",至5月28日,这座仿日本伊势神宫之宇治桥内形式修建的木制结构庙宇就竣工了。与此同时,又请来日本东京帝国大学文学部教授平泉澄博士,从3月27日到4月5日,每日上午10时在勤民楼西便殿为溥仪"进讲",讲日本历史及"日本肇国精神的神髓"。4月12日,"宫内府"次长鹿儿岛虎雄、总务厅参事官木田清、帝室御用挂吉冈安直一行再赴日本东京,与日本宫内府商定溥仪访日的时间(6月下旬至7月上旬)及行走路线(海路)。5月24日,日本方面决定溥仪访日乘舰为日本军舰"日向号",驱逐舰"朝云号"负责警卫。至此,随同溥仪访日的"扈从官员名单"也由梅津美治郎圈定了。于是,6月22日访日启程,7月9日返回大连港,梅津美治郎亲往舰上迎接，并与溥仪一起，带着代表天照大神的三件神器返回"新京"。梅津的既定目标全部达到，从此日本与伪满开始互称"亲邦"了，"天照大神"成了"亲邦""共同的祖宗"。当然，溥仪内心深藏着难过和痛苦——不得不抛开列祖列宗的清朝帝王，怎么还能有脸活在世上？

接着，太平洋战争开始了，其间梅津美治郎掌控着伪满的一切，完全服从于战争。1944年7月调任日本参谋本部参谋总长，全面负责指挥侵略战争。梅津因而也就戴上溥仪嘉赏其在"日满亲善"、"北边防卫"的"功绩"而敬赠的"大勋位兰花大绶章"，离开"新京"赴任去了。1948年11月梅津被远东国际军事法庭定为甲级战犯，判处无期徒刑，1949年病死。

第七任：山田乙三（1881—1965），长野县人，曾参加日俄战争，1934年升为陆军大将，历任陆军士官学校校长、满洲第三军司令等职。然而，当他在1944年7月出任关东军司令官兼驻伪满全权大使、关东局长官时，日军发动的"大东亚战争"正在走下坡路，败象显露，正是这个未战而败的将军，策划了"七三一"细菌部队非人道的细菌战，在"活体实验"中剥夺了无数中国人的生命；也是这个"山田"，发出了"献纳金属"、"献纳蓖麻"的号召，1944年9月28日，溥仪派"宫内府"次长荒井静雄，将自己在宫中亲自种植、收藏的蓖麻约二斗送交山田乙三，用于制造润滑油，以表示支持"大东亚战争"；还是山田乙三，布置了关东军和伪满政府向通化方向的狼狈溃逃，

关东军司令官山田乙三（1944年7月至1945年8月在任）

当逃亡列车到达通化时，山田乙三特意登车，向溥仪报告"关东军战果辉煌，战功显赫"，要求逃亡列车继续驶往临江县大栗子沟。其实在那里等待溥仪的无非是日本投降、"康德"退位和继而到来的被俘而已。他本人也在日本投降时被苏军俘虏。在伯力关押期间经苏联军事法庭判处25年徒刑。1956年6月提前释放回国，1965年7月病死。

40.溥仪与关东军宪兵司令官东条英机和桥本虎之助

在长春市人民大街东侧,新发路 11 号,矗立着一座长方形坐北朝南的四层建筑,钢筋混凝土结构,外用酱色瓷砖贴面。占地约 30 万平方米,建筑面积 12116 平方米。这就是关东宪兵司令部旧址。

关东军宪兵司令部

关东军宪兵司令部是在关东宪兵队的基础上建立的。早在日俄战争后,日本宪兵司令部就开始在满洲派遣军第三兵站管理部配置宪兵,驻在大连和各地日军当中,在战地搜集战略情报并执行军事警察任务。关东宪兵队 1906 年建立,隶属于日本国内宪兵司令部。1919 年撤销关东督都府,分别成立关东厅和关东军司令部。为加强管理而在旅顺、大连、奉天、安东、长春设立关东宪兵队分队,在四平、辽源等地设置关东宪兵队分遣队。

九一八事变后,关东军迅速占领东三省,为了控制和管理新占领区,日军当局于 1931 年 9 月 21 日宣布将关东宪兵队升格为关东宪兵司令部,又从日本和朝鲜增调一批宪兵,隶属于关东军司令部。不久,这两个司令部就一起从旅顺迁到奉天江岛町中央电信局大楼,继于 1932 年 10 月从奉天迁到"新京""大和旅馆"(今春谊宾馆),1935 年 7 月移至今新发路新址,直至伪满垮台。

伪满"建国"后,关东宪兵队除履行军事警察任务外,还有以下日常工作:"防谍",即特务活动,破坏中国共产党领导的抗日斗争;开展"思想对策",进行策反,瓦解我党地下组织和抗日团体;确保国防、交通、通信等重要设施的安全;警防、治安,屠杀中国人民,实行法西斯白色恐怖。

1931 年至 1936 年期间,关东宪兵队的工作重点是"维持治安"和"思想对策",疯狂镇压抗日武装力量;1936 年以后重点转移到"防谍",残酷打击抗日武装的情报人员;"七七"事变后又侧重在伪满洲国国境线上加强宪兵力量和长城各关口的管理;1938 年以后又投入到对苏备战和在"张鼓峰"、"诺门罕"事件中配合关东军展开活动;1941 年则以保卫关东军"关特演"为主要任务;太平洋战争爆发后,关东宪兵司令部的任务更加重大,一方面要严控"满"苏边境的"安全";另一方面还要加大内地"防谍"的举措,而监视的重点正是伪满皇帝和伪满大臣的言行动向。

关东宪兵司令部隶属于关东军司令部,由关东军参谋长直接领导,因此它也是为控制日本在"满"军人而设立的特务机关,该机构对日军内部实行严控,对中国人民横行八道,甚至灭绝人性的在地下室安放绞肉机,用以杀人。内设总务部、警务部和一个教习队。总务部下设庶务课、经理课、第一课。警务部下设第二课、第三课、第四课。关东宪兵司令部编制逐年增加,从 1932 年的 40 人,到了 1940 年已达 150 人。在日本侵略东北的 14 年里,策划了一系列针对中国和苏联地下党组织、秘密情报组织及抗日联军的镇压活动,逮捕、杀害了大批革命群众,其罪恶罄竹难书。自 1937 年至 1945 年,仅由关东宪兵队送交石井部队做活体细菌试验的爱国者人数就超过了 4000 人。

在伪满年代,关东宪兵司令官实为日本派驻中国东北实行殖民统治的第二号人物,仅次于关东军司令官。对此我们只需列举出伪满年代历任关东宪兵司令官的名字就足以说明问题了:第一任:二官健市(1931 年 9 月);第二任:桥本虎之助(1932 年 8 月);第三任:田代皖一郎(1933 年 3 月);第四任:岩佐禄郎(1934 年 3 月);第五任:东条英机(1935 年 9 月);第六任:藤江惠辅(1937 年 3 月);第七任:田中静壹(1937 年 8 月);第八任:城仓义卫(1938 年 8 月);第九任:竹内宽(1940 年 3 月);第十任:原守(1941 年 3 月);第十一任:加藤泊治郎(1942 年 3 月);第十二任:大野广一(1943 年 1 月);第十三任:三浦三郎(1943 年 8 月);第十四任:大木繁(1944 年 10 月)。这一职位调动频繁,一年一任,东条英机是其间重要的一任,在任一年半。

东条英机与溥仪也有过多次会面。这在专门为溥仪和关东军头目会见做口译的林出贤次郎所记录之《严密会见录》中有载。

东条英机(1884—1948),东京都人,毕业于陆军士官学校,1919 年任日本驻德使馆武官,后历任陆军部整备局动员科长、参谋本部作战科长。1931 年参与策划九一八侵华事变,1935 年出任伪满关东宪兵队司令官,1937 年春出任关东军参谋长、中将,1938 年晋升陆军部次官,1940 年出任陆军大臣,1941 年组阁,任首相兼陆军大臣、内务大臣、外交、教育、商工大臣和军需大臣,还兼任参谋总长。他是古今中外罕见的跋扈者,权倾一时。

东条英机与伪满"康德皇帝"的对话中,有小镜头,很有趣。例如当年就在"高层"小范围内流传过的所谓"东条英机参谋长的吸烟论"就白纸黑字地记录在《严密会见录》中。事情发生在 1937 年 3 月 3 日上午 10 时 30 分,新任关东军参谋长东条英机入宫晋谒溥仪。同日中午溥仪赐宴健行斋,东条英机和原任关东军参谋长板垣征四郎都在座。

皇帝:听说参谋长喜欢吸烟,一天吸几支?

东条:一天吸 60 支左右。

皇帝:据医生讲,一天吸二三十支烟对身体尚无害处。你一天吸五六十支太过量了吧!

东条:对此,我有自己的看法。然而,陛下是年轻体健,我等是不能攀比的。我曾被人劝告过,节制吸烟一年左右。但后来一想,常说人生只有 50 年,而我早已过了 50 岁,今后的生存也是赚的了。我认为在有生之年,节制自己嗜好吸烟是没有必要的,想吸多少就去吸好了。

东条英机是第二次世界大战的罪魁祸首之一,也是与希特勒、墨索里尼齐名的三大法西斯头目之一。他在伪满洲国任关东宪兵司令官时大搞所谓"强化治安"和"整肃纲纪",策划并参与制订了日本镇压东北人民抗日运动的纲领性文件《昭和 11 年 4 月至昭和 14 年 3 月满洲国长期治安肃正大纲草案》。东条英机亲自"督剿"镇压、实行"治安肃政"、大搞归屯并户,制造"集团部落"和"无人区",屠杀东北人民。1937 年 6 月东条以关东军参谋长身份,参与发动"卢沟桥事变"和全面侵华战争。继而又亲率"东条兵团"进攻我察绥、晋北地区,攻占山西大同,横行华北,为日本华中派遣军司令松井石根率部攻陷南京、制造 30 万中国同胞惨遭大屠杀创造了条件。也因此深得天皇的赏识,一跃而从关东军参谋长升任陆军次官、陆军大臣,并于 1941 年 10 月组成东条内阁,12 月 8 日即命日本联合舰队偷袭美军基地珍珠港,发动了太平洋战争,先后践踏和蹂躏了十多个国家和地区,使数以千万计的生灵涂炭。

1943 年 1 月 5 日,东条英机召集伪中华民国汪精卫、伪满洲国张景惠及泰国等东南亚傀儡政权首脑,在日本东京举行"大东亚会议",发表《大东亚共同宣言》,声称要建立共存共荣的秩序,将伪满洲国及东南亚各国拖入战争的泥潭。1943 年 4 月 2 日,东条英机又"闪电访满",要求伪满皇帝溥仪"举国力支援盟邦圣战"。

1943 年 4 月 2 日,东条英机访问伪满,张景惠伴送退出勤民楼

1945 年 8 月 15 日日本投降,9 月 12 日东条英机自杀未遂。1948 年 12 月 12 日,甲级战犯东条英机被远东国际军事法庭判处绞刑,22 日执行,从而把这个法西斯恶魔永远钉在了历史的耻辱柱上。

另一位值得一提的是第二任关东宪兵司令官桥本虎之助。桥本虎之助在关东宪兵队司令官任上也只有一年,到伪满后期,又当上溥仪的"神官"了。

桥本是东京市人,1883 年出生。1910 年于日本陆军大学毕业后,历任日本驻俄国大使馆附武官辅佐官、陆军中央部参谋本部附、参谋本部课长、东京警备参谋长等职务。1929 年晋升为少将,1931 年九一八事变时任参谋本部第二部长,1932 年出任关东军参谋长。他在日本侵略者拟制的一系列殖民统治方案基础上,炮制出《满洲国指导要纲》,提出了控制伪满政权的基本政策:

伪满祭祀府总裁桥本虎之助

"支持满洲国并使之发展成为适应我国国策的独立国家。"实际就是要使伪满洲国变成适应日本侵略的独占殖民地。1932年8月调任关东宪兵司令官,对宪兵队组织进行了改组和扩大,又制订了《在满警务机关业务统治纲要》,规定:"关东局警察机关及外务省警察机关,有关治安方面的警察业务,要受关东宪兵队司令官的指挥。"强调了关东宪兵队在中国东北的警察权和在警务方面的指导地位,使他们得以在东北各地密布日本宪警,清查户口、私闯民宅、拆查信件、刺探情报、监视群众、收缴枪支、侦察并镇压抗日活动。

1933年8月,桥本虎之助离职回国,转任日本陆军中央部参谋本部总务长,晋升中将军衔,不久退役。1937年7月伪满实行机构改组之际,桥本虎之助又被特任伪满参议府参议、副参议长,1938年2月伪满协和会改组,桥本虎之助又兼任伪协和会中央本部长,直到1941年离任。1940年7月15日,由"康德皇帝"任命桥本虎之助为"祭祀府"总裁,直至伪满垮台。桥本入侵中国长达19年,深入政治、军事、思想文化各领域,是罪恶较大的日本侵略者。

第八章
"国都建设"

41. 溥仪与伪新京"国都建设"

众所周知,野心勃勃的日本帝国主义侵占我国东北,绝不是一时兴起,而是企图长期以至永久霸占这片大好河山。从这一险恶用心出发,日本侵略者一度掀起过大规模"装饰长春"的浊浪。

1932年4月1日,日本关东军决定在刚刚成立的伪满洲国国务院系统内设立"国都建设局",由阮振铎担任首任局长,但是"国都"建设从制定规划到施工,完全由以关东军参谋长为首的关东军统治部(后改称特务部)把持,参与者都是日系行政官和技术官,连一个中国人都没有。其目的绝不仅仅是为了重新"装饰长春",而是要充分利用长春的人力、物力资源,按照日本当局的意愿,实现对中国东北永远的霸占。

从1932年下半年起,到1942年12月伪"国都建设局"撤销为止,日本人在长春先后推行两个五年计划的"国都"建设。规划中的伪国都包括"满铁"附属地、商埠地等旧市区在内,建设面积为100平方公里。其中,第一期工程为5年,初期确定建设面积为 20 平方公里,后扩大为 21.1 平方公里。计划 20 年后城市人口达到 50 万人,50 年后达到 100 万人。

总体建设规划对伪国都按左右对称的方形设计,以长春火车站为中心,修建伸展各斜向贯通的干线街路,并与圆形广场相结合。在风格上,参考了原东北城市建筑中的中国风格、俄式建筑风格和日本建筑风格,特别注重长春"满铁附属地"的建筑结构特点。还规划了全市的绿化系统、给排水系统和电力、电讯、照明线路地下管道化。此外,还利用丘陵地带的起伏地形和天然沟渠,造成多条绿化带,整修与建造了一些公园、动植物园苗圃。同时还在一些广场、街心和街道两旁,栽植许多杨、柳、榆等树木和各种花草,形成了街巷绿地,一些庭院也进行了绿化。在市区周围还造有环状绿化带、公园和运动场等,绿化面积占整个市区面积的 7%。

整个新市区以大同广场、大同大街、兴仁大路(今解放大路西段)、兴安大路(今西安大路)、顺天大街(今新民大街)、安民大路(今工农大路)等为骨架,组成方格形、放射形加对角线的街路网。主要街路相交、实行平面循环交叉,各交叉路口多建有圆形广场。其中最重要的街区即大同广场和大同大街。

那时,大同大街北段被冠以日本味很浓的"中央通"的称呼,直到 1945 年日本战败投降。罪孽深重的日本关东军司令部就建在"中央通"南段一丁点儿的地方,再往南依次还有伪满洲中央银行(今中国人民银行吉林省分行址)、满洲电信电话株式会社(今长春市电信局址)、伪首都警察厅(今长春市公安局址)、伪新京特别市公署(今中共长春市委所在地)。为了修好这条侵略色彩极浓的军政衙署一条街,对经济、文化统治机构的建筑规模、风格和地点,都作了精心设计与选择,即在宽敞的大同广场四周,以及大同大街、兴仁大路、顺天大街等街路两侧,建筑了一大批三四层高各种格调的高楼大厦,用以显示日伪统治的"威严"与"壮观",并把这些地区称作甲种美观地区(建筑物高度在 22 米以上)或特殊美观地区,大肆宣扬。

1937 年 5 月 28 日上午 10 时,溥仪的卤簿车队,在工藤忠侍卫处长的护卫下开出兴运门,通过被强迫前来夹道"奉迎"的若干条马路上的人群,于 10 时 45 分停在净月潭水源地事务所正门的门前,开始"巡狩"净月潭。

净月潭水源地,占地面积 150 平方公里,1934 年 5 月动工,1935 年 11 月末栏河筑坝完工,1936 年开始使用。

时任伪国都建设局长的郑孝胥次子郑禹在此迎候。溥仪在郑禹陪同下步入休息室,并在这里接受伪国都建设局长郑禹、技术处长近藤安吉、水道科长重住文男等三人的"单独拜谒",然后接受庶务科长藤森园卿、土地科长草地一雄、土木科长伊地知纲彦的"列立拜谒"。看来,"层次"是很分明的。

10 时 56 分,在净月潭水源地事务所开始"进讲":伪国都建设局长、郑孝胥次子郑禹"进讲"上水道建设经过;水道科长重住文男"进讲"一般水道建设状况;技术处长近藤安吉"进讲"地质、古迹及一般状况,其后呈上各种供溥仪观览的资料,同时解答溥仪提出的问题。

11 时 51 分,由郑禹为前导,溥仪徒步游览休息室附近的风光,5 分钟以后到取水塔视察。然后乘汽艇游览水池,"帝室御用挂"吉冈安直在侧。陪同者还有侍从武官、侍卫处长、宫内府大臣、行在主务官、警卫处长、大木宪兵队长及郑禹。照片即为当时的情形。

1937 年 5 月 28 日,溥仪"巡狩"刚刚竣工的净月潭水库工程

正午 12 时 25 分,溥仪所乘的汽艇停在某栈桥边,他由此上岸并登上瞭望台纵览风光。继而在帐篷内野外"传膳",就在这凭天张幕而专设的帐篷内吃起午饭来了。这次野外"传膳"仅用半个小时就结束了。

午后 1 时 18 分,溥仪走向东北方的高台,一边散步一边提出些关于水源、水道方面的技术性问题,由重住和近藤负责"奉答"。又过了大约 40 分钟,溥仪一行开始徒步走向腰站堡东侧乘车场。

当溥仪登车还宫之际,他可能是很满足的。因为在他的车里还多了一包蕨,这是净月潭有名的野生土产,它的嫩叶非常好吃。原来事情是这样的:溥仪在帐篷中午餐后特意把宫内府秘书官加藤内藏助招来,对他说:"可以去采些蕨来,用以慰劳来访的梨本宫殿下。"加藤一听立刻惶恐起来:是呀,这样一件大事,我这当秘书官的尚未想到,"皇上"考虑得多么周全! 于是马上派人到山中采蕨,几十分钟之内已有一大包汇聚起来了。溥仪很满意,随行人员特别是那些日籍的,对溥仪此举深为感动。午后3时,溥仪的卤簿车队返抵兴运门。当然,伪满的电台随后就播出了这条消息:"皇帝陛下已经平安还宫!"

日本殖民统治者把一些最高统治机构都集中设置在新区中心,以突出其军政中心的作用。不管溥仪心里怎么想,作秀也好,无奈也罢,他在1937年9月16日,又"临幸""首都新京建设第一次计划完成纪念式典"。

如前所述,日本殖民统治者早就树立了要把我国东北地区划归日本本土的目标,伪满"建国"后,就开始了大规模的"国都"建设,到1937年9月完成一批重要工程项目,乃于9月16日在大同公园(今儿童公园)内举行"国都建设纪念式典"。

上午10时,"康德皇帝"出宫,由侍从武官长张海鹏和宫内府大臣熙洽陪同,乘坐卤簿车队经兴运路、大马路、朝日通、新发路、大同大街,10分钟后抵达"首都新京建设第一次计划完成纪念式典"的会场。参加式典的有关东军司令官植田谦吉、伪国务总理大臣张景惠及各部大臣。宫内府侍卫处长工藤忠、侍从武官郭文林、侍卫官金智元等随从参加。"新京"特别市长徐绍卿、"国都"建设局长郑禹就"国都"建设成就发表讲话。出席"式典"的臣属向溥仪致最敬礼并恭读"式辞"以后,"康德皇帝""以朗澈之玉音下赐优渥之敕语":"国都建设于兹五年,计划依次进行,规模于此大备,深赖盟邦之援助与诸臣任事之劳勤,朕心良用嘉悦,所望生聚教训,众志整齐,毋忘缔造之艰,益期繁荣之实,其共勉之。"

10时45分,溥仪来到大同广场附近的"国都"建设局,先听取局长郑禹关于"国都"建设状况的介绍,然后由郑禹"恭导",登上三楼平台俯瞰广场附近的建设工地。"眺望国都建设之实际情况"。有一帧照片就是当时所拍,溥仪着军装,戴军刀,其左侧为"总理大臣"张景惠,右侧即"国都建设局长"郑禹,后面那个胖军官即侍从武官长张海鹏。十分钟以后,溥仪下楼,绕大同广场

1937 年 9 月 16 日,溥仪在大同公园内举行的伪国都建设纪念式典上宣读"敕语"

半圈儿,经过"首都警察厅"(今市公安局)、"满洲电信电话局"(今市电信局)。沿兴安大路(今西安大路)西行,11 时 20 分来到伪满国务院(今吉林大学基础医学部),并进入陈列室,"御览国都建设计划及事业进展状态之图表与建设实况写真,诸模型、绘画等",溥仪边参观边询问一些感兴趣的问题。继而出现在特别为他修建的四楼"阅兵台"上,嗣后又往"安民广场"(今新民广场)登上临时搭设的木台,向南眺望"国都"市容和市政建设。这以后又途经南湖堤坝,仍从大同大街折回大同公园内"式场",与参加式典的日满官员等 3300 人在湖畔共进午餐,12 时 44 分又经大马路还宫。

这一切,就好像是在为溥仪修建新"皇宫"、真正重登"皇帝"宝座做精致的铺垫。可是新"皇宫"建设却没有让溥仪及其日本主子心满意足,由于太平洋战争的爆发,新"皇宫"还在地基阶段就已夭折。直到新中国成立后该地才被重新利用,成为被老百姓俗称为"地质宫"的原长春地质学院教学楼。

在伪国都建设中,长春全市共出现了 8 个较大公园和 6 个小公园。其中白山、牡丹、顺天、南湖、黄龙等较大公园和"忠灵塔外苑"、安达街、湖西路等 3 个小公园都在顺天区(属新城区),而大同公园则在大同区(属老城区)。娱乐方面的"国都建设"当然也是不能缺少的,如在铁西的双阳区设有高尔夫球场和赛马场;在东光区设有动植物园;在顺天区设有运动场、棒球场、网球场与滑冰场;在安达街设有日本人的娱乐中心。此外还在新城区一些地方设有妓院、赌场(又叫麻雀俱乐部)、烟馆、舞厅和影剧院等。

与日本殖民者重点打造的新城区相比,大量中国人居住的老城区,却陷入了停滞不前的发展阶段,街路大部分是土路或砂石路,质地较差,路面较窄,两侧无边石和人行道。路上是人畜车马混行,交通不畅。排水主要靠明沟与自然蒸发渗透,致使土路凹凸不平,车辙成沟。

　　为保证这些"美化侵略"的工程能够起到对内"昭明民心",对外"震扬国威"的作用,日本侵略者一方面请来了中日两国著名的城市规划、建筑、给排水、绿化、园林等方面专家,确保工程高质量完成;另一方面也加紧了对中国的掠夺,长春人民为此更是付出了惨重的代价。日本殖民当局急于修路和建筑,不顾中国人民的死活,强拆民房,强占农田,致使大量农民被迫离开家园,到二道河子一带落脚,形成大片贫民窟,而修建"大同广场"和伪司法部办公楼时,更是发生了村民被逼上吊自杀的事件。

位于顺天大街东侧坐东朝西的兴亚式建筑即伪满国务院

　　这里可以写几笔郑禹,他是伪满首任总理大臣郑孝胥的次子,生于1889年,在日本和英国留过学,1931年12月被其父召至旅顺参与和板垣的谈判。1932年3月郑孝胥当上伪满国务总理,郑禹成为伪国务总理秘书官。从1935年5月起任伪满国都建设局局长,1938年1月改任伪满邮政总局局长,同年7月出任伪满奉天市市长,其间大规模修建郑孝胥陵园。至1942年11月调任伪满驻泰国公使,1944年8月返回伪满,又任过"恩赏局总裁"等职。日本投降后,郑禹携全家出逃,直至1954年被北京市公安局逮捕,判了死刑。他儿子郑广元娶了溥仪的二妹韫和,也曾在日本和英国留学,曾任伪满外交部理事官。新中国成立后,在北京市邮电局任工程师,又为新社会的建设服务了。

　　那么,伪满"国都建设"有些什么特点呢?

日本帝国主义让溥仪当伪满"执政",后来又让他登上"康德皇帝"宝座,这显然都是虚假的。然而,他们把"新京"作为"国都"来建设却是真实的。为了把"新京"变成殖民主义政治、军事、经济和文化统治的中心,作为永久战略基地,乃以东北千千万万劳工的血汗和生命为代价,进行大规模基础建设。出现于伪满"国都建设"中的,有"兴亚式"政治类建筑,有社会的、经济的、市场的、服务的等等风格也就不求一律的非官厅民间建筑,还有由学校和科学研究机构使用的风格各异的文化建筑。其中最严格的就是政治类建筑。

伪满从1932年7月到1941年4月,9年间共建造了14个伪政府办公"厅舍",大体顺序为伪临时国都建设局、伪首都警察署、伪经济部(后改为伪建筑局)、伪国务院总务厅、伪国务院、伪司法部、伪吉黑榷运署、伪交通部、伪治安部、伪经济部、伪产业部、伪兴安局、伪开拓总局和伪祭祀府,这就是出现于伪满"国都"建设中的政治类建筑。其中就包括了伪满洲国的八大统治机构,至今还在称呼的"伪满八大部",即伪军事部、伪司法部、伪经济部、伪交通部、伪兴农部、伪文教部、伪外交部、伪民生部的统称。日本殖民统治者把伪满八大部和伪满新皇宫、伪满国务院等都设置在顺天大街两侧或"国都广场"四周即建设新区的同时,又把关东军司令部、关东军宪兵司令部及一些重要会社,设置在"大同大街"和"大同广场"两侧或四周,"新京市"两大轴线(顺天大街和大同大街)两侧建筑一起,构成"新京"城市的容颜,更能显示日伪统治的"威严"与"壮观"。

日本国内某些政府建筑,被称为"帝冠"风格的建筑,建筑的上半部分带着古典式的帽子,中间有琉璃瓦屋檐,下半部分则是现代风格,最能体现侵略扩张的思想和殖民统治的思想。伪满"国都建设"中的政治类建筑,大多为钢筋混凝土框架结构,冠以中国式或日本式屋顶的建筑,可以说是延续了日本国内政府建筑的"帝冠"风格,而且多座建筑,多种形式,各具特色,绝无雷同。如关东军司令部就是基本上采用了"帝冠式"建筑风格。又如伪满国务院办公楼就是仿日本帝都博物馆修建的,但规模更大,表现了"帝冠式"和"闭合式"相结合的特点。然而,"新京"的官厅建筑风格却被定名为"兴亚式",为什么呢? 这最早是由伪满国都建设局顾问佐野利器提出的,他认为应以"满洲的氛围"为基调,要反映伪满洲国的政治体系和意识形态。虽然伪满只是日本入侵满洲的产物,但当年公开对外宣传的调子则是"五族"(日、汉、满、蒙、鲜）民族"和谐"，因此就要在官厅建筑上对此有所体现，最终没有选择欧美的古典式样和当时流行的国际摩登建筑式样，而以日本国内"帝冠"建筑式样为主，再附加若干中国建筑式样，也就"创意"了所谓"兴亚式"。这些保存完好的"兴亚式"伪满遗建，现已成为日本侵华罪恶史和民族耻辱历史的见证。

伪满"国都建设"又给"新京"城市带来哪些特点呢？

一是城市绿化：吸收了欧美的田园城市理论，根据长春的城市环境，规划全市的绿化系统。

二是电路地下化：长春主要干道都采用了电力、电讯、照明线路的地下化，在建设新区则设置了电力线路的走廊。

三是圆形辐射式广场：为适应30年代的城市交通方式，多处采用了平面的环状交叉，建成多处圆形辐射式广场。

"新京"圆形辐射式广场——新发广场

日本殖民统治者的新区建设，首先是为了适应与满足他们自己高标准的生活与消费，为了他们自己的享乐。例如具有庭院式官邸、住宅和公寓以及近代化生活设施的建筑，都集中在日本人集居的顺天（地质宫一带）、安民（新民广场一带）、敷岛（原满铁附属地）、大同（原旧城）、长春（原商埠地）、东光（桂林路、同光路一带）、西阳（西朝阳路一带）等区域。

当年耸立起来的建筑物依然存在，它们曾经有过的殖民统治、经济掠夺、思想控制和反满抗日的种种功能，度越半个多世纪的尘封，仍可再现那血淋

"新京"日本官吏住宅区

淋的历史画面,述说着当时发生的许多重大事件,那是法西斯强加给中国人民的灾难,那是侵略者逼迫我东北同胞起来斗争。

42. 新帝宫的开工与停建

1932年3月,把原吉黑榷运局办公楼改建成伪满执政府,这当然只能是应急举措。1936年增建同德殿,也是过渡性质的权宜之计。尽管如此,做得还是很认真:设计者由营缮需品局宫廷造营科科长相贺兼介担任,施工由当时在房屋建设方面评价很高的户田组负责,竣工后严禁拍摄临时宫殿的照片。宫廷外苑庭园的设计由兼任建筑局技佐的佐藤昌负责,既没有采用日本风格,也没有采用中国风格,而是采用了西洋洄游式设计,在庭院的东北和西北部,都有假山,假山下面建有可直通宫殿的防空洞,而庭园中部洼地注水后成为水池,水池中央还建了一个小岛,假山和水池是直到1945年才最后竣工的。

日本殖民统治者不会不考虑替溥仪把伪满的门面,特别是溥仪任伪执政和伪皇帝期间办公和居住的地方装潢好,所以很快又展开了伪满新皇宫的策划、设计和施工过程。

当年的伪满"国都"建设,不但在大同大街两侧耸立起许多大楼,还重点兴建了另一条大街，即南北走向宽阔的"顺天大街"（今新民大街），街心建有美丽的绿化长带，其间有花坛，有松树、柏树、丁香树和两侧高可钻天的杨树，随着季节变化而因不同花木呈现出缤纷的色彩，伪满国务院及下属"八大部"的办公室全部坐落大街两侧，各具特色，绝无雷同。其南端建有今称为新民广场的圆形且极为宽广的"安民广场"，再向南便是绿树成荫的森林式南湖公园了。这条长达1500米的绿色长廊，显然也是一条很有历史厚重感和"森林城"特色的城市街道。当年选定位于顺天大街北端的杏花村作为新皇宫"宫廷建筑用地"，占地面积约52公顷，相当于北京故宫的三分之二。把新皇宫正殿前占地约14公顷的区域，规划为可容纳30万人的"国都广场"，作为国民遥拜伪皇帝的场所。这一当年政治化布局，象征着"顺天安民"的"王道政治"和伪皇帝的"龙位常青"与"万寿无疆"。新皇宫东西两边也各有一条南北走向的大街，分别取名叫东万寿大街和西万寿大街，溥杰的住宅即坐落于西万寿大街117号，正是新皇宫的右侧。

1938年9月10日，在"国都广场"举行了"宫廷造营兴工式"也就是新皇宫开工典礼。随即进行了大规模的勘探和设计，并投入施工，"整地工程"全面展开，伪政权机关公务员们也都要"勤劳奉仕"，也就是"义务献工"。据当年公布的数据，自1941年5月到8月，累计达34551人次。"正殿"施工后，浇灌了基础、地下室和部分地上混凝土。沿当时东、西万寿大街（今东、西民主大街）还修了两道"宫墙"，他们要把这座傀儡皇宫建成"国民向往的居城"，保持"禁城的威严"，以"昭明民心"，"震扬国威"。

当年在伪国都建设局任职的中国建筑师彭野教授，主持了新皇宫的规划工作，他遵照中国古代宫廷"前朝后寝"的传统模式，根据北京清宫的布局格调、建筑造型和造园艺术，精心设计了新皇宫的建设方案，如对外廷、内廷与围墙的设计，对天安门、午门、太和殿、御夫房、重华门、翊坤门、御花园、神武门，以及太庙、佛堂等功能不同的建筑和周围环境的安排，都是非常精心和独到的。

尽管日本殖民统治者用心良苦，设计精美，机关算尽，最终却未能把傀儡皇帝放到新皇宫太和殿的"金銮宝座"上，也未能让他足涉"万代池"，手攀"万寿山"。伪国都建设一切施工现场都在太平洋战争的炮声中停止了。原计划8年建成，到1943年日本在太平洋战场上节节败退，物资匮乏，水泥、钢材和有色金属材料更为紧张。遵照日本主子旨意,溥仪宣布把"皇宫工程"储备的金属材料"献纳"给日本皇军用于"大东亚圣战"。

当日军大将山下奉文晋见溥仪之后率部南侵而成为"马来亚之虎"的时候,新皇宫工程刚刚显露于地面的那两道"宫墙"也不过才砌上红砖,广场和道路也只是栽了些松树,尚未来得及贯通和装饰。在太平洋战争隆隆炮声中不要说新皇宫的建设,连悬于旧皇宫大厅的吊灯上的黄铜、铺设在宫内的地毯及一切装饰物中的白金制品,通通作为"军需品"捐献给"大东亚圣战"了。彭野教授的新皇宫建筑的精美设计也只能付诸一纸空文,而留下一片唯供想象的地基与框架,这也算是一段"历史悲剧"了吧!

日军在战场上节节败退,物资极度匮乏,不但"皇宫"停建,伪国都建设一切施工现场都停止了,长春的上空也充满了浓烈的火药气味,日本关东军被一批又一批调往南方战场,东北的粮食和物资也被源源不断地装满军需列车,开往前沿阵地。据统计,自 1943 年 10 月至 1945 年 3 月关东军就有 20 个师团,9 个旅团,1 个方面军司令部,3 个军司令部,9 个炮兵、工兵、运输兵司令部被陆续调往东南亚,还有 7 个师团调往朝鲜半岛南部和日本国内,以备"本土决战",而关东军储备的军用物资约三分之一和一大批军事指挥官也调回日本国内,关东军在我国东北的实力已经大大削弱了,后来虽经扩充或重新组建,毕竟元气大伤,已不再是"精锐"部队了。关东军司令官也不再叫嚣"北进","主动出击,毁灭苏联沿岸海空军基地"了,而把对苏作战的方针改定为"大体维持现状,加强防卫,严密警戒,尽量避免发生战争"。

溥仪并未能享用"新帝宫",总算是曾在杏花村搭"天坛",为"登极"而行过"告天礼"。抗战胜利后杏花村更加荒芜,只有两道砖墙和一座混凝土地基而已,到 1948 年春国民党统治下的长春陷入饥荒,饥民们来此采挖野菜,连一些树木都砍掉了。

新中国成立后,著名建筑学家梁思成按照中国古代建筑风格设计,利用伪满规划建设的"皇宫"原基址,终于在 1953 年兴建起一座高大壮观、金碧辉煌的绿色瓦顶中国传统宫殿式大屋顶建筑,由于被用作长春地质学院的校部,中国科学院院长郭沫若亲自为之取名"地质宫"。其建筑面积 3 万平方米,楼内设有地质博物馆,从各种珍贵宝玉石、矿产到恐龙等古生物化石、标本,可谓应有尽有,成为自然科学界地学胜地。而原来规划可容纳 30 万人、用作"国民遥拜伪皇帝"的"国都广场",现已建成为拥有 18 万平米可容纳 50 万人集会的"地质宫广场"(今称"文化广场")了。从 20 世纪 50 年代至 80 年代,每年一度的吉林省和长春市"五一"劳动节、"十一"国庆节集会,都在这里举行。

转眼半个世纪过去了,今天的文化广场,中央是太阳鸟雕塑,北面为露天音乐坛,最北端为地质宫主楼。整个中轴线采用天然花岗石铺砌,给人以自然、庄严、厚重的感觉。中心广场及两侧均为绿化用地和园路用地,总面积 4 万平方米,还饲养了 3000 只广场鸽,鸽子自由自在地在天空飞舞,喷泉吐出晶莹的水花,每当春秋季节,广场上空飘舞着美丽的风筝,情趣盎然。游人观光,孩童嬉戏,有读英语的,有弹琴的,有唱歌的,和着孩子们的欢笑,交织成一幅美丽的画卷。今天的新民大街已经成为长春市的文脉,有历史,有景致,有品位,有故事。这一切,构成一道美丽的城市风景线,成为长春人休闲的理想去处。至于那段遥远的历史,就只有从这段残存的宫墙中寻找了,它从历史中走来,走向未来的美丽。

43. 伪满"国都建设"中的"兴亚式"政治类建筑

政治类建筑,就是在伪满"国都建设"中出现的众多官厅建筑,其风格已确定,一律称作"兴亚式"。

日本关东军司令部　坐落于新发广场西侧(今长春市人民大街 55 号),占地 342212 平方米,建筑面积 15276 平方米,钢筋框架结构、紫铜瓦铺顶的日本式建筑,始建于 1933 年,1934 年 10 月落成。在这座建筑正中三层塔楼的顶部,悬挂着象征日本天皇的金色"菊花御纹章",是"兴亚式"建筑样式中最富威严的"帝冠风格"。

自从日本关东军导演的"满洲建国会议"把长春定为"国都"以后,当时已在沈阳的日本关东军各机构,就开始向长春迁移。据长春史志老专家于泾先生考证,到 1932 年冬,关东军各机构已经陆续迁来长春,因为临时找不到一座大建筑,只能采取权宜之计,司令部的主要机构挤进了位于长春站前广场西侧的"满铁长春地方事务所"楼内二、三两层,关东军特务部则使用位于"西公园"西北侧的"南满铁路守备队"营房,而关东军司令官本庄繁等高级军官就住进站前"大和旅馆"的套房内。于是,他们很快又开始为关东军各机构修建自己的巢穴,且把巢穴就选择在已经从西公园门前向南拓展所越过的原新发屯一带大同大街路段上。从1933年春开始,短短两三年内就陆续建成了关东局大楼、关东军司令部大楼、关东军司令官官邸楼和关东军宪兵司令部大楼等,这些当年长春的一流建筑,全都坐落在原新发屯一带"大同大街"上。

在关东军司令部西侧,绿树草丛环绕中,有一座造型奇异的二层城堡式建筑。它坐落于花园般的环境中,建筑表面所镶嵌的褐色瓷砖斑驳陆离、古色古香,给人以岁月沧桑之感。但在伪满时期它却是令人感到阴森可怖的楼宇。因为这里就是"太上皇"——伪满最高统治者关东军司令官官邸。还是在修建关东军司令部之初,日伪当局即已开始为关东军司令官修建他的起居之所。修建中无论是对官邸的位置,还是造型设计,以及材质的选择,都煞费苦心。1934年10月与关东军司令部大楼同时启用。关东军司令部现为中共吉林省委机关,关东军司令官官邸现为松苑宾馆,都保存完好。

9个月以后的1935年7月,占地约30万平方米,建筑面积12116平方米的关东军宪兵司令部也落成了。这是一座长方形坐北朝南的四层建筑,钢筋混凝土结构,外用酱色瓷砖贴面。现为吉林省政府办公楼,保存完好。

伪满国务院 坐落于顺天大街东北角上,建于1935年,钢筋混凝土框架结构,正门朝西,整个结构呈"川"字形,塔式屋顶,塔楼重檐下立4根大圆柱于墙外,楼顶盖棕色琉璃瓦,地上五层,地下室一层,楼顶茸以烟色琉璃瓦,外墙用咖啡色瓷砖贴面。正门朝西,酷似东京日本国会大厦的造形,而与其他现代城市建筑明显不同。伪满国务院是伪满政府的最高行政中枢机关,掌握"全国"行政事务,也就是日本对中国东北进行大规模经济掠夺的规划和操作。1933年日本政府曾派一名驻伪满国务院的最高顾问宇佐美胜夫,直接监督和指导伪满政务。后因与伪满国务院总务厅长的权力范围发生重叠和矛盾,乃自行撤离。伪满国务院主要行政领导部门是总务厅,由日本关东军先后指派驹井德三、阪谷希一、远藤柳作、长冈隆一郎、大达茂雄、星野直树、武部六藏等,出任总务厅长或总务长官。伪满在组织上标榜以皇帝为中心的中央集权,实际是以总务厅为中心的高度集权,总务厅长和总务长官事事受命于关东军第四课,所以日本关东军司令官才是伪满洲国真正的统治者。在这栋楼里办公的"总理大臣"张景惠的境遇与前任郑孝胥并没有什么不同,都是在总务厅严密控制下,"批阅文件、发布命令",谨慎地行使着有限的权力。伪满国务院四楼平台也是溥仪的阅兵台,他曾多次在此向行进中的伪满军队行举手礼。溥仪还亲手在楼前门厅右侧植松一棵,至今仍在生长。伪满国务院旧址今为吉林大学基础医学院。

　　伪满军事部　坐落于顺天大街西北角上,建于1935年(1970年上接一层),钢筋混凝土框架结构,整个建筑呈三角形。伪满初年称军政部,其职责是代表"执政"溥仪统辖伪满军队。改行帝制后,伪皇帝溥仪就以"陆、海、空军大元帅"的名义,正式将伪满国军的指挥权交给了关东军司令官。1937年改称治安部,1943年又改称军事部,是指挥伪满洲国军队镇压抗日民众的机关,管辖国防、兵事、军政、铁道及水运的警护。伪满将校们在这里秉承日本主子的意志,指挥东北各地军、警、宪、特镇压人民,残酷围剿抗日力量,强令

伪满军事部

东北人民接受日本帝国主义统治,把东北变为日寇的殖民地。张景惠、于芷山、于琛澄、邢士廉先后出任伪满军政大臣,板垣征四郎、佐佐木到一先后出任顾问。溥仪二弟溥杰、三妹夫润麒都曾在此"办公"。伪满军事部旧址今为吉林大学白求恩医学部第一临床医学院。

　　伪满经济部　坐落于顺天大街西侧中段,建于1938年,钢筋混凝土结构,建筑平面呈长方形。伪满初年称"财政部",熙洽出任财政部总长,实行帝制后孙其昌、韩云阶先后出任伪财政部大臣。1937年7月机构改革后改称经济部,蔡运升、阮振铎、于静远相继出任伪经济部大臣。生于1898年的于静远是出卖祖国资源的老牌汉奸于冲汉之子,历任伪满新京特别市市长、兴农部大

伪满经济部

臣、产业部大臣、民生部大臣和经济部大臣,如果不是伪满很快垮台,他是最
有希望爬上伪总理大臣那把交椅的人。经济部的职能是掌管税务、专卖、发
行货币、监管金融、投资、商事、贸易等,在经济部内仍是日本人以顾问或权威
等身份掌握实权,疯狂掠夺东北资源,排挤地方民族工业,为侵略战争服务。
溥仪也曾来此"巡幸"。伪满经济部旧址今为吉林大学白求恩医学部第三临
床医学院。

　　伪满司法部　坐落于顺天大街东侧中段,建成于 1935 年。平面呈长方
形,钢筋混凝土框架结构。司法部成立于 1932 年年底,设有总务司、法务司和
行刑司,掌管司法、法院、检察院、监狱、民事、刑事、民籍、地籍和其他司法行

伪满司法部

政事务。它以制定镇压爱国力量的法律,而为日本帝国主义的侵略政策和殖民政策服务。冯涵清、张焕相、阎传绂先后任大臣。张焕相生于1881年,辽宁抚顺人。毕业于日本陆军士官学校,曾任东省特别区行政长官等职,九一八事变时他在天津,却于1936年秋乘船经大连回乡,在抚顺自建神社供奉天照大神,遂被日、伪当局捧为"敬神家",并于1937年5月出任司法部大臣,1942年9月转任伪参议。1956年病死于抚顺战犯管理所。阎传绂生于1895年,辽宁金县人。毕业于日本东京帝国大学,作为受过日本教育的关东洲中国人,得以被另眼相看,官运亨通,在战时紧急状态下接替张焕相出任伪司法部大臣,后被俘囚苏,1950年引渡回国后病死于抚顺战犯管理所。溥仪也曾来此"巡幸"。伪满司法部旧址今为吉林大学白求恩医学部。

伪满交通部

伪满交通部　坐落于顺天大街西侧南段,建于1935年。伪满初期即设立了伪交通部,丁鉴修出任伪总长,李绍庚、谷次亨先后继任伪交通部大臣。该部负责管理铁路、公路、邮便电信、电话、航空、内河航运及一般交通事宜,水、路、空三位一体,是日本殖民统治者的大动脉。溥仪也曾来此"巡幸"。伪满交通部旧址今为吉林大学白求恩医学部公共卫生学院。

伪满兴农部　坐落于今自由大路20号,钢筋混凝土框架结构,建筑平面呈"弓"字形。该部系由伪满实业部和产业部而来,是所有永久性产业行政机构的中枢机关,掌管东北的农、林、牧、水产和矿业等,把大批中国财产白白送给日本帝国主义。伪满兴农部原楼已拆除,在其旧址上,东北师范大学附属中学已盖起新楼。

伪满民生部　坐落于大同大街西侧,平面呈长方形,钢筋混凝土框架结构。原名"民政部",1937年改称"民生部",1945年3月又改称"厚生部"。该部目的在于制造奴化舆论,强制征集劳力,为侵略战争服务。伪满"国民勤劳奉公总队"就是由"民生部"组建,奉公总队总司令由"民生部大臣"兼任。溥仪还曾在辽宁省锦县检阅过那里正在演练的 1000 余名勤劳奉公队员。在"大东亚战争"中人、财、物紧张起来以后,该部又出

伪满民生部

台许多直接关系民生的反动政策。伪满民生部旧址今为吉林省石油化工设计研究院。

伪满文教部 坐落于今自由大路 18 号,为"凹"型二层楼,钢筋水泥结构。主管学务、宗教、社会教育和思想文化统治。郑孝胥、阮振铎、卢元善先后出任伪文教部大臣。日本投降后这栋楼被长春大学占用,新中国成立后由东北师范大学接管,其间曾发生火灾并复修增建,现为东北师范大学附属小学教学楼。

伪满外交部 坐落于杏花村附近,建成于 1934 年,建筑面积 9700 平方米,带地下室。这栋法国风格宫堡式建筑是由法国一家建筑承包商设计和承建的,从高空俯视就像一艘航行在海上的大船。据说法国人的用意是:富饶的满洲不应由日本人独占,欧美列强也想上船来分

伪满外交部

一杯羹。该部当年所从事的一切外交活动,都是按照溥仪与日本所签卖国《密约》和《日满议定书》的原则,为了"与亲邦日本"建立"不可分之一体关

系",把我国东北的主权一项项出卖给殖民统治者。伪满初年当上第一任外交部总长兼"协和会"事务局长的谢介石,生于1878年,台湾新竹人。他早年曾参与张勋复辟事件,也以遗老自居,与溥仪早有联系,后又改任伪满驻日特命全权大使,1937年辞官后下落不明。其后任先后为张燕卿、阮振铎、李绍庚等。他们在任期间,日本、挪威、利比里亚、萨尔瓦多、立陶宛、意大利、尼泊尔、土耳其、德国、西班牙、丹麦等国,先后与伪满建立了"外交关系"。这些国家,或为日本的傀儡国,或为日本的法西斯同盟国,如此而已。溥仪在1937年9月18日就"外交部"事宜发布诏书:"……尔众庶官体盟邦膺惩之大义,念我国当务之重任,上下相助,各备职事,协和亲睦,众志成城,振张国纲,以发扬一德一心之真意义。举其全力,以贯彻共同防卫之精神。任何艰阻,当与盟邦相共,庶几奠定亚东,同臻郅治,凡尔民众,永矢弗渝。"实为亲日外交的自我表白。"外交部"旧址曾由吉林省社会科学院使用,今为"太阳会"会所地。

伪满综合法衙

伪满综合法衙 坐落于顺天大街东侧南端、安民广场东南角上,建成于1936年,地上五层,地下一层,钢筋混凝土框架结构,正中塔式楼顶,葺以紫红色琉璃瓦,外墙用咖啡色薄砖贴面,外表均采用圆角曲线形,设计独特。所谓"综合法衙",实为伪满最高检察厅、最高法衙、伪新京特别市高等检察厅、伪新京特别市高等法衙等机构的合称。它是伪满最高司法机关,是日本殖民统治者镇压中国人民的主要工具之一,楼内设有刑讯室和绞人机等几十种刑具,不但可以根据各种各样的罪名残酷迫害东北人民,还可以根据"国防拘禁"、"保护监察"等莫须有罪名任意捕人杀人。伪满综合法衙旧址今为中国人民解放军空军461医院。

伪满新京市政公署 坐落于大同大街东侧、大同广场东南角上,建于

1933年,初期由伪满文教部使用,继而成为"新京"市政公署,再后来是伪满国都建设局办公处。掌管"新京"城市的区域划分、建设规划和城市管理等等,特别是郑孝胥之子郑禹出任伪满国都建设局局长在此办公时期,溥仪多次"临幸",并在大同广场上抛头露面,以鼓动"国都建设"向前推进。伪满国都建设局原楼已拆除,原地重建之新楼为长春市委机关。

44. 伪满"国都建设"中风格不一的民间类建筑

　　民间类建筑,就是在伪满"国都建设"中出现的非政治类建筑、非官厅建筑,比如社会的、经济的、市场的、服务的等等,其风格也就不求一律了。

　　伪满康德会馆　坐落于新发广场以南、大同大街西侧,1934年建成,占地面积约为6525平方米,1995年在原四层的基础上又加高二层。"康德会馆"是为前来掠夺中国资源的日本各大财团提供交通、膳宿、邮电及游乐等服务的地方,还是以出租房屋为主业的综合办公楼,先后有"满洲生命保险株式会社"、"满洲合成燃料株式公社"、"满洲拓植公司"等众多大公司在此办公。这座以溥仪的年号为名牌的建筑,是一座充满罪恶的巢穴。新中国成立后长期为长春市人民政府办公楼,直到2006年迁出,保存完好。

　　伪满中央银行总行　坐落于大同广场西北侧,一座外形斑斑粼粼的长方形四层深灰色建筑,是满洲首个钢筋混凝土建筑,是把日本内地流行的欧洲文艺复兴式建筑照搬了过来,并没有特别考虑伪满的政治形态和风土人情。伪满中央银行总行是日本帝国主义在东北沦陷14年间的金融中枢机关。1932年7月1日正式开业,溥仪亲临开业典礼现场,特颁布"训谕",由郑孝胥代读:"国家银行为利用厚生之根本,与人民有极巨至切之关系,各先进国无不注意于此。今日满洲中央银行成立,总裁荣厚等才识优长,经验宏富,营立始基,予甚嘉之。所望益励厥成,力求完善,保持货币之安定,调剂金融之均平,国用民生,实利赖焉。"伪满随即把修建中央银行新行址列为第一期建设重点项目,投资最大、工期最长、成为最坚固建筑,从1934年4月22日开始修建地下室——银行的金库,每库之间都是用钢网层层拉制再灌混凝土,施工难度较大。该建筑地上四层,地下二层,在顶部建有塔楼。建筑高度从地基

伪满中央银行总行大楼

算起达 21.5 米,至最高处塔屋的高度为 27.5 米。在正前面建有 10 根等距离圆形石柱,使整个建筑看上去宏伟壮观。日伪当局对伪满中央银行的建设非常重视,对工程质量的要求也十分严格。这幢伪满最大金融机构、号称"第一大建筑"的伪满中央银行,历时 4 年零 3 个月,到 1938 年 8 月方告竣工。在伪满年代,它垄断货币发行,调控国民经济,排挤民族资本,完全服务于日本的殖民掠夺和侵略战争。伪满中央银行总行原建筑,现由中国人民银行长春市分行使用,保存完好。

伪满电信电话株式会社 坐落于大同广场西南侧,1935 年 8 月建成,是日伪统治时期经营关东州、满铁附属地和伪满洲国行政权管辖地区电信、电话、广播及其他电气等有线、无线通信事业的统一机构。1933 年 9 月 1 日会社成立时临时设在大连,后迁来"新京"。到 1942 年 4 月,该会社广播部与"新京"中央广播电台合并,负责伪满全境广播电台的控制、指导和监督,是日本帝国主义最强有力的侵略喉舌。"康德皇帝"的"诏书"、"敕令",以及歌颂傀儡皇帝的奉承文字和同类报道,全都要借助这里的电波传出去。原建筑现由吉林省通信公司长春市分公司使用,保存完好。

满洲重工业开发株式会社 坐落于大同广场以北,是日本帝国主义对东北进行经济侵略的大本营,是包括原材料开发和制造于一体的大规模重工业公司,是日本帝国主义利用资本对东北进行掠夺的经济侵略机构,在日本关东军和伪满军政力量的保护下捞取了巨额利润。新中国成立后这幢大楼保存完好,长期由吉林日报社使用,现已迁出。

三中井株式会社 坐落于大同广场以北,1936 年建成,建筑面积为 2000

平方米,白色四层楼房,它是由日本人中江胜治郎开设的株式会社连锁店。由于经营得当,会社规模不断扩大,在朝鲜、日本国内的京都、东京等地拥有众多连锁店,年营业收入300万元,"满业"的成立使日本帝国主义对东北经济的掠夺合法化。现为长春百货大楼,原建筑保存完好。

此外还有1935年建成的伪满海上会馆、1938年建成的伪满新京宝山洋行、1938年建成的伪满新京邮政管理局、1938年建成的伪满大同公园、1940年建成的伪满新京动植物园等建筑或园林多座。

45. 伪满"国都建设"中的文化类建筑

伪满"国都建设"中的文化建筑主要为学校和科学研究机构,而最重要的,当属伪满建国大学。

伪满大陆科学院　坐落于大同大街南端西侧,1938年建成,占地面积25万平方米,为地上三层白色楼房。它的建立,最早是由时任伪财政部总务司长的星野直树提出的。至1941年相继建有工厂、实验室和仓库等18栋房舍,为当时长春规模宏大的综合性科学研究机构,包括农产、林产化学、畜产化学、生物化学、有机化学、无机化学、燃料、机械、动力、上下水等14个研究室,还下辖马役、兽医、地质3个研究所及卫生技术厂,是日本帝国主义掠夺我国东北资源实现其"以战养战"的重要工具。院长先后由日本"科学家"直木伦太郎、铃木梅太郎担任。日本投降后,主体建筑一部分被焚烧,设施和器材也遭到不同程度的破坏。1948年长春解放后,在其遗址上建起中国科学院长春应用化学研究所。

伪满中央警察学校　坐落于大同大街南端南岭一带,根据1932年6月第30号教令开始筹建,1935年7月16日新校舍建成启用。总占地面积为58486平方米,建筑面积为11044平方米,为红砖二层建筑。包括校长室、各科教室、职员办公室、舍监室、事务室、会议室、图书室、武道场、枪械库、警察参考室、病房、医务室、值班室、宿舍等,可容纳935名学生。二楼还有可容纳千人的大礼堂。现由吉林大学(原吉林工业大学)使用,原建筑大多保存完好。

　　伪满新京医科大学　坐落于大同大街南端(今人民大街 110 号),1935 年从吉林迁至长春时为"新京"医学校,1938 年 5 月升格为医科大学,1939 年新校舍建成,隶属于伪满民政部,院长由"新京"市立医院院长山口清治博士兼任,教材全部使用日文,教学全部使用日语。现为东北师范大学生物系,原建筑大多保存完好。

　　伪满建国大学　坐落于大同大街南端西侧(今人民大街 121 号),1938 年 5 月建成并使用。占地 65 万平方米。现为长春大学校区。

　　伪满建国大学完全是按照关东军的旨意创办的。伪满洲国成立后,日本帝国主义为达到泯灭中国人民民族意识的目的,大肆推行殖民地教育。他们采取的措施是首先破坏中国传统的民族文化教育,下令关闭所有的中国学校。从 1933 年起,日本侵略者就开始创办殖民高等学校,先后创办了为其进行经济掠夺服务的大学"哈尔滨工业大学"、为培养军事骨干和扩大侵略战争而创办的"陆军军官学校"等一批为殖民统治服务的学校。

伪满建国大学

　　为了适应殖民统治的需要,关东军认为必须建立一个能够培养出大批殖民统治骨干的场所。1937 年,由关东军第四课(即满洲课)参谋少佐迁正彦拟定了关于创办培养亲日干部学校——"建国大学"的草案,经总务厅长官星野直树审核后,于 1937 年 2 月在伪满新京成立了"建国大学创建委员会",由关东军参谋东条英机等 15 名各界要人组成,东条英机为委员长,总务厅长官星野直树为副委员长。经过紧锣密鼓的准备后,于 7 月 15 日至 19 日在"新京"军人会馆召开创建委员会会议,审议并通过了《建国大学令》、《建国大学创立纲要》、《第一批新生选拔要领》、《教授聘请计划》等文件及建校三个阶段的具体规定。会上还确定了校名为"建国大学",校址选在伪满新京欢喜岭(今南岭)。同年 8 月 5 日公布了《建国大学令》。

经过一年紧张的修建,伪满建国大学于 1938 年 5 月 2 日正式落成,并于同日举行了开学典礼。关东军以溥仪的名义颁发"敕书",确立了"建国大学"为伪满洲国最高学府的地位:"今于此创立政府建国大学,为将来国家造就骨干栋梁人材之时机也……使命之重大刻不容缓。"

伪满建国大学是专门培养效忠顺从侵略者的奴才学校,所以其地位极为特殊。伪满的一般学校均属于国务院下设的文教部管辖,而建国大学则直接由伪满国务院管辖,行政级别与伪文教部平行。一般大学校长均由伪满文教部大臣任命,而伪满建国大学的校长则由伪满国务总理大臣张景惠兼任,称为"建国大学总长","副总长"先后为作田庄一博士、尾高龟藏中将,大学的人事、财务等都归伪满国务院总务厅直接管辖。这座由日本在伪满兴办的重点大学,实权当然要操纵在日本人手中。

伪满建国大学招考新生,每年都早于其他各大学,而且报考手续繁杂,要求条件高,考试选拔也比较严格。要经过两次考试,首次考试合格者,才有资格参加第二次考试。第二次考试包括口试、审查及体检。审查什么呢? 就是专门考查学生的"政治思想品德",每个新生都要经过特务机关、日本宪兵队等非公开严格检查,合格后方可入学。其合格标准是学生除了知道日本和"满洲国"为其"祖国"外,不许有其他任何"祖国观念",更不准认为自己是中国人。

伪满建国大学的学生主要由所谓的"满洲国家民族者",即伪满洲国内的日本人、朝鲜人、台湾人、满洲人、蒙古人及白俄罗斯人构成,学生均为健康男子,吃住都在学校,学费由伪满当局负担。学校纪律规定严格,学校主要教授政治、经济、文教及其他基础科学,还对学生进行军事训练、武道训练、农事训练。日本人以汉语为必修课,其他人均以日语为必修课。

伪满建国大学的学制为 6 年,其特别处是被划分为前后两期,修业年限均为 3 年,前期属预科,一年级入学资格为国民高等学校毕业或者日本学制中等学校四学年修满者;后期属本科,入学资格则为前期学业已完成者,或其他国立大学毕业者,年龄不得超过 24 岁(日本人不得超过 23 岁)。

在前期学习的三年中,以基础教育为主,学生在规定时间内要学习日文课330节、汉文课330节,历史课330节、地理课220节,而军事训练课更多,高达430节,主要进行各兵种联合训练、战车训练、航空训练等。还有包括柔道、剑道、弓道等在内的"武道训练"课,课时达690节,居各课程学时之首。后期学习就以研究专门学术为主了。

太平洋战争爆发后,伪满各大学学制均缩短,只有建国大学学制仍保持为六年。直到1943年将前期三年学制改成二年半,这是因为按新规定,伪满建国大学毕业的学生,还要再到大同学院受训3个月,更加强化实用、实战了。

伪满建国大学培养学生的目标之一就是"协和会"职员,在其章程总则中规定"建国大学的学生是实现协和理念的同志",学生入校后必须加入"协和会",在学校内还成立了"协和分会",负责学生的政治思想工作。伪满建国大学把副校长作田庄一编写的《满洲建国原则和意义》一书作为教材,该书极力宣扬日本的"大陆政策",它成了学生思想教育的主要教材。此外,"协和会"还经常派人到学校讲学,学生在课余时间也经常到"协和会"去实习,学生毕业后约有五分之一被分配到各级"协和会"工作。伪满协和会是向东北人民灌输"建国精神"的反动政治中心,而"建国大学"的宗旨是培养深刻领会"建国精神"殖民统治骨干力量的基地,这就使二者相辅相成,成为日本殖民统治的两大支柱。

伪满建国大学在其存在过程中,由于宗旨明确,注重把教学与军事紧密地结合起来,并强调德重于智,行重于知,因此为日本帝国主义殖民统治培养了一大批奴才,这些学生在政治上为日本殖民统治尽忠效力,在军事上心甘情愿充当侵略者的马前卒。

伪满建国大学被吹嘘为"名冠亚洲",日本来伪满访问的重要人物如裕仁天皇的弟弟秩父宫、高松宫、三笠宫及李王垠殿下、闲院宫殿下等,都曾到伪满建国大学"视察"。1943年6月12日,伪满建国大学举行该校首届毕业典礼。"康德皇帝"溥仪还"临幸"学校,亲自为毕业生颁发证书。

伪满建国大学自建立到1945年8月伪满洲国垮台,历时8年,共有8届学生入学,总数约1300余名,其中日本学生占一多半,兼收少量中国(不足三分之一)、朝鲜、蒙古、白俄罗斯学生,以示"民族谐和"。总共毕业三届学生,大多被分配到伪满政府各级部门、"协和会"各级组织、军需会社、满铁等,其中一部分人成了日本侵略者的骨干分子。其旧址现由长春大学使用,原建筑大多保存完好。

　　此外还有 1935 年建成的伪满丰乐剧场、1939 年建成的伪满株式会社满洲映画协会,以及 1939 年成立的伪满新京法政大学等建筑多座。

第九章
"皇权"何在?

46. 签订卖身契《日满议定书》与溥仪致本庄繁函

　　1932年9月15日,日本关东军司令官兼驻满特命全权大使武藤信义和伪满总理郑孝胥,在伪满执政府内签订了溥仪的卖身契——《日满议定书》。溥仪出席了签字仪式。该约规定日本将在伪满驻军,以保护其安全。签字后,溥仪举行午餐会招待武藤信义并发表演说词。签订《日满议定书》所换取的代价便是日本政府对伪满的承认。同日,武藤信义以"首任驻满大使"身份向溥仪递交了《国书》。

　　这是溥仪就任伪满执政后的重大事件,当年媒体对此做了如下报道:

　　　　《日满议定书》签订仪式于执政府举行,日本方面武藤信义大使,满洲国方面郑孝胥分别在议定书上签字。九时正,执政于签字仪式完毕后,即召日满双方出席人员,享以香槟酒,并作纪念摄影。

　　　　调印完了后即返回旅馆之武藤全权及随员一行,旋于正午许再赴执政府,出席午餐会。列席者

54人,执政坐于中央,武藤全权及郑总理坐于其右。小矶参谋长、谢外交部总长以下坐于其左,举杯庆祝两国前途。宴酣,执政致演说词后,武藤致谢辞。宴毕,执政与武藤亘二小时恳谈。小矶参谋长、川越首席随员与郑总理以下满洲国侧要人尽欢谈后,日本侧一行辞府返回旅馆。

午后六时半,满洲国侧假大和旅馆大张宴席,招待武藤全权一行。

溥仪的《演说词》自然是充满谀词:

此次全权大使武藤大将,奉大日本天皇陛下钦命,来使敝国,今日值中秋令节,与余之代表郑国务总理签订日满辅车相依之议定书。殊深欣幸。日本国承认吾满洲国,不第使国内民心安定,旧军阀余孽之扰乱行为,得以熄灭,而对王道乐土之建设,加以绝大之鞭策,抑且对于蔑视人民福祉、策动无已之中华之军阀,及未悉满洲国理想、彼此议论纷纭之世界列国,予以一大警醒。深信将来嘉惠于东洋诸民族之融和,并东亚求永久之和平,必非浅鲜也。

本日为纪念此世界历史上开一新纪元之创举,谨招待阁下并同诸君,敬奉一觞,遥祝日本天皇、皇后两陛下之万岁,并祝武藤全权大使康健。

1932年11月6日,溥仪又以"满洲国执政"身份,为日本政府承认"满洲国",颁布《教书》:

我新国家创建于兹数月,经日本帝国首先承认,确认我国民之意思自由成立独立国家,于世界国家团体间开一新纪元,是我国人所当引为庆幸者也。我满洲山川形胜,物产丰饶,屹然据亚洲之东北大部,以我三千万民众之体质、智力、奋发经营,洵足以建为乐土。惟是作始之际,经纬万端,而忧患之纷纭、机牙之环状,正当困心衡虑,本迈进之精神,以发挥我王道之旨趣,庶亦无负于日本帝国亲善之期望,愿我国人咸共勉之。

其实,《日满议定书》签订,乃是旅顺谈判中既定之策,是让溥仪就任伪满执政而必须付出的代价。当时连《议定书》的内容之细节都一一讨论过,还指定由溥仪在就任执政后立即写一信函,秘密交给日方,作为未来某日"立约之

郑孝胥与武藤信义签订《日满议定书》

根本"，这封溥仪亲笔签署于 1932 年 3 月 10 日的《秘函》，已在历史档案中找出，怎么回事呢？

溥仪到东北绝不是为了当傀儡而来的。土肥原在天津时向他保证："日本没有领土要求"、"一切由你自主"……可是，溥仪一踏上东北的土地就感到完全不是那么回事！关东军既不允许他登极称帝复辟清朝，又不给予他行政用人之权。而且，就在他就任"执政"的第二天，刚上任的"国务总理"郑孝胥就拿了一件文书来请他签字盖印。溥仪打开一看，原来是以他的名义写给本庄繁的一封信。这是份有名的"卖国密约"。信的内容如下：

径启者：此次满洲事变以来，贵国竭力维持满蒙全境之治安，以致贵国军队及人民均受重大之损害。本执政深怀感谢，且确认此后敝国之安全发展，必赖贵国之援助、指导，为此，对于下列各项，特求贵国之允可。

一、敝国关于日后之国防及维持治安，委诸贵国，而其所需经费均由敝国负担。

二、敝国承认贵国军队凡为国防上所必要，将已修铁路、港湾、水路、航空等之管理权及新路之修筑，均委诸贵国或贵国所指定之机关。

三、敝国对于贵国军队认为必要之各种设施，竭力援助。

四、敝国参议府挑选贵国知名卓识的国民任为参议，其他中央及地方各官署之官吏，亦可任用贵国人，而其人选之选定，由贵军司令官保荐，其解职亦应商得贵军司令官之同意。前项参议之人数及参议总数有更改时，若贵国有所建议，则依两国协议增减之。

五、将来由两国缔结正式条约时，即以上列各项宗旨及规定为立约之根本。

此致

大日本帝国关东军司令官　本庄繁

溥仪（印）　大同元年三月十日

原来，《日满议定书》就是这封秘函的翻版和法律认定。那么，日本为什么一定要等到1932年9月15日才签订《日满议定书》，才承认"满洲国"呢？这是当年的国际环境和日本国内的政治形势所决定的。

1932年3月12日，即溥仪就任"执政"后的第三天，伪满政府以"外交总长"谢介石的名义，向日、英、美、法、德等17国发出所谓《独立宣言》，谋求国际社会的承认，但英、美等大国不予理睬。英国外相塞孟3月14日在下院回答议员质询时说："英国政府据迄至今日接得之情报，关于新满洲国之承认，决定态度时期尚早，且此问题英国与美国保持紧密之协调。"美国国务长官斯齐穆游氏也在同一天表示，美国"国务省侧仍然固执不承认满洲国之立场"。

鉴于国际形势和舆论，日本政府也没有立即承认伪满，犬养毅首相在3月24日贵族院会议上解释政府的立场时说："新满洲国家尚未完成，达到完成之地域时自然可以承认。余人期待其事。"与此同时，陆军大臣荒木贞夫也发表谈话说："关于满洲权益之保护，将来有扰乱满洲治安者之场合，军部为保护权益计，采取断然行动之方针。"意谓日本不允许任何力量危及伪满的安全。

事隔三个月，日本各界"要求"承认伪满的舆论形成高潮。6月14日众议院通过《承认满洲国决议案》，6月20日日本陆军三长官会议议决，要求政府"立即承认满洲国"。

《日满议定书》者何也？就是伪满的卖身契、溥仪的卖身契！该约内容如下：

《日满议定书》（1932年9月15日）

兹因日本国确认满洲国根据其住民之意思、自由成立而成一独立国之事实，并因满洲国宣言："中华民国所有之国际条约，以其应得适用于满洲国者为限，概应尊重之！"日本政府及满洲国政府，为永久巩固日满两国间善邻之关系，互相尊重其领土权，且确保东亚之和平起见，为协定如下：

一、满洲国于将来日满两国间未另订约之前，在满洲国领域内，日本国或日本国臣民,依所既存之日华两方之条约、协定其他约款及公私契约所有之一切权利利益,概应确认尊重之。

二、日本国及满洲国确认对于缔约国一方之领土及治安之一切威胁,同时亦为对于缔约国他方之安宁及存立之威胁,相约两国共同担当防卫国家之任,为此所要之日本国军驻扎于满洲国内。

本议定书,自签订日起即生效力。本议定书缮成日本文、汉文备二份。日本文原文与汉文原文间,如遇解释不同处应以日本文原文为准。为是,记名两员各奉本国政府之正当委任,于本议定书署名盖印,以昭信守。

　　　　昭和七年九月十五日,即大同元年九月十五日订于新京

溥仪当即批准并公布:"兹经咨询参议府,大同元年 9 月 15 日,国务总理郑孝胥与日本帝国特命全权大使武藤信义在新京共同署名盖印之议定书,应予照准,著即公布此令。"

按《日满议定书》第二条规定:"日本与满洲国承认,对于订约之一方的领土、和平与秩序的任何威胁,同时即成为另一方之安全、存在之威胁。因此,约定共同合作以维持两方国家的安全,根据此义,为达到此项目的所必须的日本军队应驻扎在满洲国。"

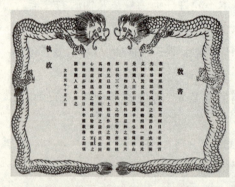

1932 年 10 月 8 日,溥仪为感谢日本承认伪满而颁发"教书"

连身在北平的朱益藩也把《日满议定书》的实质及后果看透了。他在 1932 年 8 月 28 日致胡嗣瑗的信中就对作为《议定书》之基础的"日满密约"作了评论,他说:"复见月之二十三报章披露,与矮倭约十七条,似非尽捏造。果尔,则无事不受钳制,较待三韩,尤为苛酷,此约不废,直无一事可为,不知尊处曾见否? 刻下亦曾讨论及此否,夫已氏,犹腼然盘踞耶。"9 月 25 日,即《议定书》虽已签字而朱益藩尚未见文之际,他在致胡嗣瑗的信中对其又予直接的评论,他写道:"武(武藤信义)已到长,观其举止,似非蛮悍不受商量者。惟所谓议定书,

未悉内容，不知于从前办法能一一纠正否？如报纸所载，则事前并未双方协商，临时武先签字而乱雅（郑孝胥）继之。果尔，则彼仍是令出惟行，无复磋商之余地，以后欲枝枝节节与之麻烦，以图挽回难矣。"

"与倭密约十七条"，是不是说在溥仪 1932 年 3 月 10 日的"秘函"和 1932 年 9 月 15 日《日满议定书》生效中间，还有一份作为《议定书》之基础的"日满密约"呢？这显然应该是一个需要深入考证与探讨的重要问题。

在《日满议定书》生效的午餐宴席上，溥仪和武藤举觥称贺的历史镜头，彰显的是中华民族的屈辱，而那华宴背景，则是我千千万万东北同胞的尸骨。

47. 因"陈兵"满铁附属地"违规"道歉始末

既然已因"奉迎"秩父宫雍仁而有了"陈兵新京驿"的先例，当溥仪生父载沣从北京来看望他时，他又想到他要像迎接秩父宫那样，把"新京驿"欢迎仪式搞大一点儿，以表达"康德皇帝"作为儿子的一份"人间应有的孝心"！

第二代醇亲王载沣，系奕譞第五子，字亦云，号书癖，他就是溥仪的生身之父。光绪九年正月五日（1883 年 2 月 12 日）载沣生于北京西城太平湖醇王府内，两岁时正赶上慈禧五旬正寿，一高兴就给他封了个"不入八分辅国公"。

光绪二十六年（1900 年）载沣 17 岁时受命为内廷行走，第二年就接连被委以重任：正月受命为阅兵大臣，二月受命管理镶红旗觉罗事务，四月受命为正蓝旗总族长，光绪二十七年（1901 年）五月奉诏为"头等专使大臣"，出使德国，向德皇"呈谢罪国书"，途经上海、香港、新加坡、瑞士巴塞尔，抵德国柏林。同年十月三十日返抵开封觐见慈禧太后和光绪皇帝，慈禧赐膳。嗣后任正白旗汉军都统。光绪二十八年（1902 年）由慈禧指婚与荣禄之女瓜尔佳氏结婚，是年载沣 20 岁。第二年出任随扈大臣，光绪三十二年（1906 年）正月受命管理健锐营事务，九月任正红旗满洲都统，十一月受命管理新旧营房事务。光绪三十三年（1907 年）五月受命在军机大臣上学习行走，光绪三十四年正月初一日（1908 年 2 月 2 日）正式出任军机大臣，同年十月二十日（11 月 13 日）奉旨送溥仪入宫，听慈禧宣布立溥仪为嗣皇帝。旋受慈禧遗命，以监国摄政王的身份入朝理政，时年 26 岁。此后 3 年，他是中国大地的实际主宰者。载沣青少年时代就这样连连升转,青云直上。辛亥革命后,载沣"归藩"回到家中神色依旧、十分轻松地对妻子说:"从此就好了,我也可以回家抱孩子了。"第二年又娶了一位侧福晋,闭门谢客,坐吃闲居,只把自己深深地埋藏在大书房"宝翰堂"之中。

1934 年 7 月,溥仪生父载沣来"新京"探亲,溥仪派护军到车站迎接,遭到关东军的抗议

载沣到长春探望溥仪是 1934 年 7 月间的事情。醇亲王载沣携四子溥任(邓佳氏所生,时年 20 岁,正在天津求学)和四格格韫娴、五格格韫馨,以及溥修夫妇等,走海路,乘船由天津于 17 日上午 9 时抵大连港。溥仪特遣伪宫内府保安科长井上和侍卫官存著专程到大连迎接。18 日上午 7 时,载沣一行到达长春火车站。当时溥仪"登极"未久,很想乘机显示一下威风,举行了盛大欢迎场面。除了允许的"合法"礼仪:由郑孝胥"总理"率各部大臣、工藤忠侍卫官长,以及马场新京宪兵队长、高山警察署长等到车站鹄立之外,还加派了以宝熙为首的宗室近臣和由佟济煦率领的一队护军,到长春火车站月台上列队迎接。

溥仪也在他那日本式陆军大礼服的前胸上,不伦不类地挂了一套"大清帝国"的勋章,与皇后婉容一起,立候在内廷的中和门外。

溥仪在自己的回忆录中这样描述了当时的场面和自己的心情:"我父亲的汽车来了,我立正等着他下了车,向他行了军礼,婉容行了跪安。然后我陪他进了客厅,此时屋内没有外人,我戎装未脱,给他补请了跪安。这天晚上,大摆家宴。吃的是西餐,位次排列完全是洋规矩,由我与婉容分坐在男女主人位子上。另外,又按照我的布置,从我进入宴会厅时起,乐队即开始奏乐。这是宫内府的乐队,奏的什么曲子我已忘了,大概是没有做出什么规定,他们爱奏什么就奏什么,反正喇叭一吹起来,我就觉得够味。在宴会进行到喝香槟的时候,溥杰按我的布置,起立举杯高呼:'皇帝陛下万岁,万岁,万万岁!'

我的家族一起随声附和，连我父亲也不例外。我听了这个呼声，到了酒不醉人人自醉的地步了。"

以监国摄政王身份理政的第二代醇亲王载沣

这位"满洲的皇帝"竟完全忘记了自己的傀儡身份，正当他高兴的时候，关东军司令部派人来，在他的后背上猛击一掌。来人严肃地指责溥仪说，早有协议规定，除日军外任何武装不得接近铁路两侧，也就是所谓"满铁附属地"，因此派护军到火车站内是违背协议的。为了秩父宫而"陈兵新京驿"可以允许，为了当年的监国摄政王载沣而"陈兵新京驿"可就不允许了。溥仪闻言，连连道歉并保证今后不犯。这件事足以使他明白：会亲也来不得猖狂。于是乎，"回老家"的感觉就被"钻进新鸟笼子"的感觉取代了，这新的感觉可是让他着实体味了颇为漫长的14年岁月。

溥仪在西花园内为载沣布置了一间舒适的卧室，载沣住了将近一个月，亲眼看到"大清皇帝"受挟于日本人的种种情形，再也住不下去了，从此永远不来。然而，载沣与溥仪父子的联系并没有间断过。载沣过生日，溥仪总要送一柄三镶玉如意；溥仪过生日，载沣也一定要进一柄"三镶玉雕龙凤如意"。

溥杰回忆其父载沣与伪满的关系时这样写道："我父亲虽然利用过帝国主义的势力，但是对于伪满却始终没有政治上的联系。在伪满罪恶的14年中，我父亲只在1934年到长春探望过溥仪一次，虽在伪宫内府中住了月余，并未在政治上作任何活动。特别是在1937年，操纵溥仪的日寇关东军大特务头子吉冈安直中将，以我父住在英租界内不可'保护'为理由，纠合我的亲戚、本家等劝他须立即移住日本租界时，我父亲曾大拍桌子表示反对。关于上述两项事例，可以说我父亲尚比我们这样甘心卖身投敌、几以身殉的儿子差胜一筹。"

溥仪当了14年伪满"元首"，他的生身父载沣却没有沾染污秽。自天津搬回北京什刹后海醇王府居住，直至1949年10月新中国成立，又先后迁居东城魏家胡同46号、利溥营11号，并取消了王府旧礼。1950年2月12日派溥任参加小女儿韫欢的集体婚礼,作为封建社会的最高代表,接受了新社会的婚姻自主,不能不说是一件大事。载沣 1951 年 2 月 3 日病逝,葬于北京西郊福田公墓。

48.“帝室御用挂”吉冈安直与溥仪

纵然溥仪有三十六般妙计,为了当上真正的大清皇帝而使尽了全身解数,到头来全属白费,只落得一个傀儡的下场。溥仪的牵丝人——日本军国主义者,以“东亚”和世界为“江湖”,严格地控制着手中的政治木偶。吉冈安直正是耍弄木偶而获得了成功的前台小丑。

吉冈安直,日本九州鹿儿岛县人,约生于 1895 年前后,日本陆军士官学校和陆军大学毕业。最早把溥仪与关东军司令官联系起来的中间人物是上角利一,也就是那个在九一八事变后不久,便受命于关东军司令官而同罗振玉一起,神秘地潜入天津并会见溥仪“劝驾”的日本陆军特务。上角卸任后,由伪执政府掌礼处翻译官中岛比多吉接替。为时未久,伪执政府侍从武官石丸志都麿中将又出面扮演这一角色。可是,他们都像一阵风似地刮过去了。这个微妙而又极其重要的职务,终于落到了吉冈身上。

据溥仪的侍从严桐江回忆,溥仪在天津时,吉冈任天津日本驻屯军司令部参谋,一个小小尉官,却常给溥仪“进讲”时事。由于他常常跟随日本驻屯军司令官到静园拜访溥仪,所以就和溥仪熟悉了。那时候溥仪特别喜欢网球,吉冈也是个网球迷,他们成了球友。有一次吉冈打球来了兴致,索性把上衣脱掉,光着膀子并露出了那长在胸脯中间的一撮浓重的黑毛,溥仪当即给他起了个绰号叫“猛张飞”。

吉冈不但长着一副凶相,而且奸诈过人。他从天津调任回国以后,先在鹿儿岛任联队大队长,后在日本陆军士官学校任战史科教官,始终与正在日本学习的溥杰保持联系,几乎每到星期日,都要请溥杰到他家做客,殷勤招待,或是一起玩玩,或是摆上家宴招待,两人结为好友。其后某一天吉冈向溥杰透露:关东军有意请我到满洲担任军方与令兄的联络人,请转达我愿为皇帝效忠的诚悃。溥仪见信后,以为熟人比生人联络办事方便,遂回信给溥杰表示欢迎吉冈之意。吉冈听说后感到不胜荣幸，九一八事变前两个月，他再次向溥杰透风，让他回天津度假时转达溥仪。吉冈居然因此而为自己捞取了政治资本，终于被关东军选中而耀武扬威地走进长春的"帝宫"。

据溥仪回忆，当吉冈受命出任"帝室御用挂"在东京尚未起程时，就已开始施展伎俩了。他那时和溥杰在一起。溥仪回忆说：

> 有一天他忽然对我弟弟说："我不久或许能到'满洲国'令兄那里去工作也未可知。不过，在那里工作也不很容易。如果没有关东军军部的力量来作后盾的话，简直是一步也行不通。如果日本陆军省方面一定非要我去的话，我就一定得先和他们'约法三章'不可。否则我宁可不去，也不能到那里去找罪受！我的主要要求是：得让我兼上关东军司令部参谋的名义才行。"他说到这里，深深地吁了一口气，无限感慨地继续说："像中岛比多吉、石丸志都麿等，就是因为在关东军里没有扎下根子，才一个一个地失了脚……"

> 过了些日子，他又对我弟弟说："现在日本陆军当局，已经决定要派我到'新京'去了。请你先给令兄写封信，就说吉冈要到他那里去工作。只要有我在那里工作，拿咱们的关系来说，还有什么不好办的事情？不过得求令兄先给我准备一间办公的房子。你可以告诉令兄，我是不能和他们（指伪宫内府官吏）成天在一起鬼混的！"于是，我弟弟就忠实地替他给我写了一封信，为吉冈作了"先容"。

这就是吉冈进入伪满帝宫的先声，当他身子还不曾离开东京一步的时候，谋算已经飞进溥仪身边的"吉冈办公室"了。溥仪对吉冈这些话曾做过如下分析：吉冈所以要在自己那身军服之上，再挂一副关东军司令部的金黄黄的高级参谋带，是为了"吓唬我以及当时伪满的所谓大官们，好使这些走狗在他那明晃晃的刺刀背景下，服服帖帖地听凭他的任意摆弄。"溥仪又说，吉冈所以又通过溥杰让他为之事先预备办公室，则是作样子给日本陆军省和关东军看的，似乎只有他才是能够对溥仪施以强大影响的合适人选。这场开台锣鼓响过之后，吉冈便到溥仪身边来了，他挺直腰板走进勤民楼楼下东侧他自己的办公室。

吉冈很懂得不披上关东军一张虎皮就难以发迹的道理。后来，他果然当上了关东军高级参谋和"满洲国帝室御用挂"。"御用挂"是日语名词，御用是

唯一可见的吉冈安直标准相

"事情"的敬语,指皇帝的事情,"挂"是从事办理的意思。帝室御用挂就是从事办理帝室和皇帝的事情。笔者曾试图找一张吉冈的照片,看看他到底何许模样,竟多年未能如愿。遂根据溥仪、毓嶦等人的印象,把吉冈的外貌勾画如下:他个儿不高,中等身材,是个胖子;在那颗光秃秃的脑袋上,长一脸横肉,黄里透黑,一双圆溜溜的小老鼠眼转来转去,射出阴险而狡猾的目光;薄片嘴有点像猪嘴岔儿,却闭得挺严,轻易不张开说句话,有时宫内"学生"碰见给他行礼,他只用鼻子哼一哼;他总是穿一身黄军装,大马靴,佩带大军刀,走路摇摇晃晃,很傲慢。近年终于看到了一两个吉冈的镜头,果然是"一脸横肉"。

吉冈从 1935 年被委派了这个差事,直到溥仪逃亡大栗子沟还像个尾巴似地跟在身后,10 年间从未离开溥仪。因为监管溥仪有功连连升官,由一个陆军中佐(校级)步步高升到陆军中将。当潘际坰 1956 年访问溥仪时提到吉冈,溥仪还带着怒气恨恨地说:"我平日一举一动,随时随地都得受着吉冈的监视和约束。"溥仪还在一篇自述中依据客观史实全面评述了他与吉冈的关系:

吉冈安直是继武藤信义所荐的日人少将石丸志都磨而来管理我的一切事务的。吉冈一贯地执行着日本关东军司令官的命令,管理我的内外一切公私事务,干涉我的一言一动,禁止我的自由发言。无论是在他们规定的宴会上,还是他们规定的临时与伪总理、伪总务长官的谈话,或是他们规定的伪省长、伪军管区司令官的所谓"上奏"以及其他类似场合,都由吉冈预先写出纸单,以限制谈话的范围,丝毫不许变更。他的种种威胁、压制真是写不胜写,他骄傲自大,目空一切,猜疑之心尤大,布置由关东军推荐到宫内的日系官吏和日本宪兵层层监视。每天无论有事无事必到伪宫,真是风雨无阻,一天无数次地见我。

吉冈是日本关东军参谋兼关东军司令部附,照日军的用语,他尚兼伪官的"帝室御用挂"，自称我的"准家属"，包揽一切，隔绝了我对外的一切联络，不许伪官吏和我自由见面，凡人民给我的来信，也一律由受他指挥的伪官内府日系总务处长小厚二三夫等扣下，不给我看。日本宪兵则驻扎在伪官之内监视一切。

溥仪的随侍严桐江也曾忆及这种情况，他说：

> 一般说来，一个国家的领导对于纪念日和宴会上的致辞、答辞等文件，当然应该有权力自行处理，可是，对溥仪说来就不是这样的。所有应由溥仪致辞和答辞的文件，都由吉冈拿到关东军司令部或拿到官内府，得到同意后再交给溥仪，到时候照本一读就算完了。这就是说溥仪是名副其实的傀儡，没有自由说话的权力，同时也说明日本人严格控制和监视溥仪。那时，一般人想"觐见天颜"并非容易之事，但吉冈却可以随时直入溥仪的会客厅或书房。常常一天之内要见三、四次。有时穿军装，有时穿便服，随时来往，无人敢挡。

李国雄回忆他当年目睹的情景说：

> 吉冈到溥仪那儿，就像主人到自己家中那样随便。一天之中也许有十次八次，也许一、两次。来的时间也没有一定，有时白天，有时深夜，随时都去。甚至有时只呆一、两分钟就走了，过了三、五分钟又回来了。我没听说过溥仪不见他，连一次也没有。溥仪非常清楚，吉冈是谁派来的？他的任务是什么？他的身份怎样？因此，溥仪并不敢把吉冈看作自己的下属，虽然吉冈自称是来为溥仪服务的。简直可以说溥仪是惧怕吉冈的。

严桐江回忆说：

> 从一些事情上也可以看出溥仪对吉冈的畏惧。每天午后，溥仪照例都有一段休息时间，任何人也不敢惊动他的休息。但是，一听说吉冈到来，则立时穿好军服接见。为此，他在休息之前就把军服预备好了。这不是惧怕吉冈又是什么呢？

毓塘也说：

> 溥仪很怕吉冈，别人求见都要等待一段时间的，唯独吉冈来，溥仪还没有系好衣服扣子，就急忙走出卧室的房门了。有时他也很生气，在我们面前表示他的不满："太不像话了！""真岂有此理！"嘴里

这么说着,足下还是加快脚步地去了。吉冈的汉语水平很低,因此,与溥仪对谈常常采用笔谈的方式,有时用英语对话。一般是不通过翻译的,这肯定是有意识地要守住两人关系上的秘密。

宫中之事无论巨细,吉冈都要过问。关于迎宾送客的安排也要按吉冈的旨意行事。请看1942年10月1日吉兴的一份奏稿:"为奏请事:窃据帝室御用挂吉冈安直少将通知:此次日本闲院宫春仁王殿下来满,系偕妃殿下同来,恭请钦派侍从武官长吉兴出迎宫殿下之时,对妃殿下同时致欢迎之意。所拟是否有当,理合奏请圣裁。"

溥仪在这份奏折上自然也是裁了一个"可"字。请看,从日本来了一位王子和他的妃,怎样致欢迎之辞也须吉冈授命,他在帝宫中的地位与作用不是显而易见了吗?

还有一份奏折是在1940年11月16日由当时任侍从武官长的张海鹏提出的。其中写道:"为奏请事:窃查新任关东军参谋长、陆军中将木村兵太郎着京,恭请钦派侍从武官传旨欢迎,业蒙裁可在案。顷据关东军参谋吉冈安直面称:'此事查无前例,请勿庸出迎可也'等情;据此,理合具文奏请圣鉴。"

这实在欺人太甚了!已经"裁可在案"的事情,吉冈竟毫无顾忌地一语推翻,置"金口玉言"的天子之脸面于何地?溥仪在这份奏折上批了"知道了"三字,这显然是无可奈何的无声反抗。

在引录了上面两件奏稿的《满宫残照记》一书中,还引录了一件溥偶写给溥佳的信。内容如下:

二弟惠鉴:久别为怀,前因大兄由京归来,藉审动止安善为慰。
敬恳者:因大兄此次晋京,会见吉冈阁下,对于永济、筹备两库租款
使用方法,有所询问。查该款每次动用,均由兄函请两陵承办事务
处呈由宫内府大臣奏请裁可,然后动支。其每次经过手续,均皆有
案可查。兹检同永、筹两库收入支出表一份,函请吾弟分神饰人逐
项将原案查出(如不能查全,兄处存案亦可随时调阅),持向吉冈阁
下详细说明俾释怀念。至于有何指示,务希速复为感。专此即请近
安。兄溥偶谨启。九月一日(一九四三年)。

吉冈所念念而不"释怀"的永济、筹备两库收入,根本没有偌大的数目。据信中提到的那张收支表,每年收入不过万余元,除掉修缮东陵等项支出,积

历年所存只有 14208.45 元,还不足"帝宫"一年用费的六十分之一。如此区区小数的使用,还须一遍又一遍地请示吉冈,未免太过分了。

至于"帝宫"内的人事安排当然也由吉冈决定,溥仪的"旨意"必须在吉冈那里接受肯定或者否定的裁决。溥杰曾忆及几件事情,很能说明问题。溥仪原打算提拔肃亲王善耆第十一子宪原任翊卫军司令官,吉冈却以"拱卫帝宫,责任重大"为由加以否决,结果,宪原只好到伪军事部去当他的中将"部附"去了。还有一个在伪宫内府任职的日系官吏,被实践证明是个贪污受贿分子,溥仪准备严厉地惩治他。但是,吉冈只同意免官,实际上送了本钱让他到锦州做买卖去了。1942 年 8 月明贤贵妃殡天,溥仪想命溥杰参与办理丧事,吉冈不允,因而作罢。1943 年秋天,溥杰面临进修问题,他自己想就近入伪建国大学,连他所隶属的伪治安部也已同意,但因为吉冈不同意,溥杰还是东渡进入了日本东京陆军大学。"帝宫"的权柄究竟操于谁人之手,难道还不清楚吗?

当然,吉冈也很善于利用自己在"帝宫"中的实权地位,收买人心。例如亲自过问一下是否已经兑现了对北京醇王府的米面特别配给?溥仪为了尽孝,每月给醇亲王寄钱,吉冈也总是想着这件事,时常主动向内廷司房询问,当月的钱寄出了没有?如果听说还没有寄出,便吩咐立即付邮。对御弟溥杰就更关心了,无论是溥杰与嵯峨浩的结婚,还是溥杰几度入日本军事学校,几乎全由吉冈从中斡旋,加以包办。吉冈在帝宫中的地位真特殊,既像是太上皇,又像是总管太监。宫中提出的问题,大小吉冈都要过问;宫中没有提出的问题,凡吉冈要办的,便主动向溥仪提出,没有一件办不成。

据溥仪回忆说,这个导演木偶戏的台前小丑,常常要来往于东京和长春之间,以便随时调整老板和傀儡之间的关系。吉冈每次回东京之前差不多都要向溥仪提出建议:"可以做些点心,或是找些东西,交我给日本皇太后送去!"而他每次从日本回来,也一定要带来日本的点心或礼品,并说,是天皇的母亲交他送给溥仪的。其实他这样一说,溥仪反而起了疑心,所以他是从来不吃那些点心的。自己不吃,也不许亲近他的"宫廷学生"和随侍们吃。可是他又知道,吉冈每次拿了点心来之后,过一两天准要来问:"皇太后的点心味道如何?"于是,溥仪便把"勤务班"的孤儿传来几名,让他们吃掉,并且还必须说,哪种是甜的,哪种是酸的,以便用来搪塞吉冈。吉冈也常常变换花样,溥仪说：

> 还有一次，在他前往日本之先，又来"启发"我说："你这里不是
> 有'唱片录音'的机械么？我教你几句日本话，你可以把它灌入唱片
> 中，交我给日本天皇带去！"我现在还约略记得他所教给我的那几句
> 日本话，就是"我谨祝天皇陛下身体健康！"不过，这次他却没有把裕
> 仁祝我健康的"回礼唱片"带回来，因为裕仁是不会像我那样"低三
> 下四"问候的。

人们熟知吉冈的凶狠，却少有人知他还能画几笔画，后来竟因此赢得一
个"彩笔军人"的雅号，这当然也与他的"工作性质"不无关系。溥仪回忆说：

> 有一次，他画了一幅墨竹，他知道即使把这张画装裱得多么富
> 丽堂皇，依然不会唤起一般人的惊奇赞赏。所以，他就去求既有书
> 法家之名、又有伪总理之位的郑孝胥给题上一首诗。当然，郑孝胥
> 是不能，而且也不敢吝啬自己笔墨的了。于是，他又把这张题过诗
> 的画拿到我这里来，求我再写几个字，我也只有点头遵命的"自由"，
> 而不敢摇首拒绝的。最后，他便把这幅既有伪皇帝题字、又有伪总
> 理题诗的画带回日本，献给日本皇太后了。

像这类作品，能够迅速取得传名的成功，那完全是可以预料得到的，也可
以说是政治与艺术的"完美结合"。

在日本帝国主义扩大侵华战争并发动太平洋战争的历史时期，吉冈与溥
仪表演的双簧戏就更多了。卢沟桥事件发生后，吉冈忽然想到要让溥仪表示
出破釜沉舟与日本同心同德到底的态度。于是对溥仪说，务必要把尚留存在
天津静园的那一大批书画文物，运到"新京帝宫"中来，"否则，就会使人有这
样想法：满洲国皇帝为什么要把他的东西放在满洲国以外的天津呢？你是不
是还想回天津去住啊？"溥仪闻言，立即委托吉冈办理了这件事。溥仪继续回
忆道：

> 当日寇侵略军沦陷了我国武汉以后，吉冈安直便向我建议，让
> 我给侵略武汉的司令官冈村宁次写几个字，赞扬他屠杀我国人民、
> 侵略我国领土的"功绩"，我恬不知耻地照办了。而且，在吉冈向我
> 报告日寇侵占武汉这一消息的瞬间，我竟忘记了自己也是一个中国
> 人，站起来面对武汉方向恭恭敬敬地行了一个礼。还对战死的日本

官兵默哀数分钟。这就是我当时那副既肮脏又丑恶的卖国嘴脸。

太平洋战争爆发初期，当日本侵略军司令官山下奉文占领新加坡以后，吉冈挥笔画了一幅山水屏风图。他还把"作品"摆在溥仪面前对他说："这是我为庆祝占领新加坡的精心弹力之作，请皇上题几句歌颂皇军胜利的诗。"于是，溥仪便在屏风图之上写起"昧心诗"来了。笔者查到了这首诗的原文：

> 霹雳砰訇降自天，永扫妖氛开坤乾，
> 黎明初曙光海陆，伟哉皇军功盖前。
> 大义凛然北方镇，日满一心同苦甘，
> 捷报传来无限喜，翘望东天中庆欢。

这当然是一首无耻的汉奸之作，虽属应景成文，也足以遗羞后世。不过，这诗、画屏风形象地记录了溥仪与吉冈的"帝宫"生活。

在日本帝国主义"南进"战争中，每有"胜利"吉冈一定要来"启发"溥仪，请"康德皇帝"致电"日本天皇"，祝贺"皇军的大捷"。同时还要到伪建国神庙，默祷"皇军"连战连胜。直到战局逆转，吉冈仍是逼着溥仪去乞告。

溥仪说：关东军好像一个强力高压电源，溥仪自己像一个精确灵敏的电动机，而吉冈安直是传导性能良好的电线。比喻得倒很形象化，其实三者的关系是有机的，互相关联着的，也都各具灵感，并不是一开电钮便作机械运动。就是说溥仪是有目的的，希望复辟，而实际上却成了日本的附庸和傀儡。但他有思想活动，也有灵感，不愿当傀儡，只是不敢反抗，内心还想与日本军国主义"和平共处"，不惜忍辱求全，以图在长久生存中达到复辟大清的目的。关东军则是宗主国代表，是统治者，只能让"满洲国"尽其殖民地或附庸国的义务，不许有其他的动向和想法。表面上使"满洲国"具有整脚的"独立国"模样，对"康德皇帝"也给予一定的优厚待遇，而实质却是从宗教、思想、政治、军事、经济各方面严加控制，使其驯服。吉冈为了实现关东军的目标而煞费苦心、殚精竭虑地展开传导工作，既令日本人的企图和想法都能传给溥仪，又尽量不让溥仪发生烦恼，平安无事且痛痛快快地接受儿皇帝的生活。

溥仪能在14年傀儡元首活动中，获得天皇和皇太后的欢心，使日本人满意，这都与吉冈的惨淡经营、认真控制分不开。溥仪对吉冈也极为客气，始终以客卿之礼相待。他本人说对吉冈算是做到了"一饭三吐哺，一沐三握发"的程度了。溥仪说，我的出巡、接见宾客、行礼、训示臣民、举杯祝酒，以至点头微笑,都在吉冈指挥下行事。能见什么人,不能见什么人,见了说什么话,出席什么会,会上讲什么话,都听他的吩咐,完全没有个人意志的自由。

在日本刚宣布投降的关键时刻,吉冈还"惦记"着溥仪,企图"保护"他到日本避难,直到被苏军俘虏,吉冈尚守在其侧,真可谓尽心焉。不过溥仪不愿意他老跟着,到了苏联,还是请求苏军帮忙,才把这条尾巴给切掉了。

据溥杰自述,他是1945年8月18日随溥仪乘飞机从通化赴沈阳的。当时说是换乘大型飞机东渡日本,结果,在沈阳机场降落不久,苏联空降部队就下来了,随即解除机场日军的武装。接着,一位苏联空军高级指挥员,带着包括"帝室御用挂"吉冈安直和伪满祭祀府总裁桥本虎之助在内的一些人,来到溥仪休息的机场贵宾室。

见过面之后人们围桌而坐,开始交谈。由通俄语的桥本先把苏方官员的话译成日语,再由溥杰把日语翻成汉语说给溥仪。

"请苏军保全溥仪先生的性命,并允许他前往日本。"吉冈流泪哀求道。溥仪躺在溥杰身后的长形沙发上,就从这个特意找的吉冈看不见的角度上,给苏方军官打手势,表示不愿意到日本去。苏方军官意会了,遂答复吉冈说:"在这里不便保护溥仪先生,请稍候一时,将把你们迁移到一个安全的地方去。"这正是溥仪和吉冈安直两人交往和关联的最后场面。

49."大同公园事件"

在伪满时期,有一个著名的"大同公园事件",就发生在如今人民大街旁的今儿童公园内。事情是这样的:

1937年6月27日,那是一个星期天,溥仪身边的护军除第三队值勤外,其余两队放假,有20多人相约去大同公园游玩。其中4个人花钱雇了一条船,但管船的朝鲜人却来找别扭,当小船划出10多米时,他就在岸边叫:"4人的不行!"无奈,护军中只好有1人下船。没想到另外三人刚刚要把船划走,管船那个朝鲜人又怪叫起来:"3人的不行!"船上护军只好又下来1人,不料没等船划走,那个朝鲜人又怪声怪气地喊叫:"两人的不行!"一忍再忍的护军们气急了,同那个朝鲜人说理,指着湖内4个日本人共划的船,责问管船人为何不平等待人？

那天，恰好也有日本关东军和伪民生部日系官员等 200 余人在公园内开运动会、野餐，与管船人喝酒后，三五成群地下湖划船。此时，被护军一问，管船人张口结舌答不上话来，气急败坏地抓起一只啤酒瓶照护军头部砸下。瓶子碎了，但是颇有功夫的护军并未受伤，反把管船人吓得躲进卖船票的房子里，任凭护军在外边怎么叫也不敢出来。这时却东倒西歪地走过五六个野蛮的日本醉汉，不问青红皂白，对着护军举手就打。护军虽然气愤也没有轻易还手，其他日本人以为护军好欺负，便也一起动起手来，几个日本人围着一个护军打。被打急了的护军忍无可忍，就使出全身解数，打得日本人落水的落水，倒地的倒地。护军们正想就此罢手返回驻地，却在桥头被一名手牵狼狗的日本关东军宪兵队少校截住了。

溥仪身着戎装，由侍卫官"护驾"抛头露面

"你的什么名字的叫？"

"不用你管！"

那个蛮不讲理的少校一把抓下一位护军排长的帽子，园中其他日本人也群起围打这 20 几个护军。日本鬼子越聚越多，双方发生了团体斗殴。因为这些护军都多多少少会一些拳脚武术，尽管人少，仍把日本鬼子打得落花流水，鬼子少校放出的军犬也被护军一脚踢死，那个鬼子少校的胸脯上也重重挨了一脚，当中还有两个横行无忌的日寇关东军参谋也受了轻伤，几十名宪兵也有不少受伤，护军们乘乱夺路而走。他们虽然打得"胜仗"，不料却闯下大祸。

护军，原本就是溥仪的保镖。可是，溥仪来到长春后，这支伪满特殊部队的性质却发生了变化。因为溥仪心里也清楚，他要真正拿回在自己手上失去的清朝政权，就必须有自己的军队，而不是仅仅依靠狼子野心的日本关东军。扩大护军是他就此迈开的第一步。溥仪在抚顺战犯管理所关押期间回忆说：

除了我由天津带来的十几名"保镖"之外，我还在当时从蒙古、北京等处共招来约三百名青年,编成一支分三个队的所谓"护军"。不过这种编制是和过去在北京"清宫"里的"护军"不同,并不是"皇官警察"的性质,而是一种变相的陆军。不但拥有步枪、轻机之类的装备,就是教育训练等等,也都是按照正规陆军的方式施行。当时任伪"统领"的伪上校郭文林和三个伪少校队长,其中两个队长都是拿我的亲信来充当,并且还让我纳心腹喽啰头目——伪执政警卫处处长佟济煦亲自管辖着这支伪部队……

起初,日本人对溥仪身边的这几百名"保镖"并未在意,不过时间一久,狡猾的日本殖民者发现这些保镖成了他们控制溥仪的障碍,于是想方设法修补漏洞,遏止护军的发展。

1933年初夏,溥仪的亲信随侍李国雄带着本队护军在西花园土山旁操练,忽然有一股特别难闻的气味越墙而入,他们全都无法控制自己,一个个捂着鼻子就跑到有水的地方去洗。后来,李国雄登上炮楼子,观察院墙外边的动静,原来是日本鬼子在墙外搞军事演习!

当时,长春到处是旷野,哪里不好演习,却偏偏要到"执政府"来搞,而且还越过了"执政府"南大门外边的兴运桥,在离"执政府"大墙只有十几米远的地方施放催泪瓦斯,这简直就是欺负人,对他们的"执政"也不给个面子!

一年以后,又发生了护军武装进入满铁附属地的事件。当时,溥仪派护军到车站迎接父亲载沣,结果因"犯规"而遭到日本关东军的抗议。此后,日本关东军对伪满护军便开始了更大规模的"裁处"。护军中许多人来自武术之乡——河北沧州,有人还得到过武林世家的真传,让人望而生畏,尤其那些吃过大刀片苦头的日本侵略军,听说护军肩上背着大刀片子就不免胆战心寒,怕早晚成为刀下之鬼。于是,由关东军司令部下令,通知伪满军政部,不许护军再使用大刀片。

溥仪的随侍李国雄说:"不知道关东军司令部是怎样通过佟济煦跟溥仪说的,反正开来一辆大汽车把亮闪闪的大刀片全都拉走了。后来还觉得不安全,连三八大盖枪也给缴了,机枪当然更不许用,只准每人随身带一把小匣枪。同时还撤下了伪满陆军的小钢炮、重机枪等大件武器,只准留用大盖枪和轻机枪。"

伪满护军在"执政府"内廷站岗的范围也日渐缩小,先缩到只守卫中和门以内,连勤民楼的岗位也交给了"禁卫军",这支禁卫军可就是属于伪军事部（它后边则是日本关东军司令部）管辖了。继而又取消了西花园炮楼和其他两个哨位,最后竟连中和门也不用护军管了。留给护军的,只有缉熙楼及其周围一小块地方了。

日本关东军的鬼魅伎俩并未就此结束,对伪满护军的种种限制,终于酿成了数年后的"大同公园事件",给日本关东军提供了打击伪满护军的绝好借口,使之能借这根导火线从根本上瓦解溥仪精心培植妄图用于复辟事业的这支武装力量。"大同公园事件"就此成为伪满护军灭亡的导火索。

"大同公园事件"发生的当天,可怜的溥仪就接到日本关东军宪兵队打来的电话,要求把参与打架的几名护军送到宪兵队"问问经过",溥仪只好命令佟济煦照日本人的意思执行。

伪满护军们一落到日本鬼子手里即遭严刑拷问,偏偏执审者正是那名在公园挨打的少校。只见他解开衣扣凶神恶煞地大声喝道:"你们看看!"胸脯上的伤痕使他恼羞成怒,变得极其凶恶,硬给护军们扣上"反满抗日"的帽子,还要追问受谁指使,意在问出伪满护军领导人是幕后策划者,以便为瓦解这支伪满护军找到充足的理由。

一名护军不服逼供,干脆大声回答说:"打你们,早就想打你们呢!"在场的翻译不等他说完,上去给他一记耳光:"不许你胡说八道!"不过,他却没有把护军的话照直向宪兵少校翻译,在关键时刻掩护了护军。后来日本宪兵队又用汽车从伪"宫内府"里逮捕了更多的护军,全部关押在宪兵队。尽管使用了种种酷刑,鬼子少校也问不出什么,就强迫护军脱光了衣服练操,故意羞辱这些人,并迫令他们裸体跳舞,而日寇则围观取笑。至于灌凉水、用皮鞭抽打,实行惨无人道的酷刑,那就更不在话下了。

此事闹到最后,日寇还是拿"反满抗日"来说事儿。溥仪后来回忆说:"当日寇一把这顶大帽子祭了起来,我这个'畏日如虎'的伪皇帝便沉不住气了,只好一再向伪帝室御用挂、日本关东军参谋吉冈安直哀求,乞其转圜。"

"大同公园事件"的最后结局,是由当时任日本关东军宪兵队司令官的东条英机,通过吉冈安直向溥仪提出几项要求:

一、撤换护军领导人；

二、把参与打架的护军撵出"满洲"；

三、派人向被打的日本宪兵当面道歉；

四、保证今后不再发生类似事件。

"儿皇帝"溥仪速求了事,只好乖乖照办,使两名护军排长和十多名护军士兵被即刻赶出伪满机构,护军各层领导都换成了日本人,原来意义上的伪满护军至此已不复存在。

被革职的伪满护军领导人中除统领郭文林和佟济煦外,还有第一队队长魏树桐和第二队队长李国雄。当时,李国雄请病假三个月正在北京治疗,日本宪兵队并没有放过他,要他"即返'新京'交代工作"。其实也没有什么好交代的,只有一些护军的饷银还在他手上,总共约有六七百元,李国雄全数交给了护军队部。

此后,伪满护军编制缩小,改称"皇宫近卫"。在这里要注意,"近"、"禁"二字不可混淆。由伪满军政部直接统辖的禁卫步兵团,在伪满14年中始终存在,其任务是保卫皇宫外围,不涉内廷。伪满皇宫近卫则由护军演变而来,出现于1937年,隶属于伪宫内府。就在那年,李国雄被任命为伪满皇宫近卫的"卫尉",其实连他自己也不知道这算什么官,反正就像没那回事儿。这支皇宫近卫延续到伪满垮台前,又改称"皇宫警卫",实际就剩下几个大头兵了。

伪满护军改称"皇宫近卫"以后,当即撤出内廷全部哨位,日本宪兵却可以随时进入内廷。一天,他们借口"夜间有人跳墙",又把内廷彻底搜查一遍。如此肆无忌惮,溥仪不但无权干预,事后还要违心地派人上日本宪兵队"致谢",说日本宪兵"关心"他,"拱卫"内廷有"大功劳"。

转为"皇宫近卫"的原伪满护军士兵,一个个都消沉下去了。有位蒙古护军不愿再当受气的"皇宫近卫",临回家前携枪闯进头道沟一家妓院,面对粉面红颜的妓女们,高声叫道:"郭老爷(自称)今天要回国,你们这些婊子都不许接待旁人,陪着郭老爷玩儿! 谁若是不愿意,抬头看看这个(指枪),立即打死她!"妓女们吓坏了,百依百顺地陪他玩儿到深夜。

其间,有人偷着溜出去向伪警察署报告,竟然还引来几名日本警察。日本警察见眼前这条蒙古大汉怒目圆睁,持枪而立,竟然也退避三舍,没人敢动手。这名护军就更加胆大起来,迅速脱去军装并换穿携来的便服,然后连开数枪,乘乱溜出屋子跑到后院,又用脱去的军装裹住枪支往水沟里一塞,翻墙而走,跑得无影无踪。这件事还是溥仪自己后来说的。

第十章
迎回"新神"

50. 前往日本迎接"新祖宗"——天照大神

　　时逢日本纪元 2600 年,在日本关东军的授意和安排下,1940 年 6 月 22 日至 7 月 10 日溥仪再次访问日本,前后费时 19 天。这次访日并没有安排更多的游览项目,仅在东京办完"公事",又到京都参拜了皇大神宫和神武天皇的陵墓后,便"启跸回銮"了。主要目的是把日本皇族的祖先"天照大神"接到东北,并在伪满皇宫的东南角修建了"建国神庙"加以供奉。很显然,"天照大神"是带着侵略的使命来到"新京"的。

　　溥仪前后两次访日有两个明显的"不同":第一是形势不同。如果说 1935 年东北这块日本殖民地正处于巩固和发展时期,日本当时所需要的是耀武扬威;那么,到了 1940 年它已开始走下坡路,又将发动垂死挣扎的太平洋战争,这时日本所需要的是在殖民地人民身上扎一针麻醉剂。第二是溥仪的心情不同。他在对比两次访日的心情时,说过这样一段话:"因为在上次,是我有生以来初次受到人家以'国宾'相待的滋味,所以对于裕仁以下的招待,心里感到很满意。至于

1940 年 7 月 2 日,溥仪参拜伊势神宫和神武天皇的陵墓

这次的访问,则在我的心里感到了一种有苦说不出的特别味道。首先是对于日本帝国主义的阴谋招数,久已饱尝,尤其是把裕仁的祖先接到自己的家里去祭祀,并且还得强忍着满腹的闷气,口口声声说是'心甘情愿'。特别是对封建敬先崇祖观极深的我来说,更觉得'认人家祖宗'乃是对于自己历代祖先的大侮辱,也是我本人的最大耻辱。"

溥仪在当时能有这样的心境是完全可以理解的。他身为傀儡而沦为那段历史中的卖国之君,他考虑问题可能并不顾及民族的利益和荣辱,然而,他毕竟是清朝末代皇帝,像这样"敬先崇祖"观念极强的人,又怎能忘记列祖列宗、一家一姓的尊荣! 日本这样要弄他,无论如何是太过分了。

据溥仪回忆,把日本天照大神迎来"满洲",作为"满洲"的"建国元神"让东北人民顶礼膜拜,这件事的提出可以说由来已久。

早在植田谦吉任关东军司令官的时候,已在策划这件事了。1939 年 9 月,植田因诺门罕战争失利而被免职,他离任前向溥仪辞行时还念念不忘地谈到尚未实现的设想,他寓有深意地对溥仪说:"现在,在日满这样一体不可分的关系上,更应该在宗教信仰方面也能取得一致才对。"过了几个月,有一次吉冈安直在缉熙楼二楼佛堂前碰上溥仪,以为是遇到了难逢之机,就对溥仪说:"这乃是外国的宗教! 现在日满既有这样的关系,在将来应当共同信仰一个神,共同信仰一个宗教,才是正理。"后来溥仪听说,吉冈是奉了继任关东军司令官梅津美治郎的命令,而来动员溥仪第二次访日,以迎接"天照大神"并强迫东北人民祭祀。这件事最初由植田谦吉提起后,曾遭到当时任日本天皇侍从武官的本庄繁的反对,本庄是伪满首任关东军司令官,号称"中国通",他担心此举会引起中国人的普遍反感而使日本更形孤立。正如溥仪所说:"我想本庄并不是反对日本的宗教侵略,只是他老奸巨猾,不主张急进,而是取稳进主义的宗教侵略而已。"①后来,梅津派饭村穰专门为此事向日本各当权人士游说,也与本庄疏通终于取得一致。溥仪虽然满肚子不高兴,但也只好屈从主人意志"衷心自愿"地前往日本迎接新祖宗——天照大神。

溥仪第二次访日,极不情愿地迎回了代表日本天照大神的宝剑、铜镜和勾玉三件神器仿制品

溥仪这次从日本迎回的是一个长方形木匣,里面装着象征天照大神的宝剑、铜镜和勾玉三件神器的仿模制品。为此,溥仪回到"新京"后,于1940年7月15日在伪宫内新修建的"建国神庙"举行奠基典礼。这当然不是为神庙的兴建而奠基,因为那座白色木头房子早在4个月以前就已经耸立在同德殿前假山的东边了,溥仪东渡迎神乃是日本人长期精心策划好了的,当然不会忘记预先替神修庙。这次典礼无异于向国人宣布:从今日起使用这座木头房子,奉祀日本天照大神,虔诚地祈祷国民福祉,实心实意地忍受日本主子的主宰。有一张照片就呈现出溥仪"沐浴斋戒"后,在伪建国神庙门前接受神官"修祓"的形象。他似乎挺拔地站在那里,但换祖宗的心情着实不好受。

溥仪发布《国本奠定诏书》

同日,溥仪还发布了《国本奠定诏书》和《建国神庙、建国忠灵庙祭祀令》,设立直属伪皇帝的祭祀府,并为此而修改了《组织法》,还公布了伪祭祀府的官制,并于当天下午2时,把新任伪祭祀府

---

① 参见溥仪在抚顺写的交代材料。

总裁桥本虎之助和副总裁沈瑞麟,召进伪宫举行特任式。

　　从此,日本天照大神成为伪满的"建国元神",完全取代了"怀远楼"里供奉的列祖列宗。

51."临幸"南岭"建国忠灵庙"拜神大事记

　　1940年9月18日,溥仪"临幸"专门祭祀侵华战争中阵亡之日、伪官兵的南岭"建国忠灵庙",举行"镇座祭"。从小就信奉佛教的溥仪,对伪满时期的传教活动采取了支持的态度,但是伴随着日本侵华运动而来的日本宗教活动,却让溥仪饱尝了"儿皇帝"的辛酸。

1940年9月18日,溥仪"临幸"南岭"建国忠灵庙"祭祀

　　为了达到强迫人民奉祀新神的目的,受命于关东军上司,溥仪还"裁可"公布了《康德七年第184号敕令》,这个敕令的标题"对于建国神庙及其摄庙之不敬罪处罚法",就足以说明问题了。"摄庙"即指建在南岭的"建国神庙"的"副庙"——专门祭祀侵华战争中阵亡日伪官兵的"建国忠灵庙"。1940年8月22日,奉溥仪旨,伪满国务院发出布告,在"新京"大同大街南端的南岭建立"建国忠灵庙"作为"建国神庙"的"摄庙",以祭祀九一八事变以来被东北

抗日军民击毙的军警和"协和会"职员的亡灵。

　　伪满建国忠灵庙并非单单是为了祭祀那些亡灵的场所，而是利用与"天照大神"遥相呼应，从思想上对广大东北人民实行以"尊皇敬神"、"报恩尽忠"为内容的思想统治。同时也是为日伪政权各级官吏，以及军、警、宪、特等方面活着的人打气鼓劲儿，企图使他们能为殖民统治的需要效忠卖命。因此，日伪当局早在 1936 年就对伪满建国忠灵庙进行了设计，在 1937 年 4 月 19 日，举行了所谓的奠基仪式，正式开始建造，为此强制人民"勤劳奉仕"，先后征用 14 万人，占地面积 45.6 平方米，总投资为 160 万日元。

伪满"建国忠灵庙"

　　修建好的伪满建国忠灵庙位于现人民大街工农广场南侧。整体建筑完全为日本格调，分参道、外庭、内庭三大部分。建筑的外面敷以花岗石、砂岩石的贴面，琉璃瓦屋顶，内部以大理石、涂料及漆涂装饰。参道是前门和中间门之间的道路，全长 600 余米。前门高 13 米。参道的东侧有"庙务所"和"参拜纪念馆"，参道南部的水池上建有"昭忠桥"，桥长 30 米，宽 17 米。过桥往里走便是中门。

　　外庭是中门和内门之间的庭院。进入内门便是内庭，即"建国忠灵庙"的主体建筑。祭殿跨度为 38 米，建筑面积 905 平方米，院中东西两侧建有东、西配殿、环结祭殿、配殿、内门建有四廊，其墙上绘满壁画，四角有角楼。祭殿后面为灵殿，两殿之间为禁城。灵殿为方形建筑，面积 49 平方米，用于摆设死者的灵位。伪满建国忠灵庙修建得"庄重典雅"，耗资之巨大，足以反映出日伪当局对此庙修建的重视。

　　"建国忠灵庙镇座祭"定于 1940 年 9 月 18 日在伪满新京南部欢喜岭举行。9 年前的这一天，是中华民族的耻辱日，日本帝国主义悍然发动了侵华战争，使我国东北大好河山沦入敌手，东北人民身处日本侵略者铁蹄的任意践踏之下。而9年后的这一天，日本侵略者又将耻辱强加给中国东北人民，要求东北人民对在发动侵略战争、镇压人民反抗、疯狂围剿抗日武装力量中被打死的日伪军人顶礼膜拜，虔诚奉祖。可见将"建国忠灵庙镇座祭"定在这一天是日伪政权处心积虑、挖空心思所谋划的，其用意和目的十分歹毒。

至于对"建国忠灵庙"奉祀之战争亡灵的确定，也是经过一番挑选的。与日本靖国神社祭祀的"护国英灵"还有所不同，靖国神社祭祀的亡灵包括日本幕府末期的所谓殉国者、戊辰战争中的官军，以及明治以后的阵亡者，到太平洋战争失败为止，共"祭神灵"240余万个，对崇拜天皇和普及军国主义起了很大作用。伪满建国忠灵庙确定的"祭神"在鼓吹战争、鼓吹侵略、尊皇拜神方面和日本靖国神社同出一辙，但其毕竟是日本侵略者在占领的殖民地上建立的，所以"奉祀英灵"要"包括各舆族，不分身份高低、不问职业如何"，这就使日本大和民族的亡灵理所当然的包含其中了。

伪满祭祀府按照"皇帝陛下御珍念于建国之元神，天照大神神威之下，为镇国之神而奉之英灵"的先决条件，根据伪满政府各部门、地方各部门的报告及推荐，并通过"殉国者调查委员会"的调查、了解，确定"奉祀之英灵"后，由张景惠和伪满祭祀府总裁桥本虎之助亲自送进伪满宫廷，奏请溥仪裁可。此次确定的"奉祀英灵"总数为24241个，全是1931年九一八事变爆发以来至1937年9月17日，为伪满建国而战死或战伤的日伪军人、军属、警察官吏及其他官吏。这些灵位，其中包括日本方面关东军司令官武藤信义以下19877个，伪满方面有郑孝胥以下4264个。从"灵位"的比例看，伪满方面仅占六分之一。

由祭祀府总裁桥本虎之助到副总裁沈瑞麟以下奉祀官及所谓"英灵"遗族和仪仗队等诸官员参加，观看所谓"殉忠建国英灵"24241柱"护国之神"。1940年9月19日上午10时，溥仪与关东军司令官梅津美治郎在伪满国务总理大臣张景惠、伪满宫内府大臣熙洽、帝室御用挂吉冈安直、伪满祭祀府总裁桥本虎之助、副总裁沈瑞麟等人的陪同下，亲临伪满建国忠灵庙的"神殿"，演出了"镇座祭"中的重头戏。

此时，为了大造声势，所谓的"英灵遗族"（即死者的家属）200余人早已列队等候。溥仪到达神殿后，先进行所谓"盗之仪"，再受奉仕官的"净被"后，由桥本虎之助引导，手拿沈瑞麟恭捧的"五角币帛"，亲拜"殉国之神灵"，还几乎表现出痛哭流涕的样子。之后,是梅津美治郎、张景惠等日伪官吏顺序向"亡灵"参拜。

"建国忠灵庙镇座祭"活动结束了,"建国忠灵庙"由此正式建立。

溥仪参拜"建国忠灵庙"后在神官的导引下走下台阶

"神庙"也好,"忠灵庙"也罢,所起的作用是相同的,都是服务于日本帝国主义的殖民统治和侵略战争的需要。其不同之处是"建国神庙"祭祀的"天照大神",是日本帝国主义用来愚弄人民,维护其"万世一系"的天皇制而臆造的、根本就不存在的"天神"。日本侵略者又强行将其推广到伪满洲国这块殖民地上,可以说是看不见、摸不着的虚体,而"建国忠灵庙"祭祀的亡灵则为实体。虚实并用,殊途同归,共为达到强化殖民地统治的目的。

溥仪祭祀所谓"护国英灵",即在侵略战争中被打死的日伪军人,早在伪满初年就开始了。

1935 年 3 月 8 日上午 10 时半,溥仪"临幸"伪满政府在长春大同公园举行的"建国慰灵大祭"祭场,为侵略战争中丧生的日伪军招魂。

御祭文:"惟夫奋勇捐躯,斯国殇之可谥,效忠致命,乃祀典所宜隆;惟灵壮气无前,蹈白刃而弗惧,贤劳顿尽,享黄发以无期,式荐馨尽,允昭光烈。于戏! 河山底定,幸慰志于英魂,俎豆聿新,冀酬庸于殁事,灵兮不昧,庶其歆承。"

1940 年 7 月 15 日，刚刚从日本捧回天照大神的溥仪，就在"建国神庙"举行隆重的"镇座祭"，从舆论上宣扬和吹捧"天照大神"至高至尊的地位。同一天，又以溥仪的名义颁布了由日本人起草的《国本奠定诏书》，明确规定将奉祀天照大神作为伪满的"国家宗教"，并确定为"建国元神"，也就是伪满洲国"新祖宗"的地位。同日，伪满皇帝溥仪以敕令第 182 号，公布了《建国忠灵庙祭祀令》。将"建国忠灵庙"的祭祀分为大、中、小祭。"大祭"包括：3 月 1 日的"建国祭"，5 月 31 日的"春祭"，9 月 18 日的"秋祭"，以及"迁座祭"、"合祀祭"、"临时祭"等；"中祭"如"岁日祭"、"万寿节祭"、"纪元祭"、"祈谷祭"、"天长节祭"、"访日宣诏纪念祭"等；"大祭"和"中祭"以外的祭祀为"小祭"。

1940 年 8 月 22 日，溥仪又按照日本关东军的设计和要求发出新旨："日前创建建国神庙，奠定我国国体，此次更为奉祀殉职于建国之英灵，创建建国忠灵庙，为建国神庙之摄庙。"

1941 年 4 月 19 日，再以溥仪的名义公布了修改过的《建国忠灵庙祭祀令》，对伪满建国忠灵庙的祭祀活动进行了调整。"大祭"为 5 月 31 日的"春季例祭"和 9 月 19 日的"秋季例祭"，以及"迁座祭"、"合祀祭"、"临时奉告祭"。"中祭"为"建国祭"、"祈谷祭"、"元神祭"、"新祭"。"小祭"是 1 月 1 日的"岁月祭"、每月 18 日的"月例祭"，12 月 31 日的"岁暮祭"。根据这个规定，伪满建国忠灵庙每年固定的祭祀活动就有 20 次，至于临时性的祭祀活动更是根据需要随时随地进行。

1941 年 5 月 31 日，举行伪满建国忠灵庙建立以来的第一次"春季恒例大祭"，伪满国务总理张景惠、治安部大臣于芷山、关东军中将吉冈、协和会中央本部长三宅、日本驻伪满大使馆副官武山田等日伪官吏约 300 人以及所谓的"遗族"代表 150 人列队入庙。

1941 年 9 月 16 日，伪满宫内府、祭祀府发出布告："9 月 17 日第一次建国忠灵庙合祀祭，恭蒙皇帝陛下临幸亲拜。"每年在举行"合祀祭"之际，都要从新近死亡的日伪官吏、日伪军中增选一批"殉国英灵"加入到伪满建国忠灵庙"祭神"的行列中，此次又有 4927 个亡灵列入。次日上午 8 时 40 分，骑兵仪仗队一个连、日军代表 500 人、伪满国军代表 2000 人，与"协和会"、日"满"学校学生等团体的 10000 多人，列队于伪满建国忠灵庙的门前。9 时 55 分，溥仪身穿陆军军服，胸前佩戴大勋位菊花勋章，在熙洽、吉兴等宫内官僚从下，亲临"建国忠灵庙",参加第一次合祀祭。溥仪和关东军司令官梅津美治郎等,在参列的全体人员敬礼和唱奉"国歌"声中来到祭场。在桥本虎之助的引导下,升进祭台,捧献上币帛后默祷,亲自祭拜侵华日军将士的亡灵,10时6分还宫。

1942年9月12日上午9时30分,溥仪离宫前往"建国忠灵庙",参加第二回合祀祭并亲拜,10时34分还宫。仅隔一天,即9月14日上午9时30分,溥仪由宫内官扈从亲临"建国忠灵庙",参加临时奉告礼亲拜,向亡灵奉告伪满建国十周年实迹。

1943年9月11日上午9时30分,溥仪亲临"建国忠灵庙",参加第三次合祀祭,10时37分还宫。

这正是溥仪"拜神"——祭拜侵华日军亡灵的几段真实历史记录。

52. 溥仪与宗教

述及宗教,先谈谈长春基督教会洋教士纪礼备和张士敦。

长春基督教会是在19世纪晚期由西方传教士创建的,西五马路礼拜堂也很快就存在了。早在1892年,英国爱尔兰传教士纪礼备就在这里充当牧师,他在长春的时间最长,影响也较大,但对他的评价并不一致。第一次世界大战期间,纪礼备就曾在神学信徒和教会学校毕业生中网罗华工、翻译人员,把他们送到欧洲战场当炮灰,可见他也是一手拿《圣经》,一手拿战刀的。大战结束后,纪礼备又返回长春传教,恨他的人背地里管他叫"纪嘎子"。1921年2月,终于找到机会把他打死了。1932年,又有一位英国爱尔兰传教士张士敦来到长春,其实他也带着文化侵略的任务而来,与纪礼备是一脉相承的。到长春不久,就开始在西五马路教会后院给"为主殉道"的纪礼备修小楼,称之为"学道馆"。1934年又建成纪念纪礼备的大礼拜堂。伪满14年中,这位洋教士一直待在长春和沈阳等地,把持这里的基督教会和教会学校,凭借帝国主义国家与中国签订的不平等条约,欺骗信徒,压迫中国人民。

再说"康德皇帝"与罗马教皇。

为了得到伪满上层人物的支持,传教士们讲经,特别注意防止把基督、天主与伪满皇帝对立起来,强调传教只是"精神行为",与掌管人们肉体的政府行政行为无关,人们向政府纳税是正当的。而且"皇帝也是世上的一个人,从基督教的立场来看,也应信奉基督教"。

溥仪从小信佛,伪满年代对传教也给予了支持。1934 年 3 月 1 日"登极"为"康德皇帝"之际,各地神父也都参加了当地的庆祝活动,高声祝福"康德皇帝万寿无疆、国泰民安",溥仪则"赐宴"各教会神职人员,并赏赐每位神父一只银杯。1936 年,罗马教皇曾向伪满各大臣赠送教廷勋章,为了表示答谢,溥仪在 1937 年 12 月 22 日向罗马教皇厅国务总理巴斯加理枢机主教、传信部大臣翁弟枢机主教、罗马教皇厅驻满教皇代表高德惠主教等赠与勋章。4 天之后,高德惠又在插满黄白条教皇旗的天主教教堂内宴请伪满国务总理大臣张景惠、伪满外交部大臣谢介石等高官,酬谢"康德皇帝"。1938 年 9 月 13 日,"满洲亲善使节团"团长、伪满经济部大臣韩云阶,在罗马向十一世教皇呈交了"康德皇帝"的《御书》。同年 10 月 10 日,高德惠主教又把十一世教皇的《御书》呈交溥仪。这是"康德皇帝"与罗马教皇"互致敬意"的一段史事。

在伪满年代,传教与政治一直关联着。曾任吉林省天主教爱国会主任的丁鹿樵主教说过一件很有趣的事。1942 年他在长岭县天主教堂当神父,却常常受到日本人的监视。有一次,他在厕所内放了一本《满洲月刊》,日本人见了就质问他:"你怎么敢将皇帝做手纸?"丁主教分辩说:"我没有把皇帝做手纸呀!"原来日本人指的是《满洲月刊》内印有"康德皇帝"的画像,为此丁主教好说歹说才搪塞过去了。

最后讲溥仪与护国般若寺和红卍字总会。

不过,溥仪真心信仰的还是佛教。他与般若寺第一任主持澍培法师早有交谊,曾为般若寺题写匾额。长春还有个"红卍字总会",会址就在人民大街和解放大路交叉口西北侧,20 世纪五六十年代曾是长春市图书馆,庙宇式大门,当年还曾作为恶霸地主黄世仁的家拍进电影《白毛女》中,现已拆除,盖起银行的大厦了。伪满年代,侍从武官长张海鹏担任"红卍字总会会长",由他筹资建造了三层楼带六角亭的正殿和东西两栋楼房,一组中西合璧式建筑,溥仪也从他每月 66000 元的内廷经费中拿出 1 万元赞助,他相信"老祖"降坛,能够预知未来。"老祖"给他赐两个道号:"昊兴"、"一人"。这或许就是预测溥仪必能"中兴"清朝,且是"天下第一人"吧!

　　1940 年 6 月，日本天皇裕仁召溥仪第二次访日，让他捧回了日本的天照大神，并在伪满帝宫东南角上给他修了一座"建国神庙"，要求他面对日本的祖宗神顶礼膜拜，这一下子兴味索然了，对宗教也一定有了新的感受。

第十一章
"建国十年"

53. "临幸""建国十周年式典"和
"大东亚建设博览会"

　　所谓"建国十周年"理应在 1942 年 3 月 1 日"建国节"庆祝,可是,日本承认伪满是在 9 月 15 日,两个日子相比较,后一个更为重要。于是,溥仪在 3 月 1 日只颁发了一个《建国十周年诏书》和一个《恩赦诏书》,而庆祝典礼放在 9 月 15 日举行。头一天,伪宫内府发出布告:"九月十五日,皇帝陛下临幸建国十周年式典,特此布告。宫内府大臣:熙洽"

　　1942 年 9 月 15 日,溥仪参加在"新京"南岭运动场举行的庆祝伪满"建国十周年"典礼。上午 10 时 50 分,身穿陆军正装,前胸左侧挂满勋章的溥仪,由侍卫处长金智元陪乘,伪宫内府大臣熙洽和伪侍从武官长吉兴随从,来到长春南岭体育场。伪满总理大臣张景惠、参议府议长臧式毅、祭祀府总裁桥本虎之助、总务厅长官武部六藏、协和会中央本部长三宅光治,以及全部伪参议、伪大臣、伪次长都到了。日本关东军司令官兼驻伪满大使梅津美治郎、关东军参谋长笠原、满铁总裁大村、兴亚同盟副总裁松井，以及当时正在长春的日本军事保护院总裁本庄繁，日本贵、众两院议长松平和冈田，还有当时承认了伪满的几个可怜的"枢轴国"的代表也来"庆祝"，还有被迫而来的下层民众一万多人。张景惠、武部六藏等觐见后，又接见各国驻伪满使臣，然后就座。张景惠宣布式典开始，军乐队奏伪满国歌，继而"献祝辞"。

溥仪和关东军司令官梅津美治郎在伪满"建国十周年"典礼大会上

之后，溥仪从熙洽手中接过"敕语"宣读一番，还是千篇一律那一套话，大赞"亲邦仁义援助"，表白"朕躬精勤自励，夙夜不遑"，要求"尔等宜克体朕意"，"奉翼亲邦之天业"，然后"赐"给张景惠：

　　兹当我国建国十周年式典举行之期，率尔有司众庶，共申庆祝，朕心正为忻悦，惟念我国仰赖天照大神之神庥，天皇陛下之保佑，建国以来，兹经十载，亲邦仁义援助，亦有司众庶至诚奉公，以有今日，至堪庆幸。惟兹世变方殷，时艰来己，朕躬精勤自励，夙夜不遑。尔等宜克体朕意，至诚一贯，仰迓神庥，只承明命，奉翼亲邦之天业，以期达成世界之和平，朕有厚望焉。

"敕语"宣读完毕，接着是女学生合唱《十周年庆祝歌》，放飞鸽子，张景惠三次领呼"皇帝陛下万岁"、鸣放礼炮等，半个小时的典礼终于过去了，11 时 35 分"康德皇帝"还宫。

1942 年 9 月 16 日上午 11 时 20 分，溥仪和梅津美治郎又同时来到南岭式场，出席伪满"建国十周年祝贺会"。张景惠宣告开会，奏日本国歌和为庆祝伪满"建国十周年"而特别制作的"满洲国"新"国歌"。梅津向溥仪恭颂祝辞，溥仪颁赐敕语，随即开宴。至 11 时 55 分开始表演舞乐，12 时 21 分再度三呼"皇帝陛下万岁"声中启程返宫。下午，溥仪又"幸临""庆祝观兵式"。

也许他们真以为这伪满小朝廷能像张景惠在"贺表"中所说"统元立极,垂统无穷"吧,然而,这"十周年"的礼炮已经敲响了伪满的丧钟!

1942 年 8 月 23 日,溥仪"临幸"伪满"建国十周年"、"大东亚建设博览会"

趁着所谓"建国十周年"的机会,伪满政府还指令御用新闻机构"满洲新闻社"、"满洲日日新闻社"和"康德新闻社"三家出面,举办了所谓"大东亚建设博览会"。

据伪国务总理张景惠说,举办这种博览会"其目的在于阐明我国建国之由来及圣业之伟大,将历史之陈迹与跃进之现势介绍于中外,以资高度国防国家建设之完成。同时更明示我国在大东亚共荣圈确立上占有据点的地位,使命至为重大,并陈叙东亚共荣圈之实况,用以协助大东亚之建设"。可见这个博览会是彻底为日本军国主义的太平洋战争服务的。

博览会共分三个会场,第一会场有"大东亚战争馆"、"建国馆"、国际情势馆等 3 个政治内容馆;第二会场有农产馆、水产馆、开拓馆等 8 个经济内容馆;第三会场有历史馆、恒力馆等 6 个其他内容馆。

这个博览会从 8 月 12 日开始举行,共开放了 52 天。溥仪在 8 月 23 日"临幸"了这个博览会。

1942 年 8 月 23 日上午 9 时 30 分,溥仪出宫前往大同公园,参观"大东亚建设博览会"。依次观览了"大东亚战争馆"、"建国馆"、"满业馆"。在"大东亚战争馆",溥仪还观看了《马来海海战》、《夏威夷珍珠港大海战》、《新加坡攻略战争》等反映日本海军侵略战争的纪录片。然后又视察了日本"开拓团馆"和"共进会场",观看了大东亚粮食基地"满洲国"十年兴农"开拓事业"的情形。溥仪还观览了"满业馆"、"满铁馆"内本溪湖溶钢炉和链接"新京"与柏林间的"世纪横断铁道计划"。

54. 接待高松宫宣仁

1942 年 5 月 14 日,溥仪发布谕旨迎接日本高松宫访问伪满,下午 3 时日本宫内府发表《公告》:天皇裕仁为庆祝伪满建国十周年派高松宫宣仁亲王访问"满洲国",其随员包括式部长官子爵松平庆民、陆军中将黑田重德、外交省东亚局长山本雄一等。溥仪同时发布谕旨,高松宫访问期间当以帝室贵宾接待,并任命臧式毅及宫内府次长鹿儿岛虎雄等为接伴员。伪宫内府也在同日发表公告说:"日本高松宫宣仁亲王殿下将于近期来满"。对于天皇陛下的这位御弟,当然也要以伪满最高礼节待遇之。

宣仁生于 1905 年,大正天皇第三皇子,幼名光宫,封号宣仁亲王,宫名高松宫。1936 年海军大学毕业,战前为海军上校。20 世纪 80 年代还健在,曾任日本美术协会、国际文化协会、日本红十字协会名誉副总裁和皇室会议议员。

为了做好迎接工作,5 月 21 日下午 2 时,溥仪亲临在大同广场举行的"建国十周年庆祝兴亚国民动员大会",并在会上宣读《誓文》。日本关东军司令官兼驻伪满特命全权大使梅津美治郎到场。2 时 36 分溥仪回宫,随后,参加大会的所谓奉公队、青年队、国妇队等,开始在市内游行,当日夜晚又在大同公园内举行音乐演奏会和时局电影会,为宣仁来访而在大同大街上进行献媚的预演。

5 月 25 日,日本宫内府再发公告:日本天皇裕仁派御弟高松宫宣仁亲王于 26 日自东京启程访满,在"新京"逗留期间将觐见"康德皇帝",参拜"建国神庙"和"建国忠灵庙",莅临阅兵式、政府及协和会主办的奉迎式、政府及关东军司令官驻满特命全权大使主办的欢迎宴会。

由空路而来的宣仁于 5 月 26 日午后 5 时 25 分飞抵大连郊外的周水子飞机场。日本关东军司令官梅津美治郎、满铁总裁大春卓一、伪满总务长官武部六藏和臧式毅等到机场迎接,当晚住在满铁总裁公馆。第二天在大连巡视了一番,第三天,高松宫一行于午前 8 时在大连登上军用专列启程,并于当天午后 5 时 45 分抵达"新京"。

5 月 27 日,溥仪传旨将于 5 月 28 日亲临"新京"车站迎接日本天皇亲派的高松宫宣仁亲王殿下。

溥仪还宣布：为高松宫访满举行阅兵式，组织阅兵式指挥部，亲授陆军上将于芷山为"特命观兵式"诸兵指挥官，陆军少将郭若霖为"特命观兵式"诸兵参谋长。授命参加阅兵式的部队有：陆军军官学校学生队、陆军训练处学校军士候补者队、禁卫队、步兵队、兴安骑兵队、"新京"和哈尔滨军乐队共数千人，此外，还有号称伪满国军精锐的高射炮队、独立自动车队等机械部队，空中还有数十架飞机也参加阅兵式。

宣仁到达的前一天，伪宫内府也发表了题为《关于临幸之件》的第五号布告，文曰："五月二十八日，皇帝陛下出迎大日本帝国天皇陛下御差遣高松宫宣仁亲王殿下临幸新京车站，特此布告。宫内府大臣熙洽"。

在高松宫到达新京之前，即5月28日午后1时30分，溥仪首先对高松宫及其随员赠授勋章：赠式部长官子爵松平庆民勋一位柱国章；赠陆军中将黑田重德勋一位景云章；赠外务省东亚局长山本熊一勋二位景云章；赠式部官伯爵坊城俊良勋二位柱国章；赠海军少将金子繁治勋二位柱国章；赠对满事务局事务官吉田晴二勋四位柱国章；赠皇族副武官神田武夫勋四位景云章；赠陆军中佐小岛纯胜勋三位柱国章；赠宫内事务官吉岛六一郎勋五位景云章；赠外务省事务官小泽武夫勋五位柱国章；赠式部官子爵京极高光勋五位柱国章；赠外务省事务官小泽武夫勋五位柱国章；赠式部官子爵京极高光勋五位柱国章。在高松宫一行到达新京时，由外交部次长三浦武美到大和旅馆传达于高松宫殿下的随员。

17时30分，张景惠、桥本虎之助、张文铸、于琛澄、铃木中将、吉本中将、三宅光治、袁金铠等，依次为勋一位之特任官、日本敕任以上文武官员，以及各国驻满使节，至"新京"火车站，均穿礼装站立第三站台；简任级和勋三位以上之文武官员站于第一站台。站前除荐任官外，沿道排列各机关代表、义勇奉公队及特殊会社、学校、国防妇人会等奉迎之队伍。溥仪穿陆军军装，佩戴日满最高勋章，由吉兴、熙洽、金智元等恭谨扈从下，17时28分自"帝宫"启跸，经大同大街前往"新京驿"。宣仁代表天皇裕仁，为庆祝伪满建国十周年而来伪满，溥仪不得不第二次"亲临"大同大街的起点——"新京驿"，并再次举行盛大欢迎仪式，而令来宾受到溥仪的"高格礼遇"。

17时45分，高松宫宣仁所乘专列驶进站台，专程前往大连奉迎的关东军司令官梅津美治郎和接伴员臧式毅相继下车,臧式毅随后前往御用专车车前,恭请高松宫宣仁下车,遂为先导,宣仁下车后与溥仪行握手礼,然后由铁道局长宇佐美先导与溥仪同出站台。溥仪乃亲送宣仁前往下榻在坐落于西万寿大街(今西民主大街)的高级宾馆中,然后还宫。溥仪这次"亲迎",从"5时28分启跸"到"6时7分还宫"费时40分钟。

高松宫发表访问伪满的谈话,由山本熊一代为传达,不过属形式上的外交辞令:

> 兹当满洲国建国十周年之佳岁,恭奉天皇陛下之命,来使满洲,得以亲向皇帝陛下致庆祝之意,殊觉称幸。

> 满洲国帝室与我皇帝相互间好谊日渐敦厚,是诚为两国国民共相鼓舞欢欣不止者,满洲国自建国以来,上自皇帝陛下,下达臣庶官民卒,皆一致热情奋斗,因是国内万般之施政,均告整备,国基愈益巩固。对外方面,与十余国开始国交,国运日趋隆昌。此景此情,诚堪令人庆贺不置。自大东亚战争勃发以来,满洲国官民对我国所予之协力,深使帝国朝野感谢拂已。

> 余曾经来满亲睹其辉煌之发展,凤觉欣慰。今次又得重游旧地,复能亲历其后进展之情况。且可会见故知,实乃欣快者也。

> ······

当晚,宣仁就下榻坐落于西万寿大街的高级宾馆中,并发表了一篇形式上的"访满谈话",由山本雄一转达到伪满宫中。

5月29日上午,溥仪和宣仁进行礼节性会见。10时,高松宫宣仁身着海军军服,佩戴勋章来到"帝宫",梅津美治郎随行。在承光门前受到伪宫内府大臣熙洽和伪帝室御用挂吉冈安直的欢迎,而溥仪则在勤民楼二楼楼梯前等候,两人都穿着军装、跨着战刀,在东便殿举行会见仪式,宣仁对伪满"建国十周年"致祝辞并向溥仪进献礼物,溥仪致答词。宣仁还向溥仪介绍了松平式部长官以下各随员,这次法西斯

1942年5月27日溥仪"临幸""新京站"亲迎高松宫宣仁

气氛下的会见至 10 时 20 分结束。10 时 40 分,溥仪又前往宣仁住所答访,在礼节上不落过场,11 时 20 分还宫。

11 时 40 分宣仁再次参拜"建国神庙"后,出席溥仪在嘉乐殿举行的盛大午宴。当然,两个小时的华宴之上,溥仪和宣仁是短不了举杯碰盏的。

在这之后的两天之内,宣仁时而单独活动,时而和溥仪在一起,参拜"建国神庙"、"临幸""新京忠灵塔"春季恒例大祭、出席关东军司令部的落成仪式及"协和会"的奉迎式等,5 月 30 日 8 时 17 分,溥仪亲临大同大街南端的"建国忠灵塔",参加由关东军司令官梅津美治郎为祭主的"新京建国忠灵塔春季例行大祭"。中午,溥仪参加高松宫宣仁亲王在帝宫嘉乐殿主办的午宴,这回高松宫又以主人身份前往西便殿迎接并与溥仪同步进入嘉乐殿,梅津美治郎、张景惠和祭祀府总裁桥本虎之助等出席了午宴。

55. 在大同大街上举行的"最高盛仪"

宣仁此次来伪满真正的高潮发生在 5 月 31 日,他和溥仪"临幸"在兴仁大路(今解放大路)至大同大街上为高松宫来访而举行的国军特命观兵式。"国军"特命阅兵式,是伪满洲国"礼典"上明文规定的"最高盛仪",举行这一仪式才能表达"举国奉迎之赤诚",并反映"日满共同防卫的伟大精神"。所以,溥仪与日本天皇两位御弟的"交欢",在大同大街上举行这一仪式,显然就是不可缺少的了。溥仪为此组织了阅兵指挥部,亲授陆军上将于芷山为"特命观兵式"诸兵指挥官,陆军少将郭若霖为"特命观兵式"诸兵参谋长。

5 月 31 日上午,伪满国军特命检阅式在"新京"兴仁大路举行。溥仪身着陆军军服于 9 时 18 分自"帝宫"出发,9 时 30 分到达检阅场。身着海军军服的高松宫由臧式毅陪同于 9 时 35 分莅临检阅场。溥仪与高松宫握手后,由琛澄引导先后登上检阅台,由梅津美治郎陪侍。此时,由溥仪亲授为"特命阅兵式"诸兵指挥官的陆军上将于芷山和授为"特命观兵式"诸兵参谋长的陆军少将郭若霖,乘马进前,向溥仪和宣仁挥刀敬礼,请检阅。阅兵台上的溥仪和宣仁,军装笔挺,胸前挂满了大大小小的勋章,每人腰上还横插着一柄二尺多长的战刀,活现出一副法西斯战争狂人的模样。继而两人走下检阅台,同乘汽车以侍从武官为先导开始阅兵,各受阅兵种依次进行分列式。

受命参加阅兵式的部队有:陆军军官学校学生队、陆军训练处学校军士候补者队、禁卫队步兵队、兴安骑兵队、("新京"、哈尔滨)军乐队达数千人。此外,号称伪满国军精锐的高射炮队、独立自动车队等机械部队也参加阅兵式。空中还有数十架飞机。这是伪满实施"国兵法"以来第一次阅兵式,也是溥仪在大同大街的第二次阅兵,且都与日本裕仁天皇的御弟有关,

1942 年 5 月 31 日,溥仪为宣仁举行特命观兵式

只不过上次是大弟弟雍仁,这次换成了小弟弟宣仁。然而历史不是打扮出来的,"大东亚圣战"终于被人民制定为一段丑恶的历史,"武运长久"的战旗也被败兵践踏得稀烂。

至 10 时 40 分检阅完毕。宣仁退场后,溥仪还宫,时为 11 时 5 分。同日下午 4 时 15 分,高松宫再入"帝宫"向溥仪告辞。

"特命观兵式"结束的第二天,即 6 月 1 日上午 9 时,宣仁就离开了伪满的"首都",溥仪钦派"御史"前往"新京"车站,代溥仪为高松宫送行。上午 8 时 40 分高松宫自住所启程,8 时 50 分至"新京"车站。9 时,在日伪官员奉送下乘专列前往奉天、本溪湖访问。

6 月 3 日上午 9 时 30 分,访问伪满的高松宫自奉天住所出发,前往奉天市北飞机场。10 时乘专机飞返东京。日本天皇裕仁同样没有忘记,为其弟宣仁访问伪满,向溥仪拍电报表示"谢意"。这封谢电 6 月 4 日就到了。

56.九一八事变改变了溥仪和汪精卫

九一八事变发生之际,汪精卫作为仅次于蒋介石的国民党政权要员,还可以算是一名重要的抗战领导人,10 年后他竟与溥仪坐到一条板凳上了。

1942 年 5 月 4 日上午 11 时,溥仪在"帝宫"勤民楼接见日本驻汪伪中华

民国政府特命全权大使重光葵,听其通报汪精卫访问伪满洲国事宜。遵照日本的中国派遣军司令官佃俊六的旨意,伪中华民国政府主席汪精卫带着褚民谊等一行8人于5月7日抵达"新京"。溥仪本应亲往车站相迎,但他没有去,"特派"宫内府大臣熙洽等到火车站迎接汪精卫一行。接待规格明显降等,而令汪精卫觉得颇受冷遇和奚落,但也只能忍耐。

汪精卫于 1942 年 5 月 7 日抵达"新京"

汪精卫及其随员伪外交部部长褚民谊、伪参谋总长杨揆一、伪宣传部长林伯生、伪教育总署督办周作人、伪行政院侨务委员会委员长兼伪经济委员会秘书陈君慧、伪航空署署长陈昌祖、伪外交部政务次长周隆庠、伪中央医院院长罗广霖、伪外交部顾问张超、伪行政院秘书曹宗阴、伪外交部亚洲司司长薛逢元、伪外交部总务司司长陈国丰、伪宣传部参事钟任寿、伪外交部交际科长徐义宗、伪外交部专员汪锦元及汪伪国民政府最高军事顾问日本陆军少将影佐、首席顾问海军少将寺冈等,分别下榻于满业公馆和大和旅馆。

5月8日上午9时30分,汪精卫身穿燕尾服,率领随员林伯生、周隆庠等人自满业公馆启程,与驱车从大和旅馆赶来的褚民谊、杨揆一、周作人、陈君慧、陈昌祖等人,分别乘宫内府特遣礼车前往"帝宫"拜见溥仪。褚民谊首席随员等人均在"帝宫"兴运门下车,由宫内府接伴员引导,步入勤民楼候见室。而汪精卫的礼车,则由莱薰门直接开进"帝宫"内廷,由宫内府大臣熙洽、掌礼处处长罗福葆等人在勤民楼承光门前迎接。溥仪的护军沿途侍立,荷枪实弹,状貌森严。

汪精卫下车后,在熙洽导引下,走上勤民楼承光门前台阶。溥仪出迎,与汪精卫握手后,一起到楼上西便殿(亦称"御学问所")。溥仪自坐东侧上座,

1942 年 5 月 8 日,汪精卫到伪满皇宫勤民楼拜谒溥仪

汪精卫遂入西侧下席。据说有个小插曲出现:汪精卫不慎被椅前放置的楠木"踏脚凳"绊了一下,闹了一个趔趄,险些摔倒,溥仪亲见此状倒觉得快活。插曲过后,在熙洽、吉冈安直侍立下,汪精卫对伪满的"国运隆昌"及伪满与汪伪政府的"亲善笃厚"表示祝愿。溥仪致欢迎词。然后由罗福葆引导,溥仪与汪精卫步入东便殿。受汪精卫之请,溥仪接见了汪伪驻满特命全权大使廉隅及褚民谊等随员。之后溥仪和汪精卫又步入健行斋,汪精卫向溥仪献上赠品,溥仪欣然接受。又经一番交谈后,10 时 10 分,汪精卫退出"帝宫",溥仪相送。

上午 10 时 30 分,溥仪率扈从诸员出宫答访汪精卫,10 时 45 分至汪下榻的满业公馆,汪等在门前相迎。溥仪随即步入其居室,亲致答访之辞。交谈后,汪精卫送溥仪到门口,10 时 55 分溥仪离开满业公馆,11 时 10 分还宫。

上午 11 时 50 分,汪精卫一行 15 人应溥仪之请再度进宫,出席招待宴会。溥仪于勤民楼承光门前台阶上相迎。之后,溥仪与汪精卫步入嘉乐殿宴席。参加宴会者还有汪伪驻满大使廉隅、大使馆参事官竺缦卿,以及访问同行之日本陆军中将野田、少将影佐、海军少将寺冈,还有日本方面关东军参谋长吉本贞一、关东局总长三浦直彦、中将竹下义晴、少将吉冈安直、驻伪满大使馆武官秦彦三郎、松永次郎及大使馆参事官花轮义敬,还有伪满方面张景惠、武

1942 年 5 月 8 日,溥仪亲往汪精卫下榻的满业公馆回访

部六藏、臧式毅以下各部大臣、参议及"协和会"中央本部长三宅光治等 70 余人。宴会上溥仪致辞后举杯向汪精卫表示祝贺。汪精卫亦举杯表示感谢。有一种说法,溥仪致辞系由国务总理大臣张景惠代读,且称汪精卫为"先生",而不称"国民政府主席",这当然也就不是什么"国宴"了。宴会后,溥仪和汪精卫再回到勤民楼西便殿交谈,这时的汪精卫也肯定不开心。午后 1 时 30 分,汪精卫率随员退出"帝宫",溥仪在勤民楼承光门前送行。

下午 3 时 20 分,汪精卫赴日本关东军司令官官邸,对司令官梅津美治郎致以答访之礼,梅津设宴招待。

有一位名叫周逸峰的亲历者,当年曾在汪伪政权的"外交部"工作,他在 20 世纪 80 年代撰文回忆了 1942 年 5 月 8 日那天的两场宴会:

11 时 3 刻,由宫内府大臣招待至赐宴餐所,按名签就座,正中虚设龙椅。12 时正,扩音机放奏伪满国歌,全体宾主俯首肃立。在伪满国歌声中,遥闻皮靴托托之声,自远而近,溥仪带同随从进门。他旁若无人地独自先在龙椅坐下,背后立有翻译二人,全体随着坐下,徐良坐在溥仪并排右手,皇室御用挂吉冈安直坐在溥仪的左手(这是溥仪的监视人)。我们五人与溥仪面对而坐,同席共二十四人。

溥仪坐下后,只顾自饮自吃,并不举杯招待。徐良虽系溥仪之师,但仍称他为皇上。徐先开口说:"汪主席向皇上问好。"溥仪说:"汪主席好。"接着溥仪按照外交礼节,向我们随行五人各问一句。我还记得,他问我:"到过满洲吗?"我答:"第一次。"在严肃的气氛中,赐宴开始。日本式西菜四菜一汤尚未上齐,溥仪就先行退席,全体人员立即俯首起立相送。溥仪一走,席上空气顿呈活跃,席终我们径回宾馆休息。

最后一天晚上,我们一行又出席了关东军司令梅津的招待宴会。这种豪华的场面，比溥仪的赐宴真有霄壤之别。当我们六人由特高课长导入富丽堂皇的餐厅时，被邀出席的当地日满重要文武官员五六十人已环立厅内。我们六人依次排立于厅内门口。六时正，梅津身穿军服佩带勋章，率领高级参谋四人进入餐厅，服务员立即送上香槟酒。鲜花盘中放着十多种名牌酒，连我国新疆产的哈密瓜也出现在"满洲国太上皇"的宴席桌上。其他如整只烤小猪和整只大鸡，都一道道送上克罗米的餐桌。坐在我旁边的一个日本军官告诉我说："梅津司令长官阁下备有法国式和德国式西菜专厨，并备有中国名厨，今晚用的是法国式西菜。"

5 月 10 日，汪精卫一行回归。溥仪钦派宫内府大臣熙洽传达其旨，表示珍惜道别之意。梅津美治郎、张景惠以下官员等到"新京"车站送行。

汪精卫访问伪满洲国，并进宫与溥仪在嘉乐殿对杯宴饮，溥仪内心真是苦不堪言！众所周知，正是这个对杯者，早在他宣统皇帝任内的 1910 年 4 月初，就策划了由黄复生、罗世勋具体实施而在什刹海后海北岸小甘水桥下放置炸弹欲置摄政王载沣于死地的政治行动，虽然未获成功，毕竟也属杀父之仇，今天同席共饮，无非受迫于日本主子罢了！

应予说明的是，徐良并非"溥仪之师"，他本是康有为的弟子，随其师到天津见溥仪，以后长期在溥仪身边。康有为去世后他仍在溥仪的"行在"出谋划策，深得信任。汪精卫回到南京后，为了方便联络溥仪，特提升徐良为"外交部长"，而把原"外交部长"褚民谊调任"驻日大使"。可见汪精卫对溥仪还是很看重的。

第十二章
悲情"后宫"

57. 伪满初年悲情的婉容

婉容原籍在今黑龙江省讷河县龙河乡新生活村五队,清末时此地称为东布特哈莽鼐屯。婉容的高祖清代吉林将军长顺及其以上五世祖先的坟墓全在这里。婉容是达斡尔族人,该族与清帝国的关系乃是婉容入选皇后的先决条件。达斡尔族是契丹大贺氏部族的后裔,原居西辽河流域,辽亡,徙居黑龙江北。达斡尔人擅长骑马射箭,作战勇敢,在清帝国统一国家、保卫边疆,也包括镇压人民革命的战斗中,受到清朝各代皇帝的褒奖。达斡尔族早期共有十八个"哈拉"(姓氏),其中有四个较大的"哈拉",而婉容所隶的郭博勒(后习用"布罗"二字)氏更是最显赫的"哈拉"。郭博勒氏南迁之前居住在精奇里江下游左岸布丹河口的郭博勒阿彦屯,随达斡尔族南迁后定居在讷谟尔河流域,他们的首领乌莫迪在顺治六年(1649年)时被清政府册封为世袭章京(即佐领)归讷谟尔扎兰(扎兰为队、连之意),莽鼐屯便是从属于这个扎兰的同姓村屯。当时,清政府把南迁到嫩江流域的达斡尔人编为三个"扎兰"，又把鄂温克人编为五个"阿巴"（猎区），到雍正九年（1731 年）清政府就以三个扎兰、五个阿巴为基础，组建了布特哈八旗，即"打牲部"。婉容所隶讷谟尔扎兰划归正白旗，这样她已是旗人了。

婉容的父亲郭博勒·荣源，系郭博勒氏莽鼐支第八代，生于光绪十年（1884 年）。自 1902 年在晚清供职，至 1922 年其女婉容入选为皇后，他依例封为辅国公，当了一任紫禁城小朝廷的总管内务府大臣。1924 年 11 月溥仪被逐出宫，荣源大臣遂告卸任。溥仪担任伪满傀儡后，荣源也移居长春，十几年中出任了几回肥缺。1945 年 8 月 31 日被苏军俘获，在伯力拘押 5 年，1950 年 8 月 1 日被引渡回国，1951 年 4 月 18 日因高血压并发脑溢血病故。

荣源一生中先后娶了四位妻子。原配博尔济特氏，继配爱新觉罗贝勒毓朗的侄女，名恒香，生一男润良，一女婉容；二继配为爱新觉罗氏睿亲王魁斌的长女；三继配为爱新觉罗贝勒毓朗的次女，生一男润麒。对于婉容的悲剧，其父荣源、其兄润良都有一定的责任。

在长春车站上，婉容和溥仪一起观看了一场"迎銮"滑稽剧。特别是吉林市旗人还组织了 40 多人参加的"吉林满洲旧臣迎銮团"，以前清举人、吏部郎中钟岳为团长，前清举人、吉林咨议局议长庆康为副团长。他们仍视溥仪为"清帝"、视婉容为"皇后"，"带头行跪迎礼，人所共见，立时矮了半截。而当时情景，团员中有的伏首，有的拱手，钟岳、庆康则是泪流满面"。

就在这手执黄缎的长方形黄龙旗、行跪迎礼的人们面前，溥仪被"感动"得落了泪，婉容的心情当然也不会平静。十几分钟以后，他们双双被送到一所从前是道尹衙门的破旧不堪的院落里，这便是前不久的长春市政公署。婉容紧跟着溥仪，踏着铺在台阶上的地毯，先后迈进了这位于北门外东六马路的公署大门。

"执政"就职典礼举行之际，婉容待在附近她住的屋子里，似乎对刚刚发生的这一切无动于衷。然而正是这一切，既改变了溥仪的身份，也改变了她的身份。当此之际，位于长春东北角上的吉黑榷运署正在翻修，那里有几栋小楼，当时算是长春最好的建筑了。为了改建成伪执政府，还必须大兴土木，特别是要把西墙外的 400 多间民房全部拆除。

溥仪和婉容是在 4 月 3 日迁入新居的，为他们分别装修的起居活动间位于一座灰色的小型三层楼内，后来溥仪亲自为之取名"缉熙楼"。溥仪住在西侧,婉容住在东侧。东侧楼上共有三个房间,为婉容的卧室,她始终住在前间;楼下各室则按客厅式样布置,是婉容的书斋。各室都铺有地毯,四壁用带有素色花纹图案的金黄色彩绸裱镶,玻璃窗上安着纱和绸的几层窗帘,加上挂在墙上的画,放在门前的屏风,摆在墙角的花瓶等,整个布置富丽、典雅,如前所述,婉容正是在这里的软禁之中,淌干了她的血泪,耗尽了她美好的青春年华。

婉容有单独的膳房,据毓嶦(毓嶦系道光第五子后人、已革辅国公载澜之孙,生于1914年,后来一直住在吉林市,伪满期间在溥仪身边)说:"婉容吃饭,最初是由老妈子在缉熙楼东侧的下房给做,后来就在缉熙楼楼下给做吃。"据他说,平时溥仪不与婉容一起吃饭,他可以随时传弟、妹、族侄等陪餐,婉容就只好独自吃闷饭了。不过,伪满初年膳食质量还好,虽然不是每餐珍馐海措,也不能"吃一看二眼观三"了,但依旧很排场,荤素凉热五味俱全。婉容还是非常娇气的样子,有的时候满桌的饭菜摆了上来,她却连筷子也不动一下。偶尔,溥仪也召她一起进膳,可她常常是忸忸怩怩地来到门口,又要返身回到自己房中去取手绢,溥仪便动气了,撇开她单独吃了起来。

遍查伪满14年间的"政府公报",根本没有关于"执政夫人"或"皇后"正式场合服装样式的规定。但是,关于"皇帝"、"大臣"及一般文武官吏的服装样式规定非常之多,本来也没想让她公开露面,规定服装也是多余的,至于平时穿着就更随便了。

在伪执政府内及后来的伪皇宫内,都设有专门为溥仪和婉容个人办私事的机构,服务于溥仪的叫做内廷司房,服务于婉容的叫司房。每个司房都有三五人,他们照各自主人的吩咐按惯例办事,职责范围很宽,管钱、管物、记账、记事、采买等,无所不做。

归婉容使唤的佣人有三个太监:刘庆衍,北京人,家住钟楼湾铃铛胡同,个头稍高,而年岁稍长,人称老刘太监;刘振瀛,沧县人,家住缸瓦市街,因有刘庆衍比着,人称小刘太监;王福祥,济宁县人,家住小付庄,嘴爱叨叨,人称王太监。太监以外还有冯妈等两个老妈子和春英等一两名贴身丫环,他们各自的宿舍都在缉熙楼院内东厢房。

当年溥仪使用经费是有限制的,大约每年80万元,比较宽松。溥仪是按月支取的,每月支取66666元,寓有"六六大顺"之意。溥仪又按月分出1500

元归婉容开销,让随侍严桐江"交给太监王福祥、刘振瀛管理着婉容的花用"。

婉容的汉文师傅陈曾寿,从天津到旅顺,又从旅顺到长春,一直作为扈从伴随在婉容身边。溥仪就任伪满执政后,任命陈曾寿为执政府特任秘书,并在当上"执政"后第三天夜间召陈曾寿入宫为婉容请脉开方。那天,溥仪还当着陈的面发了几句誓言,大有轰轰烈烈干一场的架式。

不料,陈对时局有自己的看法,并于两天后不辞而别返回天津去了。继而两次呈递奏折,坚决辞去了秘书职务。他虽然保留着为婉容进讲的讲席一职,但人已离去,婉容的日课自然也就停了下来。这种状况一直持续了8个多月,到1932年11月间溥仪又决定成立内廷局,并任命陈曾寿为内廷局长。可是,陈仍是一再推辞,坚持不就职。

溥仪知其意向,遂明确传谕,内廷局职司祭祀、陵庙、医官,以及有关内廷各项事务,归溥仪直辖,不与执政府相涉。这样做似乎已把内廷局从日本人控制的政局之中解脱了出来,陈曾寿这才接受任命前来长春就任内廷局长,同时恢复为婉容讲课。有如此思想基础的汉文师傅,将对他的女弟子施加怎样的影响呢?那是可想而知的。

婉容在北京和天津时期都有一门必修课——英语,现在到了日本人的圈子里,必修课成了不修课。他们似乎应该学日语了,但溥仪不愿学,当然也不让婉容学。

除了陈曾寿,婉容还有一位师傅,即崔慧莆小姐。崔小姐和她的妹妹崔慧梅,誓为清皇作不贰之臣,得知婉容已在长春,即毫不犹豫冒寒北上。然而这姐俩很快就看出,长春是日本军人的天下,政治空气令人窒息,遂以"母病"为由,两姊妹曾一度向"皇上"、"皇后"辞职,但婉容舍不得她们,溥仪也不批准她们的辞呈,说:"既然你们以孝代父尽忠,就留面子给先王,继续留下来服务!"崔慧莆听到这句话,又下定决心要为已经成为历史的清朝鞠躬尽瘁,立即收回了辞呈,继续过起常年陪伴婉容的生活。教婉容绘画、音乐、刺绣,陪她弹琴、下棋,共同打发无聊的时光。婉容曾在缉熙楼东边的几间木板屋中挑了一间作为崔家姊妹的绘画之所,并亲自为之命名为"绿屋"。

伪满初年的婉容,在物质生活方面固然是惬意的。日本人非常愿意像供养一只美丽的小鸟那样,把婉容养起来。为此不但在长春装修了缉熙楼、西花园等等,还雇佣日本工匠在千里之外的汤岗子温泉对翠阁宾馆内,为溥仪

伪满年代身着长袍马褂的溥仪和烫了发的婉容

夫妇修造了一座"龙宫温泉"。如果说在伪满14年黑暗的日子里,婉容也曾有过"黄金时代"的话,那无疑就是她作为"执政夫人"的头二年。

溥仪高兴时也找婉容玩玩,在执政府院内有花园、假山和水池,这便是他们的天地了。他们有时揽辔驾马,有时骑车画圈,有时在西花园的网球场玩一会儿。溥仪喜欢养狗,饲养了一头狼狗,因头部像老虎,取名儿叫"虎头";婉容则养了五六只哈巴狗。狗有了病,他们还要打发人上街去买什么"犬用兜安氏药膏"呢!

溥仪和婉容两人间也有应酬,每年婉容总要在自己的经费中拨点儿钱给丈夫买进贡礼品。表面看来,溥仪和婉容似乎还有着欢洽的情感,其实,他们中间的裂痕已经无可弥补地愈来愈大了。自从婉容挤走了文绣以后,溥仪一想起这事就要怪婉容不好,对她逐渐反感起来,很少和她说话,更不大留心她的事情,也不愿意听她述说自己的心情、苦闷和愿望。有时溥仪在睡觉前也到婉容的卧室坐一会儿,可是,一到夜深便拂袖而去。他没事儿似地走了,婉容可气得发疯,没有别的办法发泄,便把屋中的陈设物品东扔一个、西扔一个。无限的空虚、冷漠和寂寥在婉容的内心郁结成疾,天长日久便得了精神失常的病症。不过,开始时还是很轻微的。

58. 笼中伪后

对婉容来说,致命的伤痛与其说是来自溥仪,不如说是来自伪满,来自囚徒般的人身束缚和侮辱性的政治压抑。

婉容很快就发现,原来她钻进了新的鸟笼子。溥仪就任"执政"不久,带着婉容、二妹、三妹,去西公园一游,结果被关东军司令官派出的宪兵和警察,把公园团团包围,直到把溥仪夫妇等"安全"接回"鸟笼",并让他们保证今后不再发生类似情况才告终了。失去自由又没有退路的婉容,无聊得直淌眼泪,除了睡觉,时间都花在一支接一支的烟卷上,她大部分时间待在床上,下午抽鸦片,房里整天烟雾缭绕……

婉容还有更大的痛苦,她不甘寂寞,她有自己的政治理想和抱负。正如人们所知,在北京和天津的年代里,她就一心想着帮助溥仪完成"复辟大业",为此她设想过漂洋过海的计划,陪伴丈夫周游世界,也与英、美、法、日各国的驻京、津外交官们交际、来往,然而,限于当时的眼界,她还看不清把复辟希望依托在洋人身上会带来怎样的后果。

一种莫名的政治压抑感愈来愈强烈地袭向婉容,事实上,早在伪满建国之初她就考虑过自己应有的去处。当受国联指派的李顿调查团1932年5月进入东北期间,婉容就曾采取了一个不为外界所知的行动,乘机派人接触了代表团中的中国政府代表顾维钧。据顾维钧回忆,他在大连时一个从长春来的伪满洲国内务府的代表要见他,此人化装为古董商,是婉容派来的。因为知道顾要去"满洲",让他帮助皇后从长春逃走。来人说婉容觉得生活很悲惨,在宫中一举一动都受到监视和告密。虽然皇帝不能逃走,但她自己也要走。顾维钧为这个故事所感动,却不能替她做什么事。他说:"因为我在满洲是中国顾问的身份,没有任何有效方法来帮助她。虽然如此,我得到一个明确的概念,知道日本人都干了些什么,这个故事可以证实日本的意图。"这是一个真实的故事,特赦后的溥仪曾经说过,婉容做这件事时瞒了他,但过后还是告诉他了。

婉容没有因此气馁,还想逃出这个人间地狱。从策略出发她希望把日本当作过渡之桥,并在一年以后找到了机会。那是1933年八九月间,伪满立法院长赵欣伯的妻子赴日,婉容便托她帮忙东渡,结果又没能成功。

历史就是这样安排的,婉容不但逃不出去,而且愈陷愈深了。政治上的压抑转化为思想上无尽无休的苦闷,她怀念清朝,憎恨伪满;她向往大清皇后的地位,却因眼下虚伪的身份而深深地感到耻辱。

崔慧梅回忆那时候与胞姐崔慧芾陪伴婉容的情景,印象最深的一段往事就是婉容亲自教她们姊妹唱清朝国歌:"我两姊妹教婉容皇后绘画和音乐,但犹记得一首歌却是皇后教我们唱的。这一首属于满清的国歌,歌词凄凉,相信是可汗入关前流传,开国后因歌词悲切,很少有机会听到。凡有国家元首来访,'皇上'心情好的时候便命老宫女唱出:'凉风吹夜雨,萧飒动寒林,正在高堂宴,难忘迟暮心,军中一剑舞,塞外动茄音,不作边城将,虽知恩义深。'"

　　伪满年代,溥仪是不让婉容在政治场合抛头露面的,只有过一次正式的公开的露面,并受到新闻媒界的着意渲染,那是1934年6月间的事情。日本秩父宫雍仁亲王代表昭和天皇"访满",祝贺溥仪称帝。两个月前日本天皇赠送礼品便是溥仪和婉容每人一份,现在"御名代"来了,自然也需两个人出面接待。况且这次秩父宫来访不同寻常,早在6月3日溥仪就颁发了一道谕旨:"自六月六日至同月十五日间,待秩父宫殿下以皇室贵宾之礼。"于是,"皇后"成了不可缺少的角色。婉容虽然没有拒绝,却把清宫中穿用过的凤冠、锦袍和珠宝饰物等都找了出来,她显然是要向日本天皇的代表炫耀自己大清国皇后的身份。

　　据周君适回忆,婉容召见师傅陈曾寿的次女陈邦荃时已经流露出这种心情:"会见前一天召见邦荃,谈话间叫侍女捧出这套宫装给邦荃瞧。婉容指着凤冠说:'这上面有十三支凤凰,是珠宝扎成的,历代皇后都戴过,曾经遗失了一支,另扎一支补上。本朝制度,皇后才能戴十三支凤凰,以下是贵妃、妃、嫔、贵人、常在、答应,各级冠服都有一定的制度,不许僭越的。'婉容又叫侍女拿出一只保险箱,亲自打开,里边全是珠宝玉器,取出来摊在一个大盘子上,真是五光十色,一时哪看得清楚。婉容说:'这些东西,连过年过节我都少戴,老是锁在箱子里,今天才拿出来给你瞧瞧。'"

　　6月7日9时40分,婉容依照清朝旧例,身着宫装凤冠锦袍,与溥仪一起在勤民楼正殿会见了日本天皇御弟"秩父宫"雍仁。在会见中,雍仁向"康德皇后"转交了日本天皇的"亲书",并向她赠呈了"勋一等宝冠章"。当天中午溥仪在勤民楼清宴堂"赐宴"为雍仁接风,次日又在中央大街举行"奉迎观兵式",婉容自然不曾出现在这样规模盛大、人员众多的场合,但她却出乎人们意料地出席了溥仪在6月12日为雍仁举行的送别午宴,她仍然穿戴清朝皇后的正式宫装,不过因为不得不佩戴日本天皇赠予的那枚"宝冠章"及日式绶带而显得有些不协调。许多日本高级军政人员,包括后来担任日本侵华司令官的冈村宁次都出席了那次宴会。作为政界之内的公开露面,婉容出现在送别

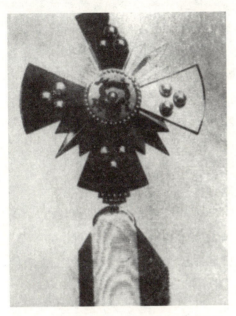

雍仁向溥仪赠呈的"大勋位菊花大绶章"　　　　雍仁向婉容赠呈的"宝冠章"

雍仁的宴会上,这是最突出的一次,也是最后一次。此后,她仅仅在家族活动中出现。

59. 痛苦最深的女人

婉容是与溥仪共同生活时间最长的女性,因此也是痛苦最深的女人。跟她同时入宫的文绣早已看穿了这活的地狱,并在溥仪离开天津之前就下堂去了。在溥仪、婉容与文绣三人之间,如果说还有某种共同的东西,那就是政治上对清朝帝国的追求。然而对这个问题婉容与文绣在认识上也有很大差距,当婉容还在洋人特别是在日本人身上寄托着希望的时候,文绣却已看出:投靠日本人无异于叛国。于是,她俩分道扬镳,各自选择了要走的路。

至于谈到溥仪、婉容和文绣的夫妻生活,应该说从来就没有一个共同的基础,面对一个不合格的丈夫,正如溥仪后来分析婉容的思想时所指出的,婉容毕竟与文绣不同,文绣的思想里,有一个比封建的身份和礼教更被看重的东西,这就是要求自由、要求有一个普通人的家庭生活的思想。而婉容的思想里更看重"皇后"的身份,她宁愿做个挂名的妻子,也不肯丢掉"皇后"的身份。其实即使她真想离婚,她的父兄、她的师傅,以及那些离开溥仪就不能生活的人,又有谁肯支持她呢?

然而,婉容又毕竟是个有血有肉的人啊!她是在这样一种非常奇特的心理状态之下,一方面是人的正当要求,一方面又丢不开皇后的尊号,不敢理直气壮地建立合理的生活,精神愈加痛苦,鸦片也愈吸愈重了。

正是伪满那种令中国人深以为耻的年代,让婉容清醒了,她终于看清了世道,也逐渐读懂了写在"满洲国执政"和"满洲国皇帝"脸上的虚伪,心中尚存的那一点对丈夫的亲近、信赖和尊敬,也由此崩坍了。

"长时期受着冷淡的婉容,她的经历也许是现代新中国青年最不能理解的。她如果不是在一出生时就被决定了命运,也是从一结婚就被安排好了下场。"溥仪在《我的前半生》一书中继续写道:"自从她把文绣挤走之后,我对她便有了反感,很少和她说话,也不大留心她的事情,所以也没有从她嘴里听说过她自己的心情、苦闷和愿望。只知道后来她染上了吸毒(鸦片)的嗜好,有了我所不能容忍的行为。"

婉容的"婚外恋情"播扬出来了,即使岁月悠悠又度越了半个世纪,提到这事,许多人还是很不理解,当年曾在内廷伺候过男女主人的白头宫女和侍从等,就曾先后站出来"为婉容皇后喊冤"。

然而,溥仪对此深信不疑,这位当上"康德皇帝"不久的"怀疑狂",很快就处治了非常宠信的两名随侍:祁继忠和李体玉。

祁继忠,家住北京地安门内大石作胡同,在溥仪被撵出紫禁城之前不久入宫,溥仪亲自给他起过两个名字,一叫祁耀华,一叫祁振浚。在天津时即受到溥仪信用,作为随侍曾掌管司房财务开支。后随溥仪出关,先赴旅顺,继赴长春,伪满初年又兼任了溥仪的奏事官。1933年春天被溥仪以"满洲国陆军将校候补生"的名义,保送到日本陆军士官学校学习。

李体玉,家住北京城玉皇阁胡同,也是在紫禁城里就伺候溥仪的随侍,又跟溥仪转到天津、旅顺和长春。

这两个人都比溥仪小几岁,在清宫时还是小孩子,到天津静园时已是20

岁左右的小伙子了,且都生得眉清目秀,聪明伶俐,颇能讨人喜欢。当时溥仪迷上了网球运动,就在庭院中设置球场,除雇用著名网球选手林宝华等教练外,还让随侍们陪他练习。逐渐连韫和、韫颖和婉容也都成了网球迷,她们或与溥仪对局,或与祁继忠、李体玉等随侍对局。一进网球场,无形之中打破了"男女大防"。至今在历史档案中仍可找到婉容与祁继忠、李体玉网球对阵的比分记录。初到长春时,溥仪又命人在西花园前面铺设了网球场,老搭档们还是免不了要搭档,小小网球或许能够成为传递信息的一种媒介。

伪满最初几年,两人都是内廷随侍,又都是轮流为溥仪陪寝的人员,陪寝之夜就睡在缉熙楼二层正南面的中药药房内,隔着西墙便是溥仪的寝宫,隔着东墙则是婉容的寝宫,何况仅凭树立在走廊上的一座屏风就要把同一座小楼隔为内宫和外宫,其实也是隔不开的,从屏风这边到那边易如反掌,接触机会自然很多;至于婉容的起居行止,在那个时候也没有做到完全与外界隔绝,这或许是引起溥仪怀疑的又一原因。

伪满初年对婉容来说,既是政治上最感到压抑的年代,又是生活上束缚较少的年代。对此,王简斋回忆说:"伪满宫内对男女大防和历代封建帝宫一样,有严格的规定,不许越雷池一步。可是在内廷就不像外面那么严格了。溥仪有时和皇后同宿,早晨还未起床,就曾召随侍进去侍候。皇后、贵人有时也召随侍上去支遣。还有随侍每天早上到溥仪、皇后处'喊早'。"所谓"喊早",即奉命招呼起床,就像在旅顺有过的情形。

婉容比祁继忠和李体玉在年龄上要大六七岁,自天津静园以来因为常在一起打网球,把他们看作是小弟弟一样,而这种"好感"并不就是以身相许。在天津、在旅顺,包括从天津到旅顺的路上,什么事情都不曾发生。溥仪后来听到一种误传,说是婉容的一位亲属"为了换取某种利益",在离津去大连的路上,就"把自己的妹妹卖给一个同行的日本军官了"。大量事实证明,当时没有这种环境。何况日本方面正极力劝诱溥仪出任傀儡,绝不允许发生这种事情。再说婉容毕竟是位有身份的人物,不可能随随便便接受日本人的侮辱。

婉容到长春将近一年,祁继忠就被溥仪派到日本留学去了,传闻说他是十足的伪君子,此后,婉容开始"钟情于李体玉"。在一些文学及影视作品中,有的把李体玉描绘成"侍卫官",能"提着勃朗宁手枪"东游西逛;有的说李体玉是司机,一直给婉容买鸦片,"他们常常躺在一起吸,慢慢地成了她闺中密友,后来成了情人"。还有人说,婉容与李体玉的恋情曾经留下若干"合影照"。这真是令人难以想象,请问:当时的环境和条件能允许他们动用摄影师么?即使拍下镜头,又有哪家相馆敢给他们冲放?作为文人的描述,离开事实太遥远了。

根据李国雄在1987年夏向笔者提供的回忆录音资料,并核实以严桐江写于1955年11月3日的证言材料及若干初稿,笔者了解到这样一个真实的细节:有一天早晨,溥仪让毓嶂、毓嵒、李国雄等在药房找东西,那屋里除放各种中西药品外,还存放溥仪随时需要的服装、鞋帽之类物品,溥仪也过来看看。正在这时,李体玉打外边进来,别人没太注意,溥仪忽然发现李的嘴唇上有斑斑红印,顿生疑窦,遂问道:"你怎么还抹口红?"李体玉听闻一惊,知道是刚才与女人偷情接吻时沾染了红色,乃急中生智道:"奴才这几天嘴唇发白,就稍许点了点红色,或许万岁爷看着顺眼些。"他的巧辩引起哄堂大笑,一时把溥仪也应付了,从此李体玉公开涂口红,以使人们不疑。

不久轮着李体玉陪寝,也在药房打地铺。真是该他倒霉,溥仪夜里病了,跑到药房找药吃,发现李的铺盖在地下放着,人却不在了。起初溥仪以为他上了厕所,遂命人去找。但找不到,前后楼门也都锁得好好的,那时规定:溥仪就寝后缉熙楼各门一律上锁,断绝出入,直到次日溥仪起床后才开锁启门。正疑着,李体玉两手提着裤子从楼下急匆匆上来,溥仪一看就火了,联想起抹红嘴唇的事,遂逼问他"半夜三更上哪儿去了"?李体玉张口结舌一时语塞。

溥仪更显得急不可耐,一面打他,一面追问。好长时间才问出一句话:"奴才到楼下去了。"再问他半夜下楼干什么去?李体玉硬挺着挨打,什么都不肯说。溥仪这时已断定他是有奸情的,遂传毓嵒等人共同审讯。轮番轰炸之后,李体玉招供与某某有染,其人是某侍卫官之妻,常出入陪伴婉容,时而留宿不退,遂成此事。

李体玉此供是否属实现已无从查考,而当年溥仪的疑心也并未因此稍减。有一天,溥仪秘密布置严桐江、李国雄、赵炳武和吴天培四人监视李体玉。赵炳武即赵荫茂,在清宫就给溥仪当随侍,一直到伪满垮台。他善于烹调,给溥仪管理过茶膳房,有时还亲自给溥仪做菜。吴天培,也是从北京就跟着溥仪的随侍,伪满初年提为奏事官兼护军第一队队长,后因贪污受贿被开除。李体玉是精明人,早已看出苗头,知道皇上是在调查他是否与后宫有联系？结果一连数日都无人抓到证据。然而，溥仪还是决定要处置李体玉。

有人说，溥仪想把李体玉枪毙了之，可没等动手，李倒提着勃朗宁手枪在宫内装疯，要毙起别人来了，而且公开声言"有两人私进过婉容的寝宫"等等，溥仪乃被迫给"两名肇事者"各发400块大洋，作为保密费，打发他们离开伪满。这显然是对伪满宫廷的环境和背景毫无所知的人，凭主观臆断而编造的。在"康德皇帝"的宫廷之中，岂容李体玉提着手枪装疯？再说他这个小小的随侍，当时尚可与溥仪讲讲条件的无非是保守秘密，对于钟情于他的女人，也应爱护其情面，怎么可以乱喊乱叫地"声言"呢？

还有人说，此事当时已经传开，随侍们认为李体玉丢了大家的脸，主张把他拉出去枪毙，后被溥仪制止。事实上这件"宫闱秘闻"并未传开，虽然有的随侍被派任监视、拷讯等工作，但都是单线对溥仪负责，且有规定：随侍之间不得接触、谈话，是不可能知道全面情况的，也不可能得到向溥仪提出处置意见的机会。

也有人说："溥仪对事情的反应既宽宏大量，又胆小怕事，他满可以处死李，因为他违反了大清道德，犯下了滔天罪行。可是溥仪偷偷塞给他250英镑，叫他赶快离开。"这是一种比较谨慎的提法，却含糊其辞，没有涉及细节。

关于对李体玉的处置，李国雄的回忆比较客观、贴近事实。他说："为了避免传闻外扬，溥仪当即开除李体玉，秘密遣人送回北京，永远不准再来。由于此事做得人不知、鬼不觉，连朝夕不离溥仪左右的我，居然也不知道李体玉是什么时候、以什么名义离开伪满的。"

又据严桐江档案记载，溥仪当时还派了一个叫王子明的人护送（实际是押送）李体玉返回北京。王子明也是伪满内廷勤杂人员，北京人，家住秦老胡同。按溥仪打发下人的惯例，无论是因病请退的、自动离职的，还是被开除的，都发遣送费。李体玉情况特殊，亦不过开除而已，遣送费照例可发。加之李体玉是溥仪贴身老随侍之一，还有溥仪在天津时给代存银行、规定可动息不动本的1000元钱在，即使再另外加些钱给他也是不奇怪的，算不上"保密费"。其实李体玉是绝不敢张扬的，溥仪如果想让他死，不但可以在长春毙他，回北京后也可以随时取下他的首级。

还有另外一种传闻，溥仪的二妹夫、郑孝胥之孙郑广元曾在1985年6月11日向笔者说过，李体玉被逐出伪宫后，离开长春前曾在火车站前小旅馆住了一宿。其间他与别人,或许就是负责押送的王子明,谈到过宫里的事儿,主要是说他与婉容是有感情的,曾透露过暗杀溥仪的企图,却被婉容坚决地劝止了,才未能动手。李体玉这样讲或许是一种好意,他不愿在自己离开后婉容还要受到严厉惩罚,然而这只是传闻,没有确凿可信的证据。

有趣的是,度越相安无事的 27 年以后,溥仪和李体玉于 1961 年在北京烟袋斜街碰上了,李体玉向旧主人深鞠一躬并道歉说:"过去的传闻您不会当真吧?实在对不起了!"已经获得特赦的公民溥仪自然不会计较这一类往事,连说:"没啥!过去的事不提了。"不久,溥仪还特意到李体玉当时所在的宽街中医医院去找他叙旧,并顺便参观了李体玉负责管理的动物实验室,他们又成了朋友。

溥仪对祁继忠的处理就更简单了。因为祁继忠正在日本陆军士官学校留学,所以既用不着撵,也用不着遣送,只拍了个电报,告诉日本方面将祁继忠从"满洲国陆军将校候补生"中除名;从而也就跟溥仪、跟伪宫、跟伪满脱离了关系。此后,祁继忠又被日本军方派到华北伪军中当上将级军官,早有人说他已被日本人收买,成为溥仪身边的日本特工,由此似可证实。祁继忠的下场可悲,他是在日本投降后被国民党政府俘获的,很快就被处以极刑。

溥仪处理两名随侍之后,又整顿了婉容身边的太监、佣妇和丫头们。采取画地为牢的办法,严格限制他们与外界接触。据严桐江讲,连婉容经费的支付方式也有所变动。他说:"婉容的每月经费是 1500 元,原由太监领取,后来溥仪叫我交给他们,这是溥仪为了防备伺候婉容的人和别人交谈。"归根到底是为了防止"传闻"扩散。

继而溥仪又授意婉容的汉文师傅陈曾寿辞去讲席,陈只好照办。作为"进讲"多年的清朝遗臣,陈曾寿同情婉容,认为溥仪夫妇形同怨偶,是胡嗣瑷以及韫和等挑唆所致,希望溥仪不要忘记患难夫妻的情分,为此还曾写诗寄意,并断然与胡嗣瑷绝交。陈曾寿随溥仪到东北,再三申明只愿照料溥仪家事,以逞效忠清朝之志,绝不过问伪满政治。于是,既辞讲席,又向溥仪奏请辞去近侍处长职务,虽经慰留暂消辞意,两年后还是去职迁居北京自度晚年去了。至此,婉容与外界完全隔绝,她的冷宫生活开始了。

然而,溥仪还是不能容忍这种事情,决心废掉"皇后",却不料受到日本人的干预,自己当不了家。关东军司令官菱刈隆竟蛮横地表示不同意离婚,菱刘隆的反对态度显然是反映了裕仁的意志,其原因是政治的,日本人担心内廷丑事外扬,将会影响伪满皇帝的尊严。后来发生的一连串事实都证明:日本人把溥仪"废后"、"立后"乃至册立一个"贵人",都看作是牵涉政局、影响社会安定的重大事件,都极为慎重地参与其间。离婚不成,溥仪又想出一个主意:采取甩包袱的办法,以赴旅顺"避寒"为名,把婉容远远地甩在外地,来个"眼不见为净"。为此,伪满宫内府已在1935年1月14日发出第一号布告:"皇帝、皇后两陛下于本月二十一日行幸旅顺,遵旨布告。"对此,关东军方面仍然表示反对,"认为皇帝应有皇后,皇后应和皇帝同居"。其实与"废后问题"一样,日方考虑这个问题还是着眼于政治即日本人的统治局面的稳定,而绝不迁就溥仪的个人感情,不愿把宫廷危机播扬到社会上去,婉容则是因为看穿了溥仪的用心,又哭又闹坚决不去。离婚废后不成,甩包袱又甩不掉,溥仪惩治婉容的最后一招儿就是把她打入冷宫。

从1935年到1945年,可怜的婉容在人间地狱般的冷宫中度耗了漫长的10年光阴。只剩虚名的"皇后"成了盘旋在伪宫上空的幽灵,在"满洲国"从日本关东军司令官到最小的伪官吏,再也没有谁还能注意到婉容其人的存在了。

婉容所住的冷宫,那是比珍妃囚居之所还要冷的真正的冷宫。因为珍妃心爱的光绪皇帝还能想着她,设法见到她,可谓恩深情重。婉容却没有知音,丈夫根本就不爱她,不理睬她,从来不进婉容的寝宫,她每年只在春节和溥仪生日才能见到丈夫一面。冷宫中的婉容一举一动都处在不堪忍受的监视之中。溥仪也不允许荣源、润良和润麒等婉容的亲属平时入宫会面,婉容偶尔召见亲近眷属,都得先经溥仪许可。交谈时彼此都存戒心,不敢多说话,只能应酬似地聊聊天,或是问问外边的情况。婉容既不敢对某人表示特别亲近,被召见的人也绝对不敢对外散布宫中情况。其间婉容难以承受冷宫的巨大痛苦,政治压抑、感情压抑,丧失了爱情和亲生骨肉,难道这是一个女人能够担当的么?婉容不可避免地精神崩溃了,身体也被摧残了。到伪满末年,她的两条腿已不会走路,甚至完全不能动了,她的眼疾也几乎近于失明,由于常年圈在屋中,双眼均不能见光,看人时以折扇挡住脸,从扇子的骨缝中看过去。谁能想象这便是当年那个倾国倾城的"明星皇后"呢?

婉容发生溥仪不能容忍这件事情后,菱刈隆根据日本军国主义的利益,明确反对溥仪"废后",继任的关东军司令官南次郎同样干预溥仪家事,"废后"之举再度受阻。日本人深知,"废后"固可反对,迎立新"妃"却属势在必行,乃欲趁机选日本女性为新"妃",以便能生出有日本血统的孩子。于是,在这以后的伪满年代,溥仪又陆续册立了两位"贵人":谭玉龄和李玉琴。

60. "明贤贵妃"谭玉龄

在溥仪前半生所拥有的四位后妃中,唯谭玉龄的处境最能说明日本人卵翼之下溥仪的傀儡地位。

出身旗人家庭的谭玉龄,姓他他拉氏,原是一位清朝大臣的孙女,从小失去父母,是婶娘抚养大的,与哥哥谭志元和婶娘住在北京地安门外李广桥西口袋胡同。到20世纪30年代中期家道早已衰落,连本姓也不敢沿用,一音之转改为汉姓"谭"字,学名谭玉龄。

在她17岁的妙龄年代,本是中学二年级学生,一夜之间被圈选为"贵人",不得不带着满族贵族家庭的遗风,从北京出关来到溥仪身边。她有娇美的容貌和温柔的性格,给绑在日本军阀战车上的"康德皇帝"送来几许温暖、几丝柔情。她亲身体验了日本关东军司令官的政治审查,而她悲惨的死,也成了政治性的千古之谜。溥仪与谭玉龄悲欢同步的5年虽已逝去,溥仪对谭玉龄的怀念却永恒地保存了下来。

正当婉容因"私通"而被打入冷宫之际,关东军当局则欲趁机选日本女性为新"妃"推入宫门,却不料"康德皇帝"处处设防,难以实现。

这时,溥杰也正面临婚姻问题,溥仪想在满族女性中为其"指婚",却被吉冈安直拦腰挡住,他对溥杰说:"希望你能和日本女性结婚,这是关系'日满亲善'的重大问题,你应在这方面做一个活的模范,这也是军方的旨意!"在"皇兄"和"军方"的交叉路口上,何去何从?溥杰只好跟"军方"走。嗣后,吉冈安直亲自前往北京,代溥杰办理了与前妻离婚的法律手续,继而又在1937年初前往东京,为溥杰的联姻作准备。终于促成了以本庄繁和南次郎为媒人的溥杰和嵯峨浩的婚姻。人们把这次婚姻称为"政略婚姻",还因为随着这次婚姻产生了一个《帝位继承法》,它明确规定,"御弟之子可继皇位",借以实现改造皇帝血统的日本关东军的夙愿。

　　溥仪就不像溥杰那么驯顺了,他把选妃的使命秘密交给了岳母大人立太太,也就是抚养婉容长大的她的姨母兼继母恒馨,由于特殊的家世和身世,恒馨在北京皇族圈里特别吃得开,与醇王府载沣一家人过从更密,溥仪碰上私人方面的大事小情往往也交给她办。恒馨先选了好几家满族女儿,都不合意,后来选中他他拉氏家的女孩。

　　立太太向溥仪介绍谭玉龄时用的那张全身"玉照",一直保存到这位皇帝成为公民之后:一位满脸稚气的初中女学生站在花园中的"月亮门"前,梳着齐脖短发,穿着20世纪30年代流行的短袖旗袍,两只裸露的小臂很自然地交叉在胸前,白皙的脸上很文静的微露笑意。照片背面是溥仪亲笔写下的几个字:"我的最亲爱的玉龄"。这工整而又秀气的字体,不难让人想见当时溥仪对他的"祥贵人"倾注了多少爱慕和柔情。

谭玉龄"选妃"照

　　就凭这张照片,溥仪画了"可"字。消息传到北京,醇亲王载沣当即召开记者招待会,向新闻界发布消息。载沣这样做,是要以既定事实形成不可更改的舆论和声势,迫使关东军当局对谭玉龄的进宫无法阻拦。然而,这无异于向时任关东军司令官的植田谦吉通报情况,还是遭到了他的干涉。植田先派吉冈安直赴北京到谭家做详细调查,认为毫无问题,才由吉冈亲自安排谭玉龄成行。因为尚需经由植田当面敲定,故还不能以特别身份大张旗鼓地前往,乃让立太太和谭玉龄的婶娘陪同,悄然北上。直到植田面见之后,认为纯属满族而幼稚的女孩子,毫无政治因素,遂不再干涉。

我的最亲
爱的玉龄

谭玉龄照片背面留有溥仪亲
笔字迹

　　谭玉龄先在西花园畅春轩住了一个多

星期，随立太太演习宫廷礼仪，继而入宫进见溥仪。册封典礼是在 1937 年 4 月 6 日举行的，这有当时住在日本千叶的三格格韫颖给溥仪的信为凭。按祖制规定，清朝皇帝妻妾分为皇后、贵妃、妃、嫔、贵人、常在、答应等七个等级。谭玉龄进宫后被"册封"为"祥贵人"，是皇帝的第五等妻子。

这次册封典礼不但严格限定于"贵人"级别的范围之内，而且尽量不声张，与溥仪 1922 年大婚就不可同日而语了。外廷赐宴，本是礼仪中所必有的，现在也有两种说法：一说日本关东军司令官以下日籍文武官吏和傀儡政府伪国务总理大臣以下"满系"文武官员都来凑兴道贺了；另一说则认为根本就未曾安排外廷的祝贺活动。在内廷则按清朝规矩行事，谭玉龄从跨进缉熙楼第一步就不停地磕头，从一楼磕到二楼，又在溥仪的书房里，面对身穿深色西装并戴一副黑架眼镜的"康德皇帝"行三跪九叩大礼。只听溥仪轻轻说了一句"平身"，又将一柄带有"祥"字的"三镶玉雕龙凤如意"亲手递给谭玉龄，随后领她往奉先殿叩拜列祖列宗，至此礼成。谭玉龄便被引领着回到一楼西侧专为"贵人"安设的寝宫，并在那里接见前来请安的内眷和侍女们。颇令谭玉龄奇怪的是，没有安排她给"皇后"请安，甚至连婉容的面也未曾见到，其时那位可怜的"皇后"就住在几步之遥的同楼东侧房间中。

册封以后，正像溥仪所说，就像养一只鸟儿似地把谭玉龄养在宫中。她的活动局限于缉熙楼一楼西侧几个房间和西花园，范围很小。西花园坐落在缉熙楼西南、中膳房和茶房以西，有树、有亭、有假山。如果说，溥仪的后、妃们不过是他养在金丝笼中的小鸟，而他本人也无非是日本军阀关在西花园中的一只高级动物而已。谭玉龄很可人，经常给溥仪讲故事，织毛衣。连溥仪寝宫那"龙床"上的青缎枕也是谭玉龄亲手绣制的，溥仪十分珍爱。

溥仪先命内廷侍从人员腾出原为召见室的缉熙楼一楼西侧几个房间归她使用，特派亲信老太监李长安（绰号李德儿）伺候。因为他对光绪年间宫中轶闻逸事知之甚多，常给女主讲光绪和珍妃在慈禧压抑下日常生活的故事，"贵人"从他嘴里念到一部无字的清宫秘史。

像对待婉容和文绣一样，溥仪给新"贵人"安排的第一件事是读书，书房就设在西花园北侧畅春轩内，给她聘请的老师叫陈曾矩，就是婉容师傅陈曾寿的胞弟。谭玉龄对"皇帝"丈夫的印象很不坏，在她眼里，溥仪虽然身体瘦弱，却透露着帝王的庄严，从这位年过而立的人君身上似乎还能看到几丝希望。于是,两人由册封而进入蜜月,由蜜月而相爱,由相爱而热恋,开始了特定条件下的感情生活。傍晚,他们在西花园中温言热语、卿卿我我并肩散步,在西花园内高尔夫球场或"绿意轩"乒乓球室玩球。谭玉龄很会唱歌,"皇上"爱听她唱《毛毛雨下个不停》或《可怜的秋香》等凄凄切切的流行歌曲,溥仪喜欢摄影,亲手按动快门给"祥贵人"拍了许多照片。

据溥仪自己说,他和谭玉龄感情甚笃。"祥贵人"性情温柔,对溥仪体贴入微,宛如解语之花,使这位处在日本关东军控制之下的傀儡皇帝格外喜悦。有时溥仪受了日本主子的气后,回到寝宫时心情烦闷而又暴躁,往往无缘无故地对谭玉龄大发脾气。摔东西,推推搡搡的,有一次甚至把"祥贵人"身上穿的旗袍撕得粉碎。然而谭玉龄当面从不分辩,总是主动认错。她不仅能够容忍,而且还能劝慰丈夫,使他心平气和。

然而,日本关东军司令官植田谦吉(自 1936 年 3 月至 1939 年 9 月在任)在批准谭玉龄跨入伪宫门坎之后,仍通过吉冈安直密切关注她的一切活动。当获悉"皇上"真心喜欢"贵人"并经常在"贵人"卧室里过夜这一情报后,立即制订一项关于"满洲国皇太子"培养办法的规定,这可是千真万确的。

溥仪自述这一段史实说,日本关东军把他未来的儿子问题当作念念不忘的一件重要大事。先制订了《帝位继承法》,那是以溥仪生不出儿子为前提的,其内容是采取"李代桃僵"的方法,让溥杰与嵯峨浩未来的混血儿子继承帝位,以便使日本与伪满的"混血"关系更加亲密,继而又以溥仪一旦生出儿子为前提制订新法。如果溥仪将来有了儿子,那么当他长到六七岁时,就必须送到日本留学,并说,唯其这样,才会得到特别教养而能成为将来继承皇位的适任者。吉冈安直当年还要立据为凭,让溥仪承认并签名画押,不许反悔。因为植田谦吉在他刚册封"贵人"的时候,就逼迫他给能否降生尚属未知数的"儿子"先行填好"卖身契"了。

那几年,溥仪每天晚上都让毓喦给他注射性刺激补品,可见这位"皇帝"是多么盼望"贵人"能给他生下一位龙子!无奈却是瞎子点灯——白费蜡。溥仪没有生育能力,他既生不出儿子,也生不出女儿,如果植田谦吉能预知此事并及早掌握准确情报的话,他或许可以不那么着急制订关于伪满"皇太子"的"培养办法"了。

正值 1937 年民族灾难日益深重的时刻,谭玉龄这位在北京上过中学的女学生,也曾以朴素的爱国思想感染溥仪。当然,她也是听得到溥仪私房话的少数几人之一,两人的感情因而深化,更加甜美。

谭玉龄年轻去世,且距今已经久远,寻觅她的生平资料太难了。

1958年溥仪在抚顺战犯管理所写的自传中谈到了她:"当谭玉龄由北京来到长春和我见了面、彼此都同意结婚之后,也遭到了植田谦吉的干涉,干涉的理由是:必须由他先派吉冈安直赴北京到谭家作详细调查,认为'合格'之后,经过植田的正式许可才行。结果是在'令出如山倒'的情势下,经吉冈赴北京调查认为'合格'并和植田见了一面之后,才允许我们结婚的。"

这段文字略有误差,谭玉龄由北京赴长春,并不是在吉冈安直调查之前,而是在这以后,经调查毫无问题,才由吉冈亲自安排谭玉龄成行的。由此也可以看到关东军的凶残面貌,以及傀儡皇帝的可悲可怜。

61. 谭玉龄之死

谭玉龄身体不佳,平时离不了宫中侍医,一年四季药不离口,但也没闹过大病。在1942年夏秋之际病重了,先是口内干渴,大量饮水,继而卧床不起,尿血。溥仪派中医大夫佟阔泉和徐思允给谭玉龄诊脉,让他们开了药方先行呈送。溥仪不放心,要亲自过目,他粗通中医,常对药方加以增减修改。经中医治疗未见好转,溥仪又指派毕业于台湾医学专门学校特设科、曾在孙传芳部任上尉军医的西医黄子正继续诊治,仍不见好。溥仪慌了手脚,一面命针灸大夫林永泉实行针灸治疗,一面再命黄子正联系高明的西医大夫。黄子正请来伪满新京市立医院的日本西医大夫,同来的还有一位女护士,经溥仪同意立即给谭玉龄注射并输血,血液是护士从医院带来的,这是1942年8月12日的晚上。

夜已深,抢救仍在紧张进行。吉冈安直出现了,他命令日本医生立刻到"宫内府"候见室来,两人用日语谈了许久,才让医生继续抢救,但在场的人都感到已经不那么紧张了,未再注射,也未再输血。过了约一个时辰,医生提出需给病人导尿,因为这样做势必暴露肌肤,溥仪考虑"皇帝的尊严",坚决不允许,日本医生随即带着护士离去了。

　　谭玉龄病危之际，从昏迷中醒来，看见坐在床边的溥仪，第一句话就问："皇上进膳了没有？吃的是什么？"溥仪闻此顿时泪如泉涌。她没有忘记"皇上"，也没有忘记并无一面之识的"皇后"，最后几句话渗透了中国传统的"妇德"："非常遗憾，我一次也没有见过皇后，还没有侍候过皇后，谨请宽恕吧！"谭玉龄垂泪说完她想说的话，又昏迷过去。

　　濒临死亡的"贵人"，再也没有说出一句话，再也未能从昏迷状态中醒转过来。眼看大势已去，溥仪不愿亲见他心爱的人撇下自己的场面，怀着深深的悲痛回到自己的寝宫。当时，谭玉龄安详地仰卧在床上，一条崭新的绸制夹被覆盖全身，只露出一头乌黑的秀发和一张苍白的脸。不久，谭玉龄呼出最后一口长气，继而从鼻孔流出两条细细的鼻涕，"贵人"就此告别人间，闭上还在流泪的双眼默默而去，这是 1942 年 8 月 13 日凌晨。

　　溥仪跳着脚哭喊："我不信她会死，我不信她会死呀！"一边哭一边十分难过地说："她净劝我呀！"溥仪此言是有内涵的，然而他停音在此，有谁能知那话中话呢？是"劝"他莫对宫中的佣人发脾气么？还是"劝"他无需听日本人"共存共荣"的谎言？

　　谭玉龄之死，因溥仪的怀疑而被蒙上一层浓重的迷雾，也成了政治性的千古之谜。溥仪确信他的"贵人"是被吉冈安直害死的。溥仪与谭玉龄悲欢同步的 5 年，亦即这位年轻女士 22 岁短暂人生途程的最后岁月，清晰地折射出日本关东军控制溥仪的程度和手腕，折射出在虚伪宝座上的傀儡皇帝的心态种种，这是她所背衬的政治和历史环境所决定的。

　　说起"祥贵人"的死，长春人都能讲上两句。那么，她去世的那一前一后的日子里，究竟发生了什么呢？

　　溥仪在东京法庭上指控罪大恶极的日本战犯时，当检察长问起他和皇后、皇妃的生活时，溥仪的脸上顿现悲戚之色，缓缓地说："我的爱妻被吉冈中将杀害了！"这里的"爱妻"一词，指的是谭玉龄。此时，距离"祥贵人"去世已经 4 年，溥仪旧事重提，足以说明他对"祥贵人"的思念之切。

　　溥仪的声音回荡在法庭上空，时而低沉，时而高昂，还有几回溥仪使劲儿地连续用手掌猛击证人台，并大声吼叫，像是要用声音去撕裂毒害了"爱妻"的仇敌。他重提记忆犹新的种种疑点说："我的妻子当年只有 22 岁，我俩非常和睦，她常常安慰我说，目前身不由己，不妨忍耐一时，等到机会来临，当为中国收复此东北失地。然而，她竟被日本人毒死了……我知道这是谁干的，就是吉冈中将！我的妻子患病后，先请了一位中国医生来诊。后来吉冈又找来日本医生。她的病虽重，却不至于死。在日本医生诊察治疗期间，吉冈竟把医生找去密谈达三小时之久。那天夜里就由这个日本医生守护治疗，本应每小时注射一次葡萄糖，可是医生在整整一夜中仅给注射了两三次。到次日清晨，我的妻子已经死去。奇怪的是，那天晚上吉冈一直在宫中留宿，并不断向宪兵和侍女探问情况，当他听说已经死了，才赶快溜出宫廷。"

谭玉龄入官后上课的教室——畅春轩，也是她病亡后的停灵处

　　庄严的法庭只相信证据，然而，当法官让溥仪出示毒杀谭玉龄的证据的时候，他并没有拿出确凿的证据。

　　谭玉龄死而不了，因为她带走了一个永恒的谜。自溥仪疑案重提，引起众说纷纭，其辞各异。首先是关于谭玉龄的病，有说"伤寒"者，有说"膀胱炎"者，还有说"感冒"者；其次是谭玉龄之死，有说是消极治疗所致，有说是因为在深夜扎了奇怪的一针，还有说是错用药毒死的；再次是关于谋杀者的动机，有说是吉冈偷听了谭玉龄的爱国言论，有说是吉冈要给溥仪换日本老婆并曾因此对谭玉龄积下前怨，还有说是因为谭玉龄"怀孕"的。但是既然当时并没有对那位香消玉殒的贵人进行生理解剖或是法医验证，上述种种说法就只能是猜测，而永远不可能变成科学的定论了。

62. "祥贵人"的身后事

据当时任伪满国务院总理大臣秘书官的高丕琨回忆,谭玉龄刚死,溥仪就召见伪总理大臣张景惠和总务厅长官武部六藏说,"贵人"年轻病故,实属可怜,拟册封并厚葬,以慰我心。张景惠和武部六藏二人诚惶诚恐地启奏,恭乞"皇上"节哀,对于"贵人"后事一定遵旨办理,以安圣心。他们当即研究了册封和厚葬的具体问题,责成佐藤考虑册封事宜,并由政府特拨12万元治丧。

溥仪想来想去,唯将丧事托付七叔载涛才放心,紫禁城内的大婚、天津静园内文绣的离婚,都是由涛贝勒主持,这回自然也非他莫属。遂传旨调来北京的载涛为"承办丧礼大臣",主持丧事,还有"宫内府大臣"熙洽、参议胡嗣瑗和宫内府次长鹿儿岛虎雄参与其事。

溥仪参考佐藤的意见,决定追封谭玉龄为"明贤贵妃",派定册封正、副使以后,择定"三七"首日为"吉日"举行"册封"仪式。又亲自书写了"封谭玉龄为明贤贵妃"的谕旨,放入"贵人"棺内。此后一切丧礼仪注均参照《大清会典》记载,按贵妃丧礼之格进行。

谭玉龄死后停灵西花园畅春轩,直到9月2日"奉移"。此间祭礼称为"吉安所祭祀"。8月15日,在"新京"护国般若寺为谭玉龄奉置神牌。8月27日举行册封谭玉龄为"明贤贵妃"仪式。

1942年9月2日午刻举行奉移典礼,就是当谭玉龄的遗体由伪宫畅春轩移往般若寺行前之际所举行的仪式。伪宫内府委任官以上人员那天都加入了奉送行列。"奉移"后,谭玉龄遗体厝于般若寺,而且一直安放到伪满垮台,溥仪按时亲派人员前往祭祀,在这个长时期中的祭祀称为"暂安所祭祀"。

谭玉龄出殡的宏大场面震动了整个城市,大同广场附近挤满了密密匝匝的人群。这天是刚刚被溥仪由"祥贵人"追封为"明贤贵妃"的谭玉龄遗体厝于般若寺的日子,数以万计的长春人围观了这"奉移"的盛况:明贤贵妃的棺很大,外面还套一层楠木制成的椁,镂刻一篇心经。棺椁置于大升辇中,由72杠抬灵。抬灵的人大部分是身材魁梧的河北沧州人。又穿上统一制做的孝服,越发显得威风凛凛。起灵时在前杠放一摞银洋,两碗白酒。其前有一人敲木鱼领步，数十名抬灵者走一个步点，一板一眼，毫无错乱。因此，前杠上的银洋不散，白酒不洒。那气派确为帝王之家所独有。溥仪的亲属和其他宗室人员身穿孝袍随灵送殡，一直送到般若寺那三间旧式殿房中间的正房里停放。

对于谭玉龄灵柩的存放，溥仪是怎么想的呢？溥杰夫人嵯峨浩在其回忆录中提供了这段史实的线索。溥仪想把"祥贵人"的灵柩安放在沈阳清陵（今沈阳东陵），以此表示他这个皇帝还是大清朝的皇帝。但在日本关东军"始终认为要区分'满洲国'与清王朝，要区分'康德皇帝'与宣统皇帝"的立场下，又岂能允许"满洲国"皇帝的"贵妃"亡灵进入清代帝王的祖陵呢？不得已，溥仪把他的宠妃送进了"暂安所"。

这个"暂安所"就是位于今人民广场东侧的护国般若寺。1932年般若寺落成，其第一任住持（方丈）释澍培法师与溥仪的侍从武官长张海鹏等相识，这座寺院也与笃信佛教的"康德皇帝"有了愈来愈密切的联系。1933年2月7日"万寿节"，释澍培法师在寺内张灯结彩，大摆经坛，念《金刚经》，为溥仪祝寿。同时，敬请溥仪的侍从武官长张海鹏代呈奏折，盼"康德皇帝"恩准"临幸"般若寺降香。溥仪从此每年都遣派代表来寺内"降香"，登上"康德皇帝"位后还"御笔"韵味十足地书写了"正觉具足"四字匾额，赏赐般若寺，高悬于藏经楼上。澍培法师感恩不尽，乃于1936年5、6月间，般若寺首次举行规模空前的开光传戒祈祷道场之前，在"受戒须知"中特别规定："须知我皇上洪恩浩荡佛心度世，凡我民众均蒙厚德，应常怀报恩之心。"溥仪又有回报，命亲信、伪宫内府内务处处长商衍瀛携伪币1万元捐赠道场，使众僧深感沐浴"皇恩"。这次道场成了东北佛教史上令人瞩目的一件大事，般若寺也因此成为名刹。正是因为有了这层特殊的关系，溥仪才决定把"祥贵人"的灵柩"暂安"在这处位于市中心的寺院内。

明贤贵妃在般若寺内停灵的地方，确实是溥仪"敕建"的；这并非为谭玉龄准备的灵堂，却归她享用了。它的设计者之一于勋治回忆说："在长春护国般若寺里头，还修建了一个停灵的地方，这是溥仪的第一个贵人谭玉龄死以前让我们设计的。其形式如旧式殿房，共三间，很简单，后来听说拆除了。"谭玉龄的灵柩，就停放在那三间旧式殿房中间的正房里，谭玉龄灵柩在"暂安所"停放三年，祭祀活动未尝断绝。因为关东军始终不允许在奉天的清朝祖陵——努尔哈赤墓旁边为"明贤贵妃"造墓,溥仪索性就长期停放"暂安所"而不考虑"奉安园寝"。这件事表明,在日本人面前,溥仪或多或少也有那么一点点"骨气"。

至 1945 年溥仪被前苏联红军带走后,以前昼夜由人看守的"明贤贵妃"灵堂也就开始变得凄凉惨淡了。1946 年 1 至 2 月间,秦翰才还特意去了一趟般若寺,他写道:"我既得知(谭玉龄)还没有奉安园寝,曾到般若寺访问。殡宫是在藏经阁后,屋中只有一棺,棺前只有一案,灵前陈设,已空无所存,极凄凉萧瑟之至。东壁有溥佳杂物一堆,寺僧指结婚照一帧道:这就是溥佳夫妇。(溥佳娶存着从弟索槪坪之妹,名溥索,号鹏云)两人日记,也在这里拾得。回顾四壁,还有一棺,很觉骇异,读其和,方知此中长眠人为在长春战役中牺牲之一位地下工作同志。寺僧又说:当'康德皇帝'在日,这里有禁卫看守,不容闲人擅入,方外人也不胜今昔之感了!"

溥仪在逃亡中,甚至被俘后也没有忘记停在般若寺内的谭玉龄的遗体,一直派有专人看守。至光复,溥仪被迫走通化,对此死贵人仍眷恋不舍。嘱看守人遇有必要,可以火葬之。溥仪被俘到赤塔后,有一天,收容所的苏联军官告诉溥仪,可以再接几个人来照顾他,希望溥仪写封信由苏联军官带到通化去。溥仪在这封信里既不提婉容,也不提李玉琴,却写到了谭玉龄,命溥俭和霍福泰(溥仪的随侍)立即火化谭玉龄的遗体,并将骨灰送往北京由族人保存。

溥俭等人虽然没有来到"皇上"身边,但对处理"明贤贵妃"的遗体,还是"遵旨"而行了。他们从大栗子返回长春,立即火化了谭玉龄的尸骨,并辗转带回北京。溥俭把谭玉龄的骨灰盒存放在位于西城南官房溥修家一间闲置的小东屋里了。有位记者不知从哪里探得消息,在 1946 年 8 月相当准确地报道了下面一段话:"谭玉龄死后遗体厝于般若寺,派有专人看守。至光复,溥仪被迫走通化,对此死贵人仍眷恋不舍。嘱看守人遇有必要,可以火葬之。之后,溥仪被俘去苏,仍嘱从苏联归来之人带信,命将贵人遗体火葬。看守人得信,据云已照溥仪之意办理,骨灰或许仍为溥仪保存云。"

溥仪自知身份已经变化,再也无力保护宠妃的遗体,遂决定火化,是不得以而为之,却也是一种真情。后来骨灰一直由溥仪的立嗣子毓喦存藏,上世纪 90 年代还曾拿到长春,在伪满皇宫博物院的库房里放了几年,直到 2006 年才葬入河北易县华龙皇家陵园,而与溥仪合墓了。

63. 15 岁的李玉琴被纳入"宫闱"

李玉琴原籍山东,曾祖本是山东即墨县李家庄农民,光绪年间逃荒"闯关东",在宽城子东十里堡韩家沟子屯落脚,直到她爷爷那辈仍是租种土地的佃户。父亲李万财从小给地主放猪,十三四岁进城在一家饭馆当学徒。他心地也善良,信佛很虔诚,在饭馆当了一辈子"跑堂的"。母亲是位勤劳妇女,她一共生育五男五女,但只有二男五女活了下来。

1943 年春天,溥仪的宠妃谭玉龄死后将半年,可以说是"遗体未寒",当时溥仪心中悲痛异常,无心再做"新郎",吉冈却拿来许多日本女子的照片,让"皇上"从中选择。溥仪深知娶日本女子无异于在自己的床头替关东军司令官安耳目。溥仪是存心防备日本人的,遂决定找一个年幼的中国女孩子作为结婚对象。吉冈又拿来 60 多张中、小学校的女学生照片,供其挑选,结果选中南关国民优级学校的李玉琴。当时她才 15 岁,是个小学学生,既不懂人情世故,也没有社会经验,溥仪就是打算把这个"少不更事"天真烂漫的少女制造成为"让她方就方,让她圆就圆",温婉驯服、任其摆布的家庭"玩物"而纳入"宫闱"的。于是,李玉琴便成了这种"政略"旋涡中的牺牲品。

李玉琴确是穷人家的孩子,从八九岁起就与哥哥一起上街捡煤核、碎木块和刨花等,也曾到日本人开设的腌咸菜工棚里打短工。到了上学年龄,又赶上父亲跑堂那家饭馆倒闭,她每天都跟着大哥去"善人粥厂"领粥。因为凑不出念书的学费,就向天主教堂的布道者学唱歌,有位修女看她老实,挺机灵,乐意单独教她多唱些诗,教她识字、写字,使她伴着教堂里的祈祷和钟声,开始了这辈子的文化生活。随着家庭经济状况稍有好转,李玉琴在公立东盛路小学念完初小,又考入南关国民优级学校,上了高小。然而,谁都没料到,正是这次入学,彻底改变了李玉琴的命运。

1943 年 3 月 14 日(农历二月初九)是"满洲国"各地举行"春季祭孔"活动的日子,南关国民优级学校也按惯例召开了祭孔大会,肃穆的仪式刚结束,严厉的小林一三校长(教谕),便由日本老师藤井正惠陪着,在各个班级的每张课桌前"相面",对全校 1000 多名学生加以严格筛选,条件是年龄在 14 岁到 16 岁之间,学习好,长相好,各方面表现都不错的,总共挑出 40 名左右,李玉琴被选中了。继而,小林和藤井又把入选者带到日本人开的一家照相馆,给每人照了一张 4 寸单人相片。据说整个"新京"市被选上又照了相的女孩子有 200 多人,谁都不知道这一切是为了什么。经过如此严格"筛选"最后只把一个女孩送进宫中,就是李玉琴。

李玉琴由二格格领着初次进宫,司房人员手拿喷雾器,把她全身彻底地喷了一圈儿,一股浓烈的消毒药水味扑鼻而来,令她几乎不能忍受。原来这是溥仪的"洁癖"所致,是他亲自规定的例行公事,以免把传染病带入宫中,任何人进宫都要消毒。入宫后李玉琴跪在地上给溥仪磕了三个头。溥仪并没有摆架子,很温和地过来拉她,连连说:"快起来,快起来!"溥仪给李玉琴留下的最初印象很不错,和蔼可亲,又关心人,消除了她的恐惧感。

入宫之初,李玉琴名分未定,与溥仪特地邀来陪伴的几位女眷见面,要互相请安,这"请安"就有好多样儿,有蹲安、有跪安、梳两把头的用手摸一下头发也算作一种礼节,由于礼仪比较复杂,溥仪便亲自示范,成了李玉琴学习宫中礼节的启蒙老师。

在清宫中,无论谁应答皇上的招呼或问话,最忌讳"唉"呀"是"呀的,汉人自称"臣",旗人自称"奴才"。到了"满洲国"有所改变,溥仪的弟、妹、族亲等都自称名字,而不一口一个"奴才"了。李玉琴在溥仪面前也自称"玉琴",起初总觉得别扭,顺口就"你"、"哎"、"嗯"地答应,这时溥仪也只用"怎么又忘了"这一句轻轻地纠正她。有时溥仪弹琴伴奏,李玉琴应声唱一曲《花好月圆》,或是《天涯歌女》,这便是他们的"爱情生活"。

在溥仪前半生所娶的四个妻子中,"笔据"是都立过的,而对李玉琴的要求最苛,这显然是因为她"出身贫贱"。那是行册封礼的前夕,溥仪亲自为李玉琴制订了限制她的"21 条"。强迫她绝对无条件地"完全遵守清王朝的祖制",必须从思想深处绝对服从"皇上",遵守"三从四德"、"三纲五常"的封建道德。"笔据"立过,关东军梅津司令官还亲自会见李玉琴,与她谈话,认为"这个女孩子很不错"。这次拍板后,溥仪才敢册封李玉琴为"福贵人"。

1943 年 5 月的一天,册封仪式在缉熙楼二楼南侧最西边的书斋中进行。坐在黄褐色大绒靠背"宝座"上准备受礼的溥仪情绪特别好,抿住嘴笑。典礼开始,李玉琴跪下受封,双手呈给溥仪一柄玉如意,溥仪又回赏一柄。按清朝制度本应赏金印或金牌一类"册宝",但那时已经没有这类东西了,据说是荣源当"小朝廷"内务府大臣时经手卖了,只好以如意代替。接着,李玉琴向溥仪行礼,本来应行"六肃礼",磕三个头请一回安,共磕九个头请三回安,统称"六肃"。这时也化繁为简,只由二格格依礼说吉祥话,李玉琴行三跪九叩礼,遂告礼成。

随后,溥仪带着李玉琴给列祖列宗磕头,以"贵人"身份是不能和皇上一起向祖宗磕头的,这次破格恩典,许可李玉琴站在"皇上"身旁错开半步磕头。接着,拜菩萨和关公大老爷,一个身穿戎装的皇上领着穿丝绒旗袍的小女孩到处磕头,也是中国封建社会200多个皇上开先例的事。册封那天溥仪还在外廷大摆筵宴,接受群臣祝贺。

册封之后,名分已定,李玉琴在宫中有了"福贵人"的地位和随之而来的"21条"、"6条"禁令,谁知这地位和禁令真像是用金丝编织的笼子,把一只活泼好动的小鸟牢牢地关在里面。李玉琴必须从肉体到灵魂无条件地服从溥仪,完全为他个人服务。溥仪常对他的"贵人"说:"我一天到晚都是烦恼的事,没有快乐,只有到你这里来我才能高兴,所以你应当想办法,使我一见就高兴的事情要多做,我不高兴的事你别做,也不应和我谈不高兴的事情,你的任务就是这个。"他往往一到"贵人"的卧室就喊"倦了",往床上一躺,让给他唱歌、讲故事,或者谈点趣闻,他的口头禅是"快用你那天真活泼,让我高兴高兴吧"!那"笔据"上确有一条规定:"不许贵人愁眉苦脸",可这一条实行起来有时太难!她也有不高兴的时候,就没情绪唱歌,也难以扮出笑脸。

李玉琴每天要在书房中度过三个小时,然后是活动时间,或是玩"麻雀牌",或是做做"女活儿",如刺绣、挑花、织毛衣等。李玉琴七八岁时就跟姐姐学会了刺绣,而织毛衣则是在宫中向俭六奶奶学的。有时互相讲讲故事,听听收音机。在楼上待腻了便到同德殿前的花园里玩玩,遇上天气不好,就在前廊子小房间中打乒乓球、弹钢琴或唱歌。

尽管李玉琴在宫中只能接触有限的几名女眷,而且举止言行都分外加了小心,还是常常惹出是非,给人家留下笑柄。她说话带东北方言,有一天在养鱼池边观鱼,发现两条翻了白的死鱼,心疼地说:"准是下大雨呛死的",这个"呛"字成了笑话。在她身上不免还有东北穷苦人家的生活习惯,见同德殿前后院子里长了许多小根蒜,便动手挖了两回。她喜欢小动物,遂让佣人养了百十只小鸡,并亲手捡蛋给"皇上"炒炒吃,结果,穷人身上的俭朴和勤快,转眼间成了丢"贵人"身份的生动故事。敢当面笑话她的,是说话带刺儿的二格格韫和,在她看来,李玉琴作为东北人、汉族人和穷人都有可以取笑的地方。

"贵人"老实,连女仆都敢欺负她。大张妈就专门挑剔"贵人"说话的腔调和用语,有一次张妈当班,"贵人"喊她给拿卡子,按北京话应该叫"袜带",大张妈故意装听不懂,还反问:"贵人喊奴才要什么呢?"此事教训了年轻的"贵人",她很快便记住了一些常用的北京话,如酱豆腐不能叫"腐乳";"干嘛"不能说成"干啥",更不能发"嘎哈"的音;"疙瘩"不能念成"嘎嗒";"脏"不能说成"埋汰",等等。

毕竟李玉琴心眼儿不笨,很快就明白了一个道理:尽管自己说话"土",但身份高贵,是"大命之人",岂受奴才的戏弄? 不但衣来伸手、饭来张口是应该的,连别人给倒洗脚水也理所当然。烦闷的时候,也可以拿她们数落几句。

"读书"二字是李玉琴进宫的金幌子,所以她一踏入宫门就嚷嚷找老师,溥仪希望找到德高望重的人才却始终没出现,于是他索性自任师职,亲自给"贵人"上课。溥仪向李玉琴灌输的知识主要是列祖列宗的"圣训"和"三从四德"的女儿经、历代格言之类。有时选讲《四书》、《五经》的某一章节、《古文观止》某篇或唐诗某首,并随意教作诗、对仗要领以及临帖等书法基本功。溥仪不像普通宫廷师傅"进讲"那样正经,李玉琴毕竟不是他的学生,而是他的情侣,或者说是天真活泼的孩子。所以,上上课便要溜题儿,老师爱出怪样,学生笑个没完。一直未安排正式授课,《四书》更没从头念到底,诗词连格律也没有系统教过。甚至有时讲着讲着又打岔扯远了,简直分不清是讲课呢,还是谈情说爱?

刚进宫时,李玉琴学习还挺用心,日子一长便贪玩了。"贵人"常让女伴陪着在假山前的树林子里"抓人玩",绕树跑。她是个十五六岁的孩子,玩起来没个够,又想骑自行车玩,便吩咐买来一辆。时而戴上防晒草帽,推车在院内走几圈,女仆跟在后边一步不离。李玉琴还有一副深绿背、淡黄面的麻将牌,平时就放在客厅"多宝格"上,原来宫里是不许玩牌的,因为"贵人"太闷,溥仪特许几位女伴进宫陪玩。

显然,溥仪很苦闷,生理上使他苦闷,政治上更苦闷。当时,日本败局已定,皇帝宝座也岌岌可危,他更加求助于神佛,用虚无飘渺的东西麻醉自己,也麻醉他的"贵人"。他说,任何人都难以避免人生中的十大苦难,所以绝不可贪恋尘世生活,应加紧修身养性,以求达到"西方极乐世界"。他强调说,凡有志于此道的夫妇都应当是"神仙眷属",即诵经念佛、打坐入定外不想其他事。"色即是空,空即是色",因此一定要过"白骨关"。

溥仪这一招儿真灵,李玉琴从此找到了空虚中的寄托,心甘情愿和溥仪做"神仙眷属"。《蜀山剑侠》等小说对"神仙眷属"做了许多绘声绘色的描述,她很爱读,有些这类书是溥仪亲自找来的。她的一切苦闷都化作了虚无飘渺的追求,完全忘记了自己是一个女人,有当妻子、做母亲的权利,头脑里只剩下溥仪所描绘的佛世界了。

李玉琴进宫两年半,主要在同德殿二楼她的客厅、梳妆室、卧室和书房等生活起居区范围内活动。除溥仪外,因政治缘由见过吉冈安直和梅津美治郎,因患病见过男性侍医,再没见过别的男人,溥仪身边那么多侍从僮仆,她也从来没有碰上过。宫里常演电影,据毓嶦回忆,影片一般都由吉冈安直拿来,放映员是日本人,但也常由李国维充当放映员。有"满映"的故事片、卓别林的喜剧片和反映"大东亚圣战"的新闻纪录片等。放映前,溥仪携李玉琴先进入电影厅在前列居中就座,然后关灯,才准许溥仪族亲中间有资格的男性摸黑入场并远远地坐在后排座位上。终场时也要等别人摸黑退出后才开灯,溥仪再携李玉琴出场,借以回避。夏天的晚上,溥仪想听音乐时就命宫内府乐队在同德殿前列队演奏,他却携"贵人"坐在平台上听,两边谁都看不着谁,"但闻其声,不见其人"。

李玉琴亲眼目睹了伪满洲国的末日。1944 年以后,她常常看到溥仪在同德殿前庭院接见日本"神风队员",一批又一批。那些被当作"肉弹"的可怜的日本青年,在本国军阀挑起的战火硝烟中,接受法西斯军国主义的教育,头脑里充满为天皇尽忠、效命的思想,认为"神风号"飞机有"神性","飞机是自己身体的一部分,自己身体是飞机的一部分",甘愿把温暖柔软的身体变成冷酷无情的钢铁炸弹,驾驶飞机向对方发起有去无回的攻击。

1945 年 8 月伪满垮台,李玉琴的宫妃生活结束了。被溥仪抛弃在山沟里的"福贵人",又流落到皇族中间,并在这个阶层里为溥仪守节多年,空耗妙龄青春,遍尝人间辛酸苦辣。后来囚居伯力的溥仪被引渡回国,关押在抚顺战犯管理所内。李玉琴仍在苦等丈夫，寻找丈夫，直到 1955 年终于在抚顺重逢。然而，这以后多次的会面，包括中国监狱史上空前的"狱中同居"，其结果却是离婚。

李玉琴和溥仪离婚也是戏剧性的，是历史推着他们来到必须分手的一步。然而，拉开告别的幕布，却仍然是两情依依，难舍难离。没有喋喋不休的争吵，没有讨价还价的财产分割，彼此的痛苦并不来自对方，不可自抑、不可言喻。

在新生活的道路上，李玉琴为取得工作岗位而长期奔波，恋爱、再婚，当上母亲，执著地追求一个普通女人应有的幸福。几年之后，溥仪也获得特赦，并很快成为全国

溥仪亲自给刚入宫的李玉琴拍摄了这张照片

政协文史专员，李玉琴也应邀撰写《宫中生活》，他们又成了文史资料战线上的同志和战友。

综观伪满充满悲情的后宫，婉容作为皇后在后宫的地位最高，从小朝廷大婚起到伪满结束，与溥仪共同生活的时间也最长，但因早在伪满初年溥仪与婉容两人的感情已经破裂，以后的漫长生活里他们各自起居，婉容身处冷宫，形同软禁，他们早已没有一致的思考了。文绣与溥仪共同经历了在北京当"关门皇帝"和在天津当寓公的岁月，但不待溥仪跨入伪满的门坎，文绣已坚决地下堂去了。李玉琴则是在伪满临近垮台的一刻也才 17 岁，尚未成年，与溥仪也有过恩爱的"宫中生活"，毕竟难得深层次的共同语言。在溥仪的前半生中先后娶了 4 房妻子，但他对谭玉龄是有特殊感情的。溥仪一直保存谭玉龄那张女学生全身"玉照"，并在照片背面亲笔写下"我的最亲爱的玉龄"几个字。谭玉龄生前喜欢把指甲留得很长，轻易不剪，殒天之前特意亲自剪下四五块 1 至 2 公分长的指甲留给万岁作纪念，溥仪命原样保留"贵人"的寝宫，把那几块贵人的指甲也放在寝宫床头小茶几上，扣放一只杯子。溥仪逃跑前还特意用纸包了随身带走，以表达对她的深深的怀念。

　　在帝王身上,往往缺乏那种人间的感情。溥仪对婉容、对文绣可以说是冷漠的,近于残酷的;而他对谭玉龄却很难忘情,还原样保存她的卧室,直到伪满洲国垮台,用这种方式寄托哀思。

第十三章
凄惶落幕

64. "黑夜皇帝"的凄惶落幕

　　坐落在长春市红旗街的长春电影制片厂,是这座城市的一个象征,很多人说起长春都是从"长影"开始的。"长影"脱胎于伪满时期的伪满株式会社满洲映画协会(以下简称"满映"),"满映"最初并不在红旗街,而是位于今天人民大街中端的吉林省建筑设计院院址内,那时候这里还是日本毛纺织会社。关于"满映"和素有"满洲国黑夜皇帝"之称的日本特务甘粕正彦的一些故事,也就从这里开始流传。当然,"满洲国黑夜皇帝"与"满洲国康德皇帝"不可能没有瓜葛,伪满皇宫同德殿里就专门安设了电影厅,许多记录"康德皇帝"政治和社会活动的"时事电影"就是"黑夜皇帝"安排现场摄制的,也都在同德殿电影厅放映过,溥仪总是携带他的谭贵人或李贵人一起观看。

　　甘粕正彦 1891 年 1 月 26 日出生于日本仙台市某士族家庭,高等小学毕业后志愿参军。1905 年入名古屋陆军幼年学校学习,1910 年转入陆军士官学校,其间从师于该校教官、后来成为日本首相的甲级战犯东条英机。毕业后当上宪兵。1923 年 9 月任职东京某宪兵分队长时,在关东大地震的混乱中杀死日本无政府主义者大杉荣及其妻子和 7 岁的外孙,因此被判有期徒刑 10 年。但其仅服刑 2 年 10 个月即获释。1929 年秋来到中国东北,同日本关东军参谋板垣征四郎、石原莞尔等同为策划侵略我国东北的急先锋,专门从事阴谋活动。

九一八事变后第二天,甘粕正彦迅速赶往吉林市,勾结当地特务机关秘密炸毁日本侨民住房,反诬中国人所为,以此作为侵华借口。1931 年 9 月 21 日,他又窜至哈尔滨,采取同样手段炸毁日本领事馆。他在九一八事变中的出色表演,深受日本关东军司令官的赏识。

甘粕正彦还参与了日本关东军密谋策划成立伪满洲国的活动,正是由他秘密串连、规划、活动,导引溥仪一步步离津出关,又经旅顺、汤岗子,而抵长春。其间与溥仪长时间近距离接触。在策划成立殖民政权时,日本关东军司令官采纳了他提出的主张:“满洲国”作为“大日本”附属国,不能实行总统制而应实行帝制。伪满洲国成立后,他被任命为伪满民政部警务司司长,以伪满警察最高头目的身份残害和镇压东北人民,充当日本侵华急先锋,可谓罪大恶极。

1937 年 8 月 2 日,伪满洲国“国务院”正式通过了所谓的“满洲电影国策案”。日本在以武力侵占了中国东北的同时,企图通过电影这种宣传手段对东北人民进行奴化教育。为此,投资 500 万元,设立“株式会社满洲电影协会”,1937 年 8 月 10 日经伪满参议府审议通过,8 月 14 日由伪满洲国政府以“敕令第 248 号”正式颁布了《株式会社满洲映画协会法》,而这当然是要由“康德皇帝”签字画“可”的了。1937 年 8 月 21 日下午 3 时,由设立委员会主持,在日“满”军人会馆举行了“满洲电影协会创立总会”大会,正式宣布“满映”成立。“满映”总部设在伪满新京大同大街旁日本毛纺织品商店(今长春人民大街 55 号,吉林省建筑设计院所在地)的二楼上,并暂借宽城子二道沟的一座铁路仓库(今长春机车厂院内)作临时摄影棚。

这以后,经“康德皇帝”签字画“可”而以国务总理大臣张景惠、治安部大臣于芷山、民生部大臣孙其昌的名义发布的《映画法》(敕令第 209 号)也在 1937 年 10 月 7 日出台,颁布 18 条相关法规。当天还颁布了《映画法施行令》,是补充和解释性的规定及实施细则,从而把伪满电影完全置于日伪当局的严密控制和监督之下,成为日伪统治中国人民的精神工具。

作为"满影"的主体建设项目也在这时开始动作。1937 年上半年由日本照相化学研究所(PCL)进行新摄影棚和办公楼的设计,1937 年 11 月动工兴建,1939 年 10 月竣工,11 月 1 日正式交付使用。

1939 年 11 月 1 日,"满映"历史上一位非常重要的人物粉墨登场了,臭名昭著的日本特务甘粕正彦出任"满映"协会第二任理事长。对于这个人物,在日伪统治时期曾有这样一种说法:"在满洲,白天是关东军的天下,晚间是甘粕正彦的天下。"

甘粕正彦到任后便对"满映"进行整顿。他冷脸训人大摆下马威,第一天就给人留下不寻常的印象。上午 8 时 55 分驱车来到单位,9 时便叫来庶务课长问道:"部长以上干部现在干什么?"庶务课长答道:"他们 10 时前才能到。"甘粕正彦下令即刻用车把他们都接来开会。会上,甘粕正彦严肃下令:"从明天起,9 时必须准时上班。"

在新建成的礼堂为他召开欢迎会,他只说了句"我是甘粕正彦,现在来担任理事长,请多关照",就下台去了。总务部长代表全体职工致欢迎词说:"我们在这里欢迎'满洲国'的'建国'英雄'甘粕'先生担任理事长,是我们的光荣。我们为建设公司要跟理事长粉身碎骨地工作,即使死了,骨头也要埋在满洲这个地方……"没想到,甘粕正彦立即打断他的话:"我不是'满洲'的'建国'功臣,日本人死了,骨头应埋在日本。"当场给总务部长一个难堪。

1937 年,由日本人直接控制的满洲映画株式会社在伪满"新京"成立

在他任职 6 年里,对"满映"做过多次改革,广泛从日本吸收大批专业人

员,并起用一部分中国导演,在故事片题材上较以前有所放宽。更主要的还是利用所谓国策电影推行殖民主义文化,用电影大肆宣传伪满洲国各领域里的"成就",为日本殖民统治政策歌功颂德。

当时"满映"倡导的所谓"娱民映画"大多是故事片,通过黄色、恐怖内容毒害中国人民。如《蜜月快车》、《富贵春梦》、《冤魂复仇》、《铁血慧心》等,都是"满映"所谓"启民电影"、"时事电影"等"国策片",更是赤裸裸地宣传"日满亲善"、"王道乐土"、"五族协和"的殖民统治思想。还有《东游记》,是严重歪曲事实丑化中国人民的影片,极力宣扬日本军国主义所谓文明,令人作呕。《黎明曙光》、《白兰之歌》则是极力宣扬和美化日本侵略我国东北的行径,把那些战死的日本侵略者说成是为"满洲新国家"立功建业的人物。

可以说,"满映"所拍摄的影片,完全是为了适应殖民政治需要,毫无艺术性可言,但它却造就出一颗闪亮的银幕明星——李香兰。李香兰祖籍日本佐贺杵岛郡北方村,因其父在"满铁"所属的抚顺煤矿任职,她出生在中国沈阳市东郊北烟台,取名山口淑子。从小在中国东北长大,认奉天银行经理李际春为义父,取名李香兰。她天资聪慧,受到良好教育,能歌善舞,经常在电台演唱歌曲。"满映"成立后于1938年6月聘李香兰为特约演员。她虽没有娴熟的演技,也谈不到艺术创作,但因形象出众,具有东方美人的魅力,而成为红极一时的女明星。

原"满映"银幕明星——李香兰

到伪满洲国垮台时,甘粕正彦也同其他侵略者一样,犹如丧家之犬,惶惶不可终日。他从伪满大陆科学院要来1000包氰化钾,分给每个日本人一包以防万一。他还在摄影棚里安装了引爆装置,想在苏军进入长春时引爆,让全体日本人"玉碎"。但这些疯狂的愿望都没有实现,那一包"白色粉面"只留给了他自己。1945年8月20日凌晨,甘粕正彦服下剧毒的"白色粉面"。一个狂热的军国主义分子,就以这样悲惨的方式,结束了罪大恶极的一生,留下千古骂名。

1957年6月12日上午,正在抚顺战犯管理所内接受改造的溥仪曾跟随战犯参观团参观了长春电影制片厂。在他的观后感中有这样一段话:"这个制片厂的前身是什么? 它在日伪统治时代叫作'满映',也就是'满洲国映画(电影)公司'的简称,它曾在惨杀过日本共产党员大杉荣及其幼子而臭名远扬的日本法西斯特务头子甘粕正彦的操纵下,欺骗和毒化了我东北人民。而现在呢,因为它已经归到了我国人民自己的手里,它的性质完全改变了,它的规模和设备也完全科学化和现代化了。"

65. 摇晃中的伪满皇宫

1945 年 8 月初,形势已经明朗化。人们嘴上不说,心里都明白:日本帝国主义的垮台已成定局。然而,这历史的暴风骤雨竟在几日之间铺天盖地而来,无比迅猛地改变了我国东北大地的面貌,还是出乎人们的意料。

"新京"的日伪官吏照常上班,报纸和广播仍在宣传"皇军"的"胜利希望",伪《政府公报》继续公布《法令》和任免名单。伪帝宫内的"康德皇帝"以及他的"皇后"和"贵人",虽然有时不得不躲进防空洞里逃避空袭,一旦钻出地面,便若无其事地支配起侍从或仆妇来。

可是,这一切无非是表面文章。时局的浓雾早已笼罩在溥仪的心头之上,他已看出自己正站立在悲戚的阴影之中,顾念前程,不寒而栗,溥仪完全知道:日本帝国主义已经处在垂死挣扎之中了。

从 1944 年开始,溥仪就在同德殿前的庭院里,接见一批又一批的日本"神风队员"。他们是从关东军中被挑选出来的,其任务是以自己的身体和所驾驶的飞机作为炮弹,向对方发起有去无回的攻击。

这些被当作"肉弹"的可怜的日本青年,在本国军阀挑起的战火硝烟中,接受了法西斯军国主义教育,头脑里充满了为天皇尽忠、为天皇效命的思想。他们确实以为"神风号"飞机有"神性","飞机是自己身体的一部分。自己身体是飞机的一部分"。因此,甘愿把温暖柔软的身体变成冷酷无情的钢铁炸弹……

1945 年,日本关东军参谋长山下奉文调往菲律宾执行军务。临行,进宫向溥仪告别。这位关东军高级将领深知此行凶多吉少,竟泪流满面地对溥仪说:"我这次可能就是诀别了,我深知去时容易回来难啊!"溥仪也假意劝慰一番,并提笔写了"忠诚"二字送给山下。表面看来溥仪似乎又冷静又坚定,其实心里早发"毛"了。连他的贵人李玉琴给他唱歌也听得不耐烦了。

我八路军、新四军、华南抗日纵队和解放区广大人民,在中国共产党的领导下,进行了长达八年的浴血奋战,抗击了60%以上的侵华日军和95%以上的伪军,对日作战125000多次,消灭日伪军170多万人。在世界反法西斯力量的援助下,终于打败了日本侵略者,取得了抗日战争的伟大胜利,为中华民族的独立和世界反法西斯战争作出了重大贡献。

不但溥仪,连溥仪的亲属们也都预感到末日的来临。溥仪的五妹夫万嘉熙回忆说:我的妻曾对我说:"我们的死灭就要来临的,你为的是忠孝,问心无愧。我盼望日本快完,也可以说盼望我们自己去就死灭,因为只有这样,我们的第二代才有可能当上真正的中国人。"这段话,能够反映一部分随溥仪来东北的皇族的心理。他们并不把这座伪帝宫看作是自己理想的天堂,但是既然已经随着"皇兄"拐进了这条死胡同,也就无可奈何而死心塌地了。当此面临灭顶之灾的时候,他们虽然不能没有求生的欲望,却也都准备着以忠君孝祖的名义,为溥仪殉身。

1945年8月6日,美国在日本广岛丢下一颗原子弹,两天之后又在日本长崎丢下了一颗,世界上最新式的杀人武器就这样投入了战争。8月8日,苏联对日宣战。9日零时,喀秋莎大炮轰鸣起来,苏联红军越过中苏和中蒙边界进入我国东北。

8月9日上午5时,长春的敌伪电台广播了苏军越境的消息,接着继续播送一两天。以后反复广播的军乐曲,是为了拿"雄壮的歌声"去刺激萎靡不振的士气。然而谁都看得出来,那些身在"满洲"的日本兵士,以及伪满的"日系"官员再也提不起精神来了。他们的面容上充满了痛苦的表情,完全没有料到的日本武运的末日竟这样快地来到了!

从9日上午开始,长春街上开始有了三三两两的马车,满载着日本人的行李物品向市外驶去,这自然是为了求生而逃难的日籍市民。

上午9时左右,缉熙楼二楼西前间那台电话突然响起。这台电话本来是不会在这个时候响的,因为溥仪正在酣睡,谁敢来惊扰"圣体"呢?但这次电话很不客气,长时间地鸣叫,直到把溥仪闹醒。溥仪不耐烦地抓起听筒,原来是关东军司令部打来的。电话中说,关东军司令官山田乙三大将正在由大连返回"新京"的飞机上,一会儿下机后就要进宫向"皇帝陛下"通报重要情况,让溥仪作好准备。这样,溥仪已不可能再照例睡到中午,便提前起床了。

接近中午时分,随侍向溥仪报告说,山田乙三大将率关东军参谋长秦彦三郎中将和吉冈安直来了。溥仪吩咐在同德殿接见。溥仪对接见地点的选择实在很"英明":那里距防空洞最近。果然,他们还没谈上几句话,就响起了空袭警报,这几个日伪的首脑人物便争先恐后地钻进了防空洞,直到解除警报后才又回到同德殿继续谈话。溥仪回忆那次谈话的过程时说:

> 神气沮丧的关东军司令官山田乙三、关东军参谋长秦彦三郎对我说,日本由于"战略上的关系"将退守南满,再准备同苏联军"决一死战",叫我即日带领家属等移往通化大栗子沟。我因为和我同行的家属以及佣人并行李等物甚多,当天实在无法动身,便再三向他们作了低三下四的苦苦哀求,结果总算是得到了缓限三天的恩准。但是吉冈安直却已在心烦意乱之余,恶狠狠地警告我道:"你如果不走,苏军来了,一定会首先把你杀掉!"

接着,溥仪又述说了他当时的心情。那时他已经看出,日伪的垮台是完全不可避免的了。然而,溥仪并不理解日军为什么要退走通化?

其实,退走通化是日军头目们早就确定的方案。据一个在"新京日本宪兵队"从事特务工作的"日系"军官阔野金吾供称:1945 年 3 月左右,由日本关东军司令官山田乙三和伪满总务厅长官武部六藏主持,有日军的各军司令官和伪满政府中司长以上的"日系"官员参加,在"新京军人会馆"开秘密会议,阴谋策划了 10 天之久,确定了周密的退走通化的计划。

这个计划的大致内容是:苏日开战以后,日军将放弃东北的大部地区,而把日伪主要机关迁移到通化。以奉天、吉林、延吉这一道线为抵抗线,先将苏军导入内地,继而切断其后路,再展开游击战,实行焦土政策,无限制地屠杀民众。对"新京特别市"更采取以下措施:破坏"新京"重要建筑物;从吉林、哈尔滨发射长距离炮,射击解放新京的苏军;破坏吉林水坝,阻止苏军进击。

1945 年 8 月 9 日,苏日开战后,"新京日本宪兵队"立即收到上级下达的"各部队各机关应按预定计划实行"的命令。由此可见,溥仪的退走通化实际上是早就策划好了的,当然更是不可更改的。

不过，这一切溥仪早已顾不得了。他担心自己是否还能活着。当他的日本主子面临灭顶之灾的时候，为了保守自己当 14 年殖民主义者的阴谋和秘密，会不会杀掉他灭口？可是，溥仪对此又完全没有办法。在这样的心情之下，他不得不扮演最后一幕的傀儡戏。

山田乙三和秦彦三郎刚走，溥仪就把毓嵣等几个"内廷学生"和亲信随侍找来，慌里慌张地说："要上通化大栗子沟了，赶快收拾东西！"接着，又具体布置了收拾哪些东西和怎样分类装箱等事。溥仪还从衣兜里掏出一支手枪比画一下说："情况紧急！你们每人都带上一支，以防万一。"溥仪也跟大家一起，按照分工打开库房，先把一幅幅手卷都展开，由溥仪亲自挑选精品，他足足挑了大半天，挑出来的再经包装、小心翼翼地装进长条木箱。毓嵓不知从哪里捡来一只照相机镜头，对溥仪说："带着它吧？"溥仪很生气地一把抓过来便往地上一扔，很不耐烦地说："拿它干什么！"是呀，在这种时候，一架高级相机的镜头又值几文钱？库房里的衣服很多，溥仪也只挑了两身西服和一双鞋，其余的衣料，长筒靴、短皮鞋统统不要了，在华丽的大厅里乱扔一气。接着又去收拾中、西药房，挑了些鹿茸、羚羊角和犀角等最珍贵的药材带上。当然，溥仪每天离不了的荷尔蒙也是必带的。在缉熙楼内存放的珠宝首饰、金壳手表、钻石、翡翠等细软物品，考虑到今后的生活费用，溥仪全让装箱携带了。

临行前，溥仪向吉冈请求说，希望能让溥杰、润麒和万嘉熙都跟着自己一起到通化大栗子沟去。吉冈感到他的威胁已经奏效，溥仪同意了退走通化的计划，也就顺水推舟地答应了溥仪的请求，立即通知伪满军事部，把时任伪满陆军高等军事学校预科生徒队中校队长的溥杰和该校中校教官润麒、万嘉熙，调任伪宫内府侍从武官。

伪满军事部调任溥杰等三人的命令下达后，吉冈最先通知溥杰，他打电话把溥杰叫到自己的办公室，对他说："苏俄已经参战，关东军要拥戴皇帝退守南满。国都明天要迁往通化。你们夫妇要和皇帝同行。"紧接着他又说："万一通化决战不利，你我都要做好自尽准备！"

因为当时的形势太紧张，浩夫人怕生意外，是跟溥杰一起去见吉冈的。从吉冈那儿乘汽车回家的路上，溥杰一度掏出手枪要结束自己的生命，浩死死地抱住他的胳膊不放，喃喃地哀求道："你要死了，我怎么办？"

8月10日上午,伪宫内府大臣熙洽,传谕召集伪国务总理大臣张景惠、伪参议府议长臧式毅、伪尚书府大臣吉兴和伪侍从武官长张文铸等5人入宫,由熙洽传达溥仪将赴大栗子沟的决定。传达后,5个人都认为此事很有斟酌的必要,于是一起晋见溥仪。溥仪无可奈何地对他们说:"是山田亲自来告诉的。先赴大栗子沟,再转赴日本,已经答应山田了。"五人深知溥仪无法改变局面,又一起到关东军司令部去找山田乙三。这次山田讲话还算客气,但局面也只好如此了,他说:"事情已经落到这步田地,不能不离开新京了!"

接着,由张景惠和臧式毅主持召开伪满政府的"防卫会议"。按照溥仪给万嘉熙看的那张字条的调子,决定:伪满军民总动员,加强防空设施,协同皇军作战。同时,根据山田司令官的命令,把伪满政府划分为撤退和留守两部分:溥仪、张景惠、臧式毅、熙洽、吉兴、张文铸、邢士廉、阮振铎、于静远、卢元善和阎传绂等人到通化大栗子沟办理政务;而于静涛、金铭世、黄富俊、谷次亨等人留守长春办理政务。可笑的是这次实质为散摊的会议,还通过了一项冠冕堂皇的《满洲防卫法》呢!

会议一散,伪大臣们便飞快地跑回家去收拾行囊。溥杰、润麒和万嘉熙也都在自己家里收拾,打点装箱。润麒聪明,他收拾停当便把伪宫内府的汽车找来,把箱只送往车站,而把家眷全都送到离车站最近的二格格家去了,利利索索地等待溃逃。

这时,缉熙楼和同德殿也还在折腾,仍由溥仪亲自部署,让毓嶦负责,领着一帮随侍,清点重要文物,分别打包装箱。毓嶦、毓嵒、李国雄等人则焚烧那些记录溥仪日常活动的电影片子,午后开始发运装箱打包的物品。由于一天说不上要拉响多少次空袭警报,人们必须一遍又一遍地钻进钻出防空洞,搞得人心惶惶。往常发运货物,工作做得很细:对全部发运件都要编号、登记,这次也顾不得了。溥仪很不耐烦地说:"得了,别编了!"发件时关东军派了几辆卡车来,还随车来一些负责装卸的日本兵,他们装完车便从准备携带的宫中生活用品中拿些香烟名酒和熟肉,就在同德殿候见室大吃二喝起来。对这种"君前失礼",溥仪也只好吞咽了。

66."满洲国"皇宫傀儡戏的最后一幕

按关东军规定必须离开的日子,即"宽限三天"的最后一日——8月11日终于到了,"满洲国"皇宫傀儡戏的最后一幕也在这一天拉开。

清晨,悬挂在关东军司令部门前的菊形纹章消失了,这便是历史性大溃逃开始的标志。上午,伪宫内府给留守人员发遣散费。那些人一拿到钱便各奔东西了。溥仪的随侍们在这最后时日里表现出忠诚,谁都没有逃离开。溥仪也对得住他们,给每名随侍发了4万元"安慰费"。也有人得的多些,据毓嵣讲,李国雄就得了5万元。李是跟随溥仪多年的老仆,备受信任。溥仪将一些特别重要的物品都交给他装箱,例如皇帝龙袍及最珍贵的手卷等,都是李国雄经手的。与此同时,伪满政府各部大臣们,也都在溃逃前夕发了一小笔"国难财"。据伪尚书府大臣吉兴说,他那天收到伪国务院派人送到家中的3万元,曾问来人"这钱是干什么用的"? 答复说:"不知道! 反正是每个大臣一份。"不一会儿,伪军事部又派人送来2000元,还有一张10万元的支票。可是银行已不再支付现款,支票形同废纸。不管怎样,吉兴毕竟获得32000元。不仅是伪满大臣发了"国难财",低一级官员也都有份,连汪伪政府驻满使馆人员全都有份。

"皇宫"里那个最后的晚上又是怎样度过的呢?

婉容有病,由宫里最后几个太监服侍着早早地上了火车,李玉琴的贴身女仆也押送女主的几只箱笼先走了。宫中只剩下溥仪和他身边的"宫廷学生"溥俭、毓嵣及随侍李国雄,再就是李玉琴和在她身边的溥俭之妻叶乃勤、毓嶦之母四太太及乳母二嬷,一共8个人。

晚9时,门外一阵汽车响动,吉冈在溥仪的盼望中上楼来了,溥仪闻报命在书斋接见。吉冈的口气带有命令的口吻,他说:"今天午夜12点动身,前往通化省临江县大栗子沟。"溥仪这才感到心中有底了,原来关东军还没有想把他扔掉。李国雄又找来饼干和干净的食用水,请"皇上""用膳",李玉琴和叶乃勤则为"皇上"备好了出行穿用的军礼服、马靴、军刀、帽子和手表等等。

午夜时分,毓崇进入缉熙楼向溥仪报告说:"汽车已经准备好了!"果然,外面停放着 4 辆汽车。在第一辆车中坐着 3 个日本人，一个是"帝室御用挂"吉冈安直，虽然已有两天未见露面，这次溥仪及家族的溃逃显然也是他在幕后指挥的，这最后的几辆汽车也是他调来的。另一个日本人是伪祭祀府总裁桥本虎之助，此人的地位一向很高，曾任日本关东军参谋长、日本宪兵司令官、日本近卫师团长和陆军次官等职务。如今他是为了捧着象征天照大神的三件"神器"而坐在吉冈身旁的。还有一个日本人是宪兵曹长浪花，他自然是负保卫之责的。接着，伪帝宫这最后几个溃逃者在中和门外登上汽车：李玉琴和叶乃勤、毓嶦之母四太太、乳母二嬷上了第二辆车，溥俭和李国雄上了第三辆车，而溥仪和毓嶦则上了最后一辆车，这是一辆红色车身、黑色顶盖，还有两个特殊装置的大型轿车，车前车后跟着四辆摩托车。那时候也讲不得净街站岗了，临时拉响了防空警报器，市内闲杂人员纷纷躲避，"皇帝陛下"一行便乘机溜了。

汽车启动，很快越过兴运门和保康门。李玉琴回想进宫那天是在午后 5 点钟左右入这两道门的，又是日短之际，天已擦黑，没看清宫内府的布局。两年多来被软禁在宫中一隅之地，这两道门都不曾接近过。今天离宫又是半夜 12 点钟，四周一片漆黑，更没有心情欣赏宫廷建筑，"福贵人"的生活就这样稀里糊涂结束了。为何入宫，又为何出宫，都不甚了了，摸黑来，又摸黑走了。

就在这即将离开伪帝宫的最后时刻，毓嶦也有太多的感触，他回忆说："当此之际，我想起了明朝末代君主崇祯皇帝即将成为景山'树挂'时的情景。那时候，李自成大军压境，宫中后、妃纷纷自杀，最后只剩下一个忠心耿耿的老太监王承恩跟随他的'圣上'，来到景山的半坡演那幕历史悲剧。而今天，溥仪面临的形势还没有达到兵临城下的地步，只是不断地受到空袭而已。在溥仪身边，也不仅剩下一个忠心耿耿的随侍李国雄，还有两个内廷的'学生'，一是他的族弟溥俭，一是他的族侄，也就是我。看来还比崇祯皇帝强得多吧！"

汽车开抵长春东站时，专列"展望车"正焦急地等待着吉冈的命令，那些日子溥仪对战争的前途也看得很清楚，但吉冈的枪口能让他在几秒钟之内毙命，所以他还是老老实实的，背地里对"贵人"说些哄小孩子的话："报上的战果都是假的，日本人的仗打得不利。打完仗是要处理战犯的，到那时就好了，没有咱们的事，咱们可以回北京去。"李玉琴相信这些话，希望有一天能跟"皇上"回北京,起码甩开吉冈,不必再忍气吞声了。

溥仪被搞得筋疲力尽,很想如平日那样传膳,可是,御厨们跑得一个都不剩,谁给他预备膳食?只好胡乱往肚里填些饼干了事。

跟着溥仪登上这列溃逃专车的,除溥仪的家族人员外,还有许多伪满的头面人物,如参议中的伪参谋府议长臧式毅、副议长桥本虎之助、参议张焕相、井上忠也、高桥康顺等以及大臣中的伪总理大臣张景惠,大臣卢元善、阮振铎、于静远,以及伪满兴安局总裁巴特马拉布坦等人。

午夜过后,溃逃的专列便离开了长春。这就是溥仪在伪帝宫内的最后三天,在这个囚禁他十几年的豪华监狱里的生活,即将作为一页历史被永远掀过去了。

67.历史性大溃逃

所谓"展望车"就是溥仪赴各地"巡幸"时乘坐的专用车厢,车内设施固然很好,不过这次也不太讲究了,卫生很差,顾不上收拾。车厢的一半地方摆沙发和办公桌椅,而另一半地方仍是座位。"皇上"坐在沙发上,也忘了摆谱,而毓嵣和毓嶦等人守护在车厢门口,秩序井然。"皇后"和"贵人"却仍然被隔开,不在同一车厢,也不许见面。溥杰、韫和、韫颖、韫馨、毓嵣、溥俭等连同他们的家人都在同一节车厢里。其他车厢可就乱了营了,孩子哭、老婆叫,一片凄惨的溃逃景象。

列车就像个爬行的蜗牛,走走停停,速度极慢,铁路调度已经接近瘫痪。午夜时分从长春发车,8月12日经过吉林市和梅河口,午夜进抵通化车站。在这整整一天的时间里不能不进膳哪!可是,这列溃逃的专车已经没有条件设立舒适的餐车了,只在溥仪的"展望车"上搭了一个临时小厨房,御厨又找不到了,好在溥仪身边还有一个会做饭的随侍赵荫茂,就由他用啤酒瓶子当擀面杖,给溥仪做了一碗面片汤,从溥仪的满意可以知道,这汤汤水水的一餐显然比头一天那干干巴巴的饼干强得多。可是,其他人就没有什么可吃了,只能啃几口又凉又粘的日本式饭团。

溥仪发现通化正在戒严,大有"弓上弦,刀出鞘"之势。原来是日本关东军司令官兼驻满全权大使山田乙三大将正在这里,并专门登上这列溃逃的火车晋见"康德皇帝"。列车又在崎岖不平的山岭中间盘旋,经过整整一个夜间,才在8月13日的清晨到达大栗子沟车站。

大栗子沟是临江县属地,青山绿水,风景如画。为什么要到这里来而不留在通化市呢?据毓嶦说,因为通化市没有完备的防空设施,而大栗子沟有一家日本兴办的铁矿公司,它早就预备了严密而坚固的钢筋水泥防空地下室和地下道。

溥仪来时将伪帝宫禁卫队中的一个连带在身边,到大栗子沟后就由这个连负责警卫。过了一天,吉冈来向溥仪报告:现在,长春的伪禁卫队步兵团已经"倒戈",在这种情况下,大栗子禁卫队会不会"哗变"呢?溥仪一听很紧张,忙与吉冈一起看地图、查路线,希望能在一旦"变生肘腋"的时候逃一条活命。未几时,吉冈又来报告:随行而来的那一连禁卫队已被解除武装遣返长春了,从此,溥仪的行宫由日本兵护卫。很明显,这不过是吉冈为了在末日中继续有力地控制"康德皇帝",而在故意设下圈套以消灭溥仪的亲信武装。日本帝国主义在中国人民面前是失败者,而在溥仪面前一直是胜利者。

公正地说,溥仪当时也曾想到最好摆脱日本人的控制,也有身边老臣向他献策,但实际上他走到这一步,已经完全丧失了自我选择的余地,不但日本人继续监视他,连他的胞弟和妹夫也掣肘他。

历史上那个光辉的日子——1945年8月15日终于来到了!日本天皇的《投降诏书》通过广播传遍全世界。消息传到大栗子沟,溥仪第三次"退位"丑剧便以通化地区的高山峻岭为背景拉开了帷幕。

溥仪后来回忆这段退位经历时说,那天,吉冈领着张景惠、武部六藏及伪大臣、伪参议,一个个无精打采地来见他。见面后,张景惠从怀中掏出一篇早就拟好的伪《满洲国皇帝退位诏书》,让他照章宣读。接着,武部六藏又用日文宣读了一遍。

张景惠的另一位秘书官、日本人松本益雄,讲过他亲历的一件事:他是8月17日跟随武部六藏从长春来到通化大栗子沟的,他们的任务就是要向溥仪报告重要情况,并决定就地举行有参议和大臣参加的会议,"康德皇帝"在会上宣读退位诏书。当松本与溥仪谈话,讲到日本天皇已经发布了"无条件投降"的诏书时,坐在侧位的伪宫内府大臣熙洽忽然哈哈大笑起来,在座者都被他给笑愣了,臧式毅就在旁边用胳膊触他,才止住笑声。松本说,他是幸灾乐祸吗?当年就是他推溥仪上台的,还从张作相留下的公款中,拿出 10 万元大洋送给溥仪以表忠心,却又在这样的场合大笑,令人莫名其妙!事实是,九一八事变后,最先开门揖盗的熙洽正是出卖东北江山的罪魁祸首,而当东北人民遭受苦难的时候,熙洽却在养尊处优、作威作福、吃喝玩乐,今日本战败、伪满垮台、溥仪退位,熙洽竟不好生反省自己,反倒有脸狂笑,或是汉奸的别种心态吧!无论此时此地,大小汉奸各有心态,从此,"康德皇帝"的一页便淹没在历史的陈年老账之中了。

当溥仪在通化大栗子沟"临时行宫"召开的"御前会议"上,演完傀儡戏最后一幕——宣读伪满洲国皇帝"退位诏书"之后,"帝室御用挂"吉冈安直就对溥仪说:"日本关东军已和东京联系好,决定把你送到日本去。但天皇陛下也不能绝对担保你的安全,这要听盟军的了。"伪总理大臣张景惠和伪总务厅长官武部六藏又告诉溥仪,已从伪满政府剩余经费中拨出 3 亿日元汇往日本,作为溥仪在日本的生活费用。

8 月 16 日下午,逃亡日本的准备工作已经就绪,说是飞机小,只能带少数随员,于是溥仪把"皇后"、"贵人"、乳母以及几个妹妹通通留在大栗子沟了。一起走的只有 13 个人:溥杰、润麒、万嘉熙、毓嵣、毓嵒、毓嶦、李国雄、黄子正,以及吉冈安直、桥本虎之助和宪兵曹长浪花,此外还有一名神官。准备由通化经平壤赴日本。

8 月 19 日凌晨,溥仪等人乘火车从大栗子沟到通化。再乘汽车,直奔机场。那里有 3 架小飞机正等着这批人呢!其中一架是当时较先进的日本军用 8 人座双引擎飞机,保险系数大一些,设 8 个座位。溥仪和溥杰登上了这架飞机,当然,这批人中间的"领袖"吉冈,负有保护天照大神特殊使命的桥木,以及那位手捧神器的"神官"都要登上这架飞机的。另外两架都是陈旧不堪的伪满邮政飞机,溥仪的侄子、妹夫及佣人、医生等登了上去。

就在飞机将要起飞时,接到关东军司令部"改变飞机航向"的命令:原拟以平壤为换乘大飞机之地,现改为奉天,吉冈说:"先飞到沈阳去,在那里换乘大飞机转飞日本。"理由是"联络方便"。溥仪所乘那架上午 9 时先起飞,另外两架后起飞,到沈阳会合。

从早上八九点钟起飞,直至下午一时抵达沈阳。飞临沈阳上空时,该机场实际已被苏军控制,然而盘旋于天空的 3 架小飞机(还应包括两架跟踪"押运"的苏联飞机),却迟迟得不到降落信号。终于,还是溥仪乘坐那架飞机首先降落在沈阳机场上。

飞机停稳在跑道上之后溥仪走出机舱,一行 13 人被引到一幢机场内小楼房的楼上客厅里,这时溥仪从玻璃窗往外看,只见苏联军用飞机连续不断地着陆了,一队队手持冲锋枪的苏军空降兵从飞机上下来,迅速解除了机场日本军队的武装。不一会儿,连楼梯旁和走廊口的日本岗哨也都被苏联士兵取代了。

当时在场的人都惊呆了。据溥杰讲,他心里想:万事休矣! 溥仪还不得像尼古拉第二? 我们也得白白地陪着他去死。可事实并不那么可怕,苏联军官来到溥仪身边,样子是和颜悦色的。

1945 年 8 月 19 日,溥仪在沈阳机场被苏军俘获押往苏联

溥仪在沈阳机场候机室遇见的苏联军官乃是一位将军,很客气地对待溥仪,和他握手,让他安定下来。即使对溥仪等人行缴械之举,也是相当客气的。苏联将军在引领这一行人登机之前,用十分温和的口气问道:"你们是否随身带了武器呢? 如果带了,就请交给我们代为保管。"于是,大家便把几只起壮胆作用的小手枪交了出来。毓嶦身上还有一副望远镜,也一并交了出来。可是,因为一时发慌,还有 30 粒手枪子弹却忘了交出,以后想起来又补交的。

溥仪等人成为苏军俘虏后,仍然没有摆脱吉冈和桥本的监视,他们又一起被押送到一架大型飞机上了。溥仪觉得很不自在,既担心苏联人,又惧怕日本人,受"夹板气"。溥仪的被俘标志着伪帝宫的最后破灭,他被押进了苏联伯力战俘营。

68. 解密溥仪被俘之谜

根据苏联克格勃档案馆四卷溥仪档案及苏联外交部、总参谋部的有关存卷,1945 年 8 月 19 日 13 时 15 分许,身穿深蓝色西服、戴眼镜的溥仪,站在奉天机场休息室,惊惶不安地望着机场跑道,一架架带有红星标志的飞机相继着陆,挎着自动步枪或冲锋枪的浅黄头发士兵纷纷迎上前去,他们是苏联外贝加尔方面军军事委员会全权代表、政治部主任普利图拉少将及其率领的第 6 近卫坦克集团军所属空降部队之中 225 名空降兵。他们迅速解除了机场日本军队的武装。

苏联将军和颜悦色来到候机室溥仪身边,与之握手,实为缴械。随即交出小手枪、望远镜,溥仪、溥杰及侍从等 8 人就此成为苏军俘虏。几分钟后,溥仪即被苏联军官带上飞机,随着发动机轰鸣,飞机在跑道疾驶升空,飞向北方。

两天以后苏军向溥仪等宣布了一项命令:现在就要把你们全部送到赤塔。其实,这一行动已由当时苏联远东部队总司令阿·姆·瓦西里也夫斯基元帅于 1945 年 8 月 20 日向斯大林发出密电:"1945 年 8 月 19 日,克拉夫钦科部队已把满洲国皇帝溥仪及其随从自奉天带到了部队总部。遵照您的命令,我将其扣留并拟意安置在赤塔地区等候处置。"原来苏军扣留溥仪是受斯大林直接操纵。

至今保存在科格勃档案馆的那四卷溥仪秘档还记录了溥仪被押往赤塔前在通辽度过 8 月 19 和 20 日两天的情况:数十名荷枪实弹的士兵承担着要以人头担保这位末代皇帝生命的重任,其间溥仪彻夜难眠,在房间里踱来踱去,不时与二弟溥杰说几句话,对前程的忧虑溢于言表。第二天,政治部七分队中尉科斯特留柯夫被派来当翻译,他与溥仪长谈,终于让溥仪压抑的情绪渐转松弛,初露笑容。

　　不久，第6近卫坦克集团军政治部主任费利亚什金将军来到溥仪住处，翻译汇报了与溥仪谈话内容，并告知，这位前皇帝对日本反苏军事行动了如指掌，这些情况被立即呈报上级。

　　曾任沈阳卫戍司令的苏军少将科夫通·斯坦克维奇，也回忆了俘虏溥仪的经过。按照他的说法，他是1945年8月20日那天到达沈阳就任苏军沈阳卫戍司令的。他的直接上级——时任苏联远东方面军司令的普利图拉将军高兴地告诉他：

　　　　我把皇帝从日本人鼻子底下运到了赤塔。我们飞机在机场降落时，我们谁也不知道，在这里，在沈阳竟有个溥仪。种种迹象表明，他准备飞往日本。不管怎样，我们在机场上见到了准备起飞的飞机，这引起了我们的注意。此时，一位身材端庄，还十分年轻、身穿军服的人向该机走去，我们拦住了他。经过详细追问才搞清，这正是皇上，我决定捉住他，刚好我们的飞机正在起动。通过翻译，我开始与溥仪谈话，不露声色地将他挤向我们的飞机。当他走向我们的"利—2"号飞机时，我们有礼貌地缴了他的枪，让他坐上飞机，把他护送往赤塔。一切做得如此神速，以至于溥仪的警卫和机场工作人员在我们飞机升空后，才明白所发生的一切。这个傀儡的活动就此结束了。

　　这位苏联远东方面军司令普利图拉将军，自然就是前文所提到的苏联外贝加尔方面军军事委员会全权代表、政治部主任普利图拉少将，两人的回忆正好可以相互印证。

　　随后，费利亚什金将军就把"看管皇帝溥仪"的政治任务交给了第6近卫坦克集团军政治部少尉军官诺尔瓦科夫。将军把他叫来，严肃地下达命令："诺尔瓦科夫同志，我们决定由你来看管皇帝溥仪，他是一个重要人物，你要负起责任，我们将给你抽调足够的保卫人员。"然后他就指派了上士博伊哥、列兵科索罗博夫等几名警卫人员。为了保证溥仪及其侍从的安全，费利亚什金将军还做了大量准备工作。他专门挑选了一间带有篱笆墙的房子用于关押溥仪，并一再叮嘱诺尔瓦科夫和警卫人员："一定要谨慎，尤其在晚上要注意警戒。现在我们不是在自己的国家，这里四周都是中国人，尽管他们很客气，但我们并不知道他们是干什么的，对溥仪及其侍从也要客气点。"诺尔瓦科夫等自知责任重大,从 19 日 19 时起,便一眼不眨地看守着溥仪,一刻也未放松警惕。

当年负责看押、解送溥仪的苏联退役中校军官、当年的亚历山大·诺尔瓦科夫少尉,在其回忆文章中首次披露了看押、解送溥仪的一些细节:

开始接受任务时,我们把他们视作敌人,并有某种奇怪的感觉,科索罗博夫甚至突然问我:"少尉同志,必要时要不要打死他?"我随即厉声道:"你说什么?溥仪必须是活的!"这一夜我们都没有睡,溥仪也未脱衣服,坐在那里一动不动。他略瘦弱,戴着眼镜,身着黑西装领口之上,一副慌张神色。他们所有人只有随身携带一个棕色皮箱和一个黑色旅行包。

早晨 5 点,费利亚什金将军来察看情况,我向他汇报说一切正常。他说:"等会儿翻译科斯特柳科夫来了解情况,让他跟溥仪在院里谈一谈。"

在同科斯特柳科夫的谈话中,溥仪介绍了他的侍从,并说警卫人员十分认真,对他特别好,令他感到意外。他们谈得很起劲,溥仪脸上甚至露出了笑容。

随后,科斯特柳科夫对我说,溥仪是一个好人,谈起话来非常有趣。他对处在红军的保护之下感到十分满意,但对将来的命运很担忧。他曾不止一次地问:"会不会杀我?会不会枪毙我?"

20 日 12 时,我们得到命令:将溥仪押解到苏联的赤塔。

8 月 20 日,前线指挥马林诺夫元帅飞抵通辽,他是专为监督指挥此次转运溥仪行动而来。押送队长为费拉托夫大尉,他掌握全部有关文件并受命一路关照溥仪,直到把他送出国境,囚于莫洛科夫卡。

我们继续负责溥仪的安全工作。为了保险起见,上面专门派费拉托夫大尉来负责护送工作。吃过午饭乘飞机出发,起飞前,费利亚什金将军还一再叮嘱要注意安全。

我们没有带翻译,只有费拉托夫大尉随身携带的简单对话手册帮助我们同溥仪简短交流。飞机上的溥仪表情呆滞,长时间盯着舷窗,偶尔与溥杰说几句话。在蒙古塔木察格布拉克市换乘另一架早已预备的飞机,继续飞往赤塔。

几辆汽车早已等在赤塔车站。直到坐上汽车,我紧张的神经才略微放松。我们被送到市区,又转车前往郊外18公里的莫洛科夫卡,把溥仪等人移交当地内务部门,完成警卫和护送任务。当晚同溥仪等人共进晚餐,当地人获知中国皇帝被关在赤塔十分好奇。

我们休息了3天,然后返回第6近卫坦克集团军司令部所在地沈阳。因执行任务表现优秀,我们被授予一枚奖章。后来得知,溥仪等人一直被关在莫洛科夫卡的赤塔洲内务局第30号特种营区。1945年10月下旬,又被转移到哈巴罗夫斯克市郊的哈巴边区内务局第45号特种营区,直到引渡。溥仪在苏联度过5年特殊俘虏生活。

那位曾任沈阳卫戍司令的苏军少将科夫通·斯坦克维奇,也在其回忆文章中说到溥仪等人被押往苏联远东地区的情况:

在通辽机场转机时,一群苏联士兵,都兴致勃勃地围拢过来一开眼界,还有好奇者要求和溥仪握手。一个军官诙谐地说:"红军士兵和皇帝握手,这真是一件不平常的事。"溥仪一行在通辽住了一夜之后,第二天下午被押上大型军用飞机送往苏联远东城市赤塔。1945年8月20日晚,押送溥仪的飞机到达赤塔机场,随即被苏军送赴拘留地莫洛科夫卡赤塔卫戍司令部。在莫洛科夫卡赤塔卫戍司令部,苏军卫戍司令宣布:"从现在起将你们拘留。"能留在苏联幸免一死,溥仪感到很侥幸。一个月后,溥仪被迁往另一所远东城市哈巴罗夫斯克(伯力),先是单独关押在郊区红河子别墅,后关押在内务部第45号监狱,与日本战犯关押在一起,这主要是为苏联有关方面写为东京审判作准备的材料。

那么,究竟应该怎样看溥仪被俘这件事呢? 关于溥仪在沈阳机场被俘的原因,各方亲身经历者都曾讲述其所见所闻。

按照苏联退役中校亚历山大·诺尔瓦科夫的回忆,溥仪在沈阳机场被俘是他们"遇到了一件意外之事","搜查机场时发现了伪满洲国傀儡皇帝溥仪和他的随行人员,他们正躲在那里等候飞机,准备逃跑"。

溥仪族侄毓嶦则回忆说:"后来才知道,这是日本关东军与苏联红军当局洽降约定,溥仪由日方负责,在沈阳交出。所说去日本,都是一片鬼话,恐怕连吉冈安直也不知道详情。"

溥仪的亲信随侍李国雄回忆说:

溥仪在沈阳机场被俘,难道是偶然间遭遇了苏联伞兵吗?我亲身经历了这次被俘过程的一切细节,我认为溥仪是作为日本献给苏联的投降礼物而去沈阳的,不过这是上层之间的事,吉冈和桥本当了陪送品而不自知。若不是这样,则何以解释下列疑问:(一)日本命溥仪撤离大栗子时为什么要声明"不能绝对保证路上安全"?(二)既然要从通化撤往日本,隔山即是朝鲜,为什么在紧急情况下还要舍近求远,绕路沈阳?(三)通化沈阳之间区区千余里,却飞了将近五个小时,并在沈阳机场上空长时间盘旋。如不是因为日苏之间正在交涉未妥事宜,这种现象又做何解释?(四)在制空权已经操于苏军之手的条件下,如无某种契约,能允许三架落后的伪满小飞机,在天上自由飞翔五个钟头吗?(五)苏军伞兵飞机与溥仪乘坐的飞机同时在沈阳着陆。这恰恰说明我们在飞行中早已处于苏军监押之下。偶然、巧合,这些字眼儿都是解释不了的。

李国雄自1924年被挑选入宫成为溥仪的随侍,跟随溥仪33年,又随溥仪一起被俘入苏,由他回忆溥杰、润麒、毓嵒等共有那段经历的人当年对这一问题的讨论和认识,应该是有根据的。

然而,还有一种说法:在隐蔽战线上为我党做出卓越贡献的特工人员阎宝航,于太平洋战争爆发前,通过他在国民党高层的关系,从国民党第三厅厅长纽先铭处,获取了日本关东军地下防线、地面碉堡、机场等重要军事设施的地图翻拍件和日军连级以上军官"花名册"等机密情报,报送党中央以后,由我党转告苏联共产党中央,而这些情报也成为1945年8月9日苏联红军进入我国东北进攻日本关东军的最重要依据。1945年8月19日,溥仪乘坐的日本小飞机降落在沈阳机场时,居然完全不觉得该机场这时已在苏军的掌控之中了,这正是那些情报起了作用。则溥仪的出现和被俘,既属偶然,亦是必然的了。

究竟何种说法与事实更吻合?这就是溥仪囚居前苏联第一谜。其实,真相已经呈现:溥仪确因偶遇苏军而被俘,对于已经无条件投降的日本来说,与其把溥仪作为"献给苏联的投降礼物",显然还不如让溥仪快些死掉,而消除如东京法庭证词于未然。但普利图拉少将率领的空降部队能够迅速占领沈阳机场并迅速解除机场日本武装,这就离不开阎宝航的机密情报了。

69. 婉容不该被遗忘

　　1945年8月11日黄昏前,婉容在太监和冯妈、李妈的服侍下,乘车离开她的地狱,从长春东站登上溃逃的专列。近午夜时列车启动,婉容一生中最后一年的动荡生活开始了!当时她仅是一位41岁的盛龄妇女。

　　8月13日,皇族的溃逃队伍到达通化临江县大栗子沟。因为这里有一家日本人经营的铁矿株式会社,备有用以防空的地下设施。溥仪等人到达后,铁矿公司的经理让出了自己设备完善的住宅,这是一栋日本式建筑,约50米长,有七八间房。溥仪、婉容和李玉琴便在这座"行宫"不同的房间里各自生活,度过了约一个星期。几天后,溥仪第三次颁布《退位诏书》,当然,"皇后"也就不成其为皇后了。又过了两天,溥仪带着最贵重的珍宝和几个随从逃走,把"皇后"和"贵人"通通扔在那"满鲜边境"的荒郊野外而不管不问了。溥仪临走时,"福贵人"李玉琴还能和他说句话,表示愿意"跟皇上去"。可婉容哪有靠前的机会呢?即使在她精神正常的时候,也根本不敢去向溥仪表达自己的愿望!不用说溥仪,就连自己的胞弟也叫不应啊!在大栗子沟,婉容忽然看见了润麒,自从打入冷宫就再也没见到弟弟的面,她多想和弟弟说几句话呀!于是大叫几声"润麒",可润麒连答应一声的勇气也没有,掉头便走。他岂敢触犯溥仪所立的规矩!后来润麒在伯力听到婉容的死讯失声痛哭了一场,深感对不起一奶同胞的亲姐姐。溥仪走前告诉大家说,一到日本就派飞机来接留下的人们,因此大家都在盼飞机。

　　婉容却早已断了对未来和前途的幻想,历史给予她的教训使她麻木不仁,似乎既没有高兴,也没有痛苦。这时她已经只能靠鸦片维持生命了,余则任人摆布。从长春伪宫带出的鸦片不够她抽的,要用高价在当地购买。

　　在大栗子沟和临江的几个月里,婉容和李玉琴比邻而居得以相认,患难中受到李玉琴的热心照顾,给她特做小锅饭吃,使得情况才稍好些。1946年4

月长春解放,婉容也跟部队回到长春,李玉琴被娘家人领回去了,但婉容却找不到安身之处。她父亲荣源已被俘去了伯力,而其兄润良则无力赡养而弃之,婉容只好仍随部队行动,漂泊四处。不久,婉容又随部队从长春转移到吉林市,临时留置在吉林市公安局看守所。当时她身患重病,神志有时不清、生活不能自理,全靠随从人员服侍,为了维持生命,每天都需要供应她适量的鸦片。

婉容在吉林市期间"还有过一度公开展览",在当时这无疑是对欺压东北人民十几年之日伪政权表达愤恨的一种方式,也可以理解。据报道此事的记者说,吉林警察局主办者指着婉容告诉观众:"这就是溥仪的妻子!"

关进拘留所以后,婉容再也得不到鸦片供应了。她时而疯狂呼救,时而痛苦呻吟;时而圆瞪双眼似乎透不过气来,时而又躺在地板上翻身打滚。她被烟瘾折磨得死去活来,惨不忍睹,而周围牢房中的囚徒则被她的吵闹声激怒了,发出一阵阵"真讨厌!""杀了她!"的吼声。

婉容转移到吉林市不久,国民党军队就占领了长春,并向吉林市逼近。在这种形势下,于1946年5月23日夜,她又被抬着送上火车,转移到延吉市,被安置在延吉监狱(旧址在现延吉艺术剧场)。6月10日传下一道命令:将婉容、嵯峨浩等6人转往牡丹江,再赴佳木斯。考虑到婉容已经不能走路,还特意给她准备了一辆漂亮的马车,以便在监狱到火车站这段路程上代步。然而,监狱负责人很快就发现婉容已是完全不能经受旅途折腾的人了,"如果她死在半路上,不如不走的好"。留在延吉监狱中的婉容,身边没有一个亲人,也没有一个皇族成员,孤独地度过了悲惨一生中的最后10天。

在嵯峨浩走后第10天即1946年6月20日,中国历史上最后一位皇后婉容与世长辞。在一份保存下来的原始登记表上清楚地记载着她的准确死亡时间:"于6月20日午前5时亡去"。婉容死于现已改建为延吉艺术剧场的延吉监狱,当时称之为"江北大狱"。死后葬于延吉市南山。

至于葬地,郭长发说是"用旧炕席卷着扔在北山上",而陈自新、于天震、于天云等3人说是"葬于延吉市南山"。在当时环境下只能简单处理后事,拍摄遗容和尸体存档,然后找个合适的山沟掩埋,不留坟头。关于"北山"和"南山"的说法不同,恐怕是因为郭长发按当年居处的方位讲话所致。他们都说葬在山上了,正式称谓应是"延吉市南山"。

从1906年11月15日到1946年6月20日,从北京市帽儿胡同到延吉市南山,中国末代皇后郭布罗·婉容痛苦地走完了自己悲惨的人生旅途。

她戴过紫禁城里的凤冠,却不是自己攀附来的;她曾把希望寄托在洋人身上,可没想过出卖祖国的山河;她也被推进了屈辱的伪满皇宫,则显然不是她个人的过错。她有缺点、有毛病、有很强烈的虚荣心,但她追求光明、追求爱情、追求一个普通人的幸福,这是应该获得理解的,应该受到同情的。

作为清朝末代皇后,婉容的生平与清朝和民国初年的历史相联系;而作为伪满的傀儡皇后,婉容的经历又与日本军国主义侵华史联系着。对日本人,她希望过、失望过、怨恨过、反抗过,而日本人也打过她的主意,建有专门的"极密"档案,关注她的私生活。所以说,婉容绝不止是一个身陷后宫的"皇帝"的玩偶,她和溥仪一样,都被挥舞东洋战刀的武士们耍弄了。她的悲剧渗透着侵略者的伎俩,然而在一个很长的时期里,她被社会遗忘了。

婉容不该被遗忘,这不仅是因为她的悲惨命运值得同情,还因为她的生命历程囊括了颇为重要的历史内涵。作为中国最后一位皇后,她既是旧中国封建主义和帝国主义利用的妇女界代表人物,又是身受封建主义、帝国主义压迫和摧残的孱弱女子,她的生平具有非凡的典型性,值得记述、研究和传世。

70. 回看伪满 14 年

1950 年 8 月 1 日,在用大张白纸糊严了车窗的押运列车上,刚被前苏联政府引渡回国的溥仪似已神经错乱,面颊上的肉和筋猛烈地抽搐着,毫无顾忌地在车厢中来回乱踱,嘴里还嘟嘟囔囔地叨念什么,以致别人经过他的座位时都赶紧低头,唯恐看见他那种怪模怪样。列车行驶到长春车站时,溥仪更加神魂颠倒,坐卧不宁,还自言自语:"这里是我当满洲国皇帝的地方,大概开会的人已经到齐了吧,马上要对我公开审判了。"

这时的溥仪正处于死神的纠缠之中。他害怕听到"长春"二字,他在这里住过 14 年,留下了怎样的足迹啊!当其时也,萦绕在溥仪头脑中挥之不去的,不但有那座他居住 14 年的伪满洲国皇宫,他不得不经常"御临"的"大日本关东军司令部"、伪满洲国"国务院",还有他不得不坐在"卤簿"车中而常常经过的大马路和大同大街……

20世纪50年代初，改造时期的溥仪

几年之后，在抚顺战犯管理所内经过成功改造的溥仪，回忆他在长春的生活时，曾谈到第一次走出"鸟笼"，经过大马路和大同大街，来到"西公园"的情景，他的自由行动"惊动了日本帝国主义的宪兵和警察"随即就被收回"鸟笼"，从此再也"没有能够自由地走出过这只鸟笼一步"。

1958年前后，溥仪在抚顺战犯管理所写了一份长达30多万字的"认罪书"，其实就是后来公开出版的《我的前半生》的初稿。里面有一节题为"在伪满十四年的滔天罪恶"，开篇就说："在伪满以我为首的汉奸集团罪恶统治的14年间，从全盘来看，可以把它分为三个时期。"这是溥仪从全局的角度观察并分析伪满殖民地化程度一步步加深的历程，再以他深切而痛彻心扉的亲身体会做出的划分。后来该书正式出版时删去了这一节。

那么，溥仪具体是怎样划分伪满历史的呢？

溥仪认为，从1932年3月他与本庄繁签订卖国密约开始，包括《日满议定书》出笼，乃至1934年3月登上"康德皇帝"宝座，只能算作"预备时期"，这期间日本帝国主义对我国东北实行殖民统治的基础工作渐次完成，日本关东军头面人物们与伪满大小傀儡的"磨合"和"适应"也差不多了。

溥仪认为，从他首次访问日本回来并发布《回銮训民诏书》，"罪恶的第一个时期便开始了"。在"日满一德一心"的幌子下，他开始有计划、有步骤地为日本

《我的前半生》未定稿油印版书影

殖民统治服务了。从而,作为日本人帮凶的面貌已经暴露无遗。

"罪恶的第二个时期",是从 1940 年他第二次访日开始的。这次捧回"天照大神",发布《国本奠定诏书》,实际是帮助日寇忠实推行"民族精神去势的同化",是把自己的民族出卖到"亡国灭种"、万劫不复的地步。

"罪恶的第三个时期",是从 1941 年 12 月太平洋战争爆发算起。他发布《时局诏书》就是标志,已经把"认贼作父"的汉奸本色发挥到顶点,好像要当"殉主的奴仆",宁可毁灭自己,也要把汉奸当到底。

与其说这是溥仪对伪满 14 年历史阶段的划分,还不如说这是他内心深处针对伪满历史反省自悟的三层感受,经过改造的"康德皇帝"毕竟还是进步了。

后　记

　　中国末代皇帝爱新觉罗·溥仪先生,作为日本帝国主义对我国东北地区实行殖民统治14年期间所利用的主要对象,作为伪满洲国康德皇帝,他亲历了伪满洲国历史的全过程,且亲身周旋于日本政府、历届日本关东军司令官和伪满各部"大臣",以及当年执掌实权的日本人次长中间,从而亲历并直接参与了那一段始末过程中先后出现的全部重大事件。尤其值得一提的是,与晚清宣统年代不同,伪满年代在溥仪一生中,正处于从26岁起到40岁的年龄段,他已然经历了逊清年代和天津年代的政治历练,而踏进人生的成熟时期。溥仪在伪满14年中接触过哪些人物,参与过哪些事件,有过些什么样的遭遇,表述过什么样的思考,都可能成为那个时代最重要的一页历史,都可能成为那个时代最有价值的一条教训,或者说是已经付出了国家和人民的惨痛代价而留下的永远不应忘记的历史事实。

　　本书的主要目标,就是要牢牢抓住"溥仪与伪满洲国"这条线索,把那14年中最能暴露本质的"表面现象",加以最充分、最真实、最可靠的客观展示,并进而把相关史训永远地留存在人类生存的轨迹之中。力图能让读者从中看到鲜活的人物、鲜活的事件,而喜欢读、愿意读,从而受益。总之是要突出事件、人物和史实,并不过多地罗列论说。

　　本书的撰写方式,注重时间顺序,自溥仪感受和对待九一八开始,一直到伪满洲国垮台、溥仪退位乃至被俘,不为某种特别目的而去特意归并某些内容,以便能让读者看到那14年间最真实的人物,最真实的事件和最真实的来龙去脉、始末发展、起落历程,突显"真实"二字。

　　本书的表达特色,是注重还原那14年间与溥仪密切关联之人物、事件和史实背后的情节与故事,也可以说是政治大背景之下的诸多细节,大细节、小细节,让读者能够读得进、记得住的那种真实而入微的细节,那些初看可能都是很感性的东西,但稍一琢磨,就会有某种理性的升华了,突显"鲜活"二字。

本书的表达特色,还注重图文并茂,所涉人物、事件和史实都配有历史照片,目的是让现场影像与史实述说相辅相成,给读者以形象生动和印象深刻的效果。

本书的史实,首先依据爱新觉罗·溥仪先生在各个历史时期留存下来的文字,包括他在伪满年代与各届日本关东军司令官等要员谈话的记录、他在军政各种场合发表的文告或言论,他接受境内外记者访谈的实录或报道,包括他在囚居前苏联期间接受苏方管理人员询问的笔录、他在出席远东国际军事法庭审判期间作为证人的证词,包括他在抚顺战犯管理所关押期间交代、坦白和回忆历史的书证资料,包括他在特赦以后亲笔撰写的各种历史资料、讲话稿、工作笔记、参观观感和生活日记等,同时也纳入了大量历史亲历者如溥仪的"福贵人"李玉琴、妻子李淑贤、二弟溥杰、族侄毓嶦和毓嵒、随侍李国雄、伪满勤劳奉公部大臣于镜涛、伪满总理大臣秘书官高丕琨的口述回忆资料,还包括在中国第一历史档案馆和第二历史档案馆、中央档案馆、东北三省档案馆及国家图书馆所查阅的档案和文献资料,笔者充分利用了上述资料中凡与伪满14年期间溥仪从事政治活动及其伪宫生活相关的内容。这些出自第一手的珍贵资料大多为笔者亲访手出、梳理考证而撰写成书,文字力求生动、形象、精炼,适量引用重要的资料原文,并说明或注明出处。可以说,字字有根,句句为史,诚愿接受历史永远的检验。

在本书的撰写、修改和出版过程中,得到吉林省社会科学院马克院长、刘亚政副院长、刘信君副院长、《社会科学战线》陈玉梅主编的指教,谨致诚挚的感谢。期望学界同仁和广大读者给予评正,以使本书更臻完善。

责任编辑:于宏雷

封面设计:肖　辉

图书在版编目(CIP)数据

溥仪与伪满洲国/王庆祥 著. -北京:人民出版社,2015.5

ISBN 978 - 7 - 01 - 014379 - 8

Ⅰ.①溥…　Ⅱ.①王…　Ⅲ.①爱新觉罗·溥仪(1906~1967)-生平事迹
②伪满洲国(1932)-史料　Ⅳ.①K827＝7②K265.610.6

中国版本图书馆 CIP 数据核字(2015)第 006375 号

溥仪与伪满洲国
PUYI YU WEI MANZHOUGUO

王庆祥　著

人民出版社 出版发行

(100706　北京市东城区隆福寺街 99 号)

环球印刷(北京)有限公司印刷　新华书店经销

2015 年 5 月第 1 版　2015 年 5 月北京第 1 次印刷

开本:710 毫米×1000 毫米 1/16　字数:300 千字　印张:17.75

ISBN 978 - 7 - 01 - 014379 - 8　定价:38.00 元

邮购地址 100706　北京市东城区隆福寺街 99 号

人民东方图书销售中心　电话 (010)65250042　65289539